SOBRE A
TEORIA GERAL
DO PROCESSO,
ESSA DESCONHECIDA

Fredie Didier Jr.

SOBRE A TEORIA GERAL DO PROCESSO, ESSA DESCONHECIDA

5.ª edição

2020

EDITORA
jusPODIVM

www.editorajuspodivm.com.br

|⩊| EDITORA
JusPODIVM
www.editorajuspodivm.com.br

Rua Território Rio Branco, 87 – Pituba – CEP: 41830-530 – Salvador – Bahia
Tel: (71) 3045.9051
• Contato: https://www.editorajuspodivm.com.br/sac

Copyright: Edições JusPODIVM

Conselho Editorial: Eduardo Viana Portela Neves, Dirley da Cunha Jr., Leonardo de Medeiros Garcia, Fredie Didier Jr., José Henrique Mouta, José Marcelo Vigliar, Marcos Ehrhardt Júnior, Nestor Távora, Robrio Nunes Filho, Roberval Rocha Ferreira Filho, Rodolfo Pamplona Filho, Rodrigo Reis Mazzei e Rogério Sanches Cunha.

Capa: Ana Caquetti

| D556t | Didier Jr., Fredie.
Teoria geral do processo, essa desconhecida / Fredie Didier Jr. – 5. ed. – Salvador : Juspodivm, 2020.
208 p.

Bibliografia.
ISBN 978-85-442-2172-3.

1. Direito Processual. 2. Teoria geral do processo. I. Título.

CDD 341-4 |

Todos os direitos desta edição reservados à Edições JusPODIVM.

É terminantemente proibida a reprodução total ou parcial desta obra, por qualquer meio ou processo, sem a expressa autorização do autor e da Edições JusPODIVM. A violação dos direitos autorais caracteriza crime descrito na legislação em vigor, sem prejuízo das sanções civis cabíveis.

5.ª ed., *2.ª tir.:* out./2019.

Aos meus pais, com amor.

"Denken ist danken" ("Pensar é agradecer" – Heidegger)

"O conceito simplesmente põe o objeto, o que significa, contrapõe o pensamento a algo que se apresenta com uma consistência definida. *Sem essa consistência própria, que oferece resistência ao possível arbítrio do pensamento, a verdade somente se poderia conceber no sentido do idealismo absoluto...*" (Lourival Vilanova)

"As teorias são redes, lançadas para capturar aquilo que denominamos 'o mundo': para racionalizá-lo, explicá-lo, dominá-lo. Nossos esforços são no sentido de tornar as malhas da rede cada vez mais estreitas". (Karl Popper)

"Gran parte dei problemi e dei dissensi che hanno attraversato e attraversano la cultura giuridica dipende infatti dalla confusione tra questioni teoriche, questioni dogmatiche, questioni fenomenologiche o di fatto e questioni etico-politiche o di valore". (Luigi Ferrajoli.)

"To deny the role of the doctrine as an auxiliary tool of legal reasoning would be the same as to refute rationality". (Aleksander Peczenik)

"Solamente una ilusión puede permitirnos creer que los penalistas necesitan la ayuda de los civilistas más que éstos la ayuda de aquéllos. Ciertamente arraiga también sobre el terreno de la ciencia del derecho la mala semilla de la soberbia; pero la planta que nace de esta semilla se llama cizaña y no grano. De ser más modesta a ciencia del derecho civil, material o procesal, no puede más que ganar". (Francesco Carnelutti)

AGRADECIMENTOS

Alexandre Pimentel, Ana Patrícia,
Ana Paula Costa e Silva, Antonio do Passo Cabral,
Airton Valente Jr., Bruno Redondo, Caetê Coelho,
Daniel Miranda, Daniel Mitidiero, Daniela Bomfim,
Eduardo Jordão, Eduardo Talamini, Gisele Góes, Hermes Zaneti Jr.,
Humberto Ávila, Joseane Suzart, Leandro Aragão,
Leonardo Carneiro da Cunha, Otávio Domit,
Pedro Henrique Pedrosa Nogueira, Peter Naumann,
Rafael Oliveira, Ricardo de Barros Leonel, Ricardo Didier,
Ricardo Maurício Freire Soares, Rita Brito,
Roberto Gouveia Filho e Robson Godinho.

NOTA DO AUTOR À 5ª EDIÇÃO

A quinta edição vem com pequenas mudanças em relação à quarta: a) acrescentei mais exemplos de conceitos jurídicos fundamentais processuais que devem ser revistos ou incorporados: revisão do conceito de processo coletivo e incorporação do conceito de presunção convencional, para fazer parte do gênero *presunções normativas*; b) após seis anos, fiz uma revisão da análise sobre como a Teoria Geral do Processo vem sendo ensinada nas principais faculdades de Direito no Brasil, que consta do capítulo 4.

Gostaria de fazer um agradecimento especial a Guilherme Lamego, que me ajudou na pesquisa para a revisão do capítulo 04.

Queria, ainda, registrar meu agradecimento especialíssimo à Faculdade de Direito da Universidade Federal do Espírito Santo, que não apenas me recebeu como professor colaborador do seu PPGD, mas me permitiu apresentar as ideias deste livro em uma inesquecível aula magna no dia 26 de setembro de 2017. As mudanças que fiz nesta edição decorreram dos debates travados nesse dia.

Meu desejo em relação a este livro permanece o mesmo: que ele nos ajude a manter sempre abertas as nossas mentes, para que possamos compreender de modo mais adequado as novidades legislativas; assim, este livro pode ser útil ao desenvolvimento doutrinário e judicial do novo Direito Processual brasileiro, que está em evidente transformação.

Salvador, em janeiro de 2018.

Fredie Didier Jr.

NOTA DO AUTOR À 4ª EDIÇÃO

A quarta edição vem com pequenas mudanças em relação à terceira: a) acrescentei mais exemplos de conceitos jurídico-positivos processuais, em razão de mudanças feitas pelo CPC-2015; b) alterei a referência à metáfora do martelo-prego, agora devidamente referida a Abraham Maslow; c) examinei, como havia prometido na terceira edição, o texto de Leonard Schimtz.

Na terceira edição, por um lapso imperdoável, esqueci de mencionar a existência de um belíssimo texto crítico escrito por Mateus Costa Pereira[1]. Trata-se de um minucioso ensaio sobre esta tese. O ensaio revela que Mateus compreendeu bem as ideias defendidas neste livro. O autor, porém, entendeu que não era o caso de examinar a coerência e a correção da tese. Optou por fazer uma crítica de caráter epistemológico. Para ele, uma tese com uma "concepção entusiasmada da analítica jurídica" tem caráter moderno e, portanto, formalista, negador do historicismo e da hermenêutica jurídica. Para ele uma abordagem assim é inadequada para a compreensão do Direito e para o desenvolvimento da Ciência do Direito nos dias atuais. A crítica feita por Mateus Pereira tem um acerto: de fato, o autor desta tese é um analítico entusiasmado. Quanto à crítica de que a tese nega o historicismo ou a hermenêutica jurídica, não tenho como replicar: em nenhum momento da tese isso foi dito, nem mesmo implicitamente; somente poderia me defender do que disse ou do que penso, embora não tenha dito. Parece-me que o autor, talvez em razão de uma incontida, embora inconfessa, má vontade com uma abordagem analítica, tenha induzido tais conclusões a partir do que ele não leu na tese. O que posso dizer, em réplica, é que não nego o historicismo – o

---

1 PEREIRA, Mateus Costa. "Da Teoria Geral do Direito à Teoria Geral do Processo: um ensaio sobre possíveis formas de pensar o fenômeno processual brasileiro e seus vínculos ideológicos". *Revista Brasileira de Direito Processual*. Belo Horizonte: Forum, 2016, n. 93.

item 2.3 do cap. 1 e o cap. 3 desta tese pretendiam ser uma demonstração disso – nem, muito menos, a hermenêutica – fui um dos primeiros processualistas brasileiros a enfrentar o tema das cláusulas gerais e tenho inúmeros textos sobre os precedentes judiciais, temas intrinsecamente ligados aos problemas da hermenêutica jurídica na contemporaneidade.

Como disse na nota à terceira edição, faço questão de fazer esses registros, pois isso ajuda o leitor em suas pesquisas. Continuo acompanhando a repercussão da tese.

Espero que o livro possa ser útil ao desenvolvimento doutrinário e judicial do novo Direito Processual brasileiro, que está em evidente transformação.

Salvador, em fevereiro de 2017.

Fredie Didier Jr.

NOTA DO AUTOR À 3ª EDIÇÃO

A terceira edição vem com pequenas mudanças, todas elas relacionadas à necessidade de atualização das referências legislativas, em razão do advento do novo Código de Processo Civil brasileiro, Lei n. 13.105/2015. Apenas isso. As ideias são mantidas. A entrada em vigor de um novo CPC é fato que reforça a minha convicção de que é preciso que a processualística brasileira atente para a importância de pensar sempre as suas premissas epistemológicas. Para ser processualista (espécie de cientista), é preciso ter firme lastro metodológico. A Teoria Geral do Processo é, para mim, o principal fundamento epistemológico de uma Ciência Dogmática do Direito Processual.

As duas primeiras edições deste livro esgotaram-se rapidamente. Há três anos o livro não é publicado no Brasil – exatamente por conta da expectativa de aprovação do CPC-2015. Neste meio tempo, a segunda edição brasileira foi publicada em espanhol pela Raguel Editora, do Peru, comandada por Renzo Cavani, amigo dos brasileiros e meu, em especial.

Acrescentei referências ao texto de Heitor Sica ("Perspectivas atuais da 'Teoria Geral do Processo'"), que, embora já houvesse sido publicado antes da elaboração deste livro (o texto é de 2008 e o livro foi escrito entre 2010 e 2011), por um lapso imperdoável, não foi por mim citado.

Após a primeira edição, alguns processualistas brasileiros dialogaram com as minhas ideias.

Marinoni, Arenhart e Mitidiero consideraram este meu livro uma "criativa tentativa de desenvolvimento" do pensamento de Carnelutti e uma obra que, por abstrair "qualquer elemento jurídico-cultural", estaria mais ligada ao "estilo cientificista do jusnaturalismo racionalista de Setecentos"[1].

---

1. MARINONI, Luiz Guilherme; ARENHART, Sérgio Cruz; MITIDIERO, Daniel. *Curso de Processo Civil*. São Paulo: RT, 2015, v. 1, p. 21-22.

Agradeço o exame cuidadoso do meu pensamento, que mereceu referência expressa logo no início da Introdução ao *Curso de Processo Civil* desses autores.

Confesso, no entanto, uma surpresa com o conteúdo da crítica.

Imaginava que meu pensamento tinha sido exposto de maneira clara, ao menos na parte em que pretendi demonstrar que os conceitos jurídicos fundamentais são produtos culturais. Dediquei, para isso, um item no capítulo 1, respondendo a uma provocação de Humberto Ávila; além disso, o capítulo 3 foi inteiramente dedicado à defesa de uma reconstrução da Teoria Geral do Processo – o que, para minha tese, significa a reconstrução de conceitos jurídicos fundamentais e o aporte de novos conceitos, que façam frente aos problemas da contemporaneidade. Por isso, não compreendi bem essa crítica.

Também imaginava que havia deixado claro o posicionamento de que a Teoria Geral do Processo é um excerto da Teoria Geral do Direito, tal qual concebida pela ciência jurídica alemã entre o final do século XIX e meados do século XX. Tanto que dediquei ao tema boa parte dos capítulos 1 e 2. Por isso, também não compreendi bem essa parte da crítica; se houvessem adjetivado a minha tese como do "Oitocentos" ou do "Novecentos antes da Segunda Guerra", eu entenderia perfeitamente; mas do "Setecentos"? De todo modo, não me incomoda estar relacionado ao Século das Luzes (reputo-me, como Caetano Veloso, um "iluminista teimoso"), berço da liberdade do pensamento científico.

Finalmente, também não entendi a relação genética da minha tese com o pensamento de Carnelutti; dediquei um item inteiro para examiná-lo e, ressalvado o uso do mesmo nome ao objeto de estudo comum, não consigo enxergar nenhuma semelhança entre as nossas abordagens.

É provável que a incompreensão do meu pensamento decorra da falta de clareza da minha exposição. Estou pensando em como aprimorar isso para uma futura edição, se houver.

As ideias de Marinoni, Arenhart e Mitidiero sobre o tema merecem, porém, uma análise mais demorada, sobretudo em relação àquilo que pensam sobre os conceitos jurídicos fundamentais. A roda-viva em que ora me encontro, por causa do CPC-2015, não me permitiu analisar as ideias desses três grandes processualistas e amigos. Peço desculpas por isso. Prometo escrever um posfácio o mais rapidamente possível; adianto, contudo, que meu desejo é verificar se eles mesmos, na sua doutrina, se valem, talvez sem perceber, de conceitos jurídicos fundamentais ou, o que pode ser pior, se propõem, em alguns momentos, também talvez sem perceber, a elaboração ou a reconstrução de conceitos jurídicos fundamentais – quiçá o conceito de "precedente" venha a ser o mote dessa minha abordagem.

Rômulo de Andrade Moreira escreveu um livro inteiramente dedicado a contrapor-se às minhas ideias (*Uma crítica à Teoria Geral do Processo*. Porto Alegre: Lex Magister, 2013). Já o fiz presencialmente, e agora faço por escrito: agradeço penhoradamente o respeito e a consideração pelo meu trabalho. Devo isso à amizade que nos une há tanto tempo. Rômulo reitera a argumentação de boa parte da processualística penal brasileira contra a Teoria Geral do Processo. Mantenho a minha convicção e registro a divergência.

Gostaria, também, de ter examinado e respondido com mais calma às críticas feitas por Leonard Schmitz ("A Teoria Geral do Processo e a Parte Geral do Novo Código de Processo Civil". *Doutrina selecionada – Parte Geral*. Alexandre Freire, Lucas Buril e Ravi Peixoto (coord.). Salvador: Editora Jus Podivm, 2015, v. 1, p. 101-130). A qualidade do texto de Leonard, a quem agradeço pela deferência, exige de mim um tempo de análise e reflexão, de que por ora não disponho.

Pelo mesmo motivo, deixei de examinar os excelentes trabalhos publicados na coletânea coordenada por Flávio Yarshell e Camilo Zufelato (*40 anos da Teoria Geral do Processo no Brasil*. São Paulo: Malheiros Ed., 2013). Farei isso oportunamente.

Fiz questão de fazer esses registros. Isso ajuda o leitor em suas pesquisas. Estou acompanhando a repercussão da tese, sobretudo quando vêm ideias contrárias às minhas.

Espero que o livro possa ser útil no desenvolvimento doutrinário e judicial do novo Direito Processual brasileiro, que está em evidente transformação.

Salvador, em janeiro de 2016.

NOTA DO AUTOR À 2ª EDIÇÃO

A segunda edição vem com apenas uma mudança: o texto de Humberto Ávila sobre o papel da doutrina, várias vezes citado na primeira edição como inédito, foi publicado. Assim, foi preciso atualizar as citações, referindo corretamente às páginas do ensaio. Apenas isso.

Espero que a segunda edição tenha a mesma aceitação da primeira, esgotada em menos de um ano.

Salvador, em fevereiro de 2013.

NOTA DO AUTOR

Em 2006, iniciou-se, na Universidade Federal da Bahia, o grupo de pesquisa "Teoria Contemporânea da relação jurídica processual: fato, sujeitos e objeto" (http://dgp.cnpq.br/buscaoperacional/detalhegrupo.jsp?grupo=0291601T3X6ENZ), por mim liderado.

Uma das linhas de pesquisa do grupo cuidava exatamente da Teoria Geral do Processo, com foco nas reflexões sobre a sua existência, sua abrangência e o seu conteúdo.

Nesses cinco anos, dediquei-me intensamente à pesquisa do tema. Resolvi transformar o resultado dessa investigação em uma tese, a ser apresentada à Faculdade de Direito da Universidade de São Paulo, como requisito parcial para a obtenção do título de livre-docente em Direito Processual Civil.

Submeti-me a rigorosa banca examinadora, composta por Carlos Alberto Alvaro de Oliveira (UFRGS), Leonardo Greco (UFRJ), Humberto Theodoro Jr. (UFMG), Flávio Yarshell (USP) e José Roberto dos Santos Bedaque (USP). As provas foram muito difíceis, mas, ao final, fui indicado, por unanimidade, para a obtenção do título. Registro, para agradecer, a lhaneza, a correção e o respeito que todos os membros da banca revelaram na condução dos trabalhos.

A escolha deste tema assombrou alguns amigos, que me perguntavam a razão de ter optado por um assunto sobre o qual nada se escreveu há quase três décadas, que jamais foi objeto de uma tese e cujas linhas básicas já eram consideradas dogmas da doutrina processual latinoamericana. Esses fatos, que poderiam tornar a "Teoria Geral do Processo" um não-tema, foram, curiosamente, os principais motivos para o início desta empresa acadêmica. O jogo da ciência não tem fim – quem não está disposto a rever seus pensamentos está fora desse jogo, já o disse Popper. Pauto a minha atividade intelectual nesse postulado da atividade científica.

Este é outro lance desse jogo.

A tese possui, ainda, outra concausa, tão ou mais importante do que as já citadas.

Sou um processualista que nasceu em tempo de reforma da legislação processual brasileira – cursei a primeira disciplina de Direito Processual Civil, ainda na graduação em Direito, em março de 1995, três meses após a grande reforma do CPC de dezembro de 1994. A minha geração de processualistas dedicou-se, quase que exclusivamente, a examinar os problemas dogmáticos que surgiram das inúmeras reformas legislativas havidas desde 1992 – eu inclusive, que publiquei livros e artigos sobre o assunto.

Comecei a perceber que talvez esta dedicação quase que exclusiva aos novos problemas dogmáticos do processo civil brasileiro pudesse levar ao apequenamento histórico de toda uma geração de bons processualistas. A escolha deste tema é uma remada contra a corrente, uma tentativa de apresentar uma contribuição nova sobre um tema velho, esquecido e desconhecido – esta é, inclusive, a razão do aposto que acrescentei ao título da versão comercial da tese. É, também, um convite aos meus contemporâneos, para que voltemos nossas forças intelectuais à compreensão dos grandes temas da Ciência do Processo e do Direito Processual, que devem ser examinados de acordo com o repertório teórico do nosso tempo.

A tese é polêmica, porém. Nenhum dos membros da banca aderiu a ela, unanimidade rara em bancas de defesa de tese na área jurídica. Curiosamente, esse fato potencializou ainda mais a vontade de divulgar as minhas ideias, para permitir que o tema volte à tona e meus pares possam criticar-me ou, se aderirem ao meu pensamento, avançar sobre áreas por mim não examinadas.

Apresento ao público, então, o resultado desta pesquisa, com a versão comercial da tese, que vem com pequenas correções e poucos acréscimos, que não alteram a substância das ideias apresentadas perante o Departamento de Direito Processual das Arcadas do São Francisco.

A mudança mais substancial foi a inclusão de novo subitem, no capítulo 1, dedicado a algumas considerações finais sobre os conceitos jurídicos fundamentais. A alteração se deve ao diálogo travado, após a defesa, com Humberto Ávila; incorporei, inclusive, algumas de suas ideias, apresentadas em artigo a que só tive acesso depois da defesa (o texto é de 2012, ainda está inédito, mas me foi gentilmente cedido pelo autor): "A doutrina e o Direito Tributário". *Fundamentos do Direito Tributário*. Humberto Ávila (org.). São Paulo: Marcial Pons, 2012, no prelo.

Com a publicação da tese, dou por encerrada esta linha de pesquisa de meu grupo.

Este livro possui, talvez estranhamente, dois prefácios. Resolvi convidar dois amigos, com formações jurídicas diversas, que acompanharam o processo de elaboração e defesa da tese e têm, sobre ela, visões distintas e reciprocamente complementares: Robson Godinho, exímio processualista mineiro radicado no Rio de Janeiro, e Humberto Ávila, certamente um dos maiores juristas brasileiros. Registro, aqui, penhoradamente, o meu agradecimento pelas gentis palavras e a minha honra por ter um livro prefaciado por ambos.

Gostaria de registrar o meu agradecimento a todos os processualistas que presenciaram as provas públicas do concurso de livre-docência. Foram inúmeros, de todos os cantos do Brasil: Adriana Wyzykowsky, Antonio Mota, Arthur Carpes, Beclaute Oliveira Silva, Bernardo Lima, Bruno Freire, Bruno Redondo, Daniel Miranda, Daniel Mitidiero, Danilo Heber, Dierle Nunes, Eduardo Yoshikawa, Fernanda Tartuce, Gabriela Expósito de Araújo, Gustavo Medeiros, Heitor Sica, Hermes Zanetti Jr., João Luiz Lessa, José Rogério Cruz e Tucci, Julio Lanes, Leonardo Carneiro da Cunha, Luana Pedrosa, Luiz Eduardo Mourão, Marcelo Bonício, Mirna Cianci, Paula Sarno Braga, Pauline Figueiredo, Paulo Henrique dos Santos Lucon, Ricardo de Barros Leonel, Rita Quartieri, Roberto Campos Gouveia Filho, Robson Godinho, Rodolfo da Costa Amadeo, Rodrigo Mazzei, Ronnie Preuss Duarte, Susana Henriques Costa, Tácio Lacerda Gama, Tarsis Cerqueira, Welder Queiroz e William Santos Ferreira.

Destaco, porém, a presença de minha amiga Paula Costa e Silva, professora catedrática da Universidade de Lisboa, que cruzou o Atlântico para ver as provas e me dar o seu apoio.

Não poderia esquecer, finalmente, da presença de meu irmão, amigo e editor Ricardo Didier, que não falta nunca.

A presença de todos vocês tornou este momento ainda mais especial.

Merecem um abraço público, também, Humberto Ávila e Antonio do Passo Cabral, que, embora não tenham presenciado fisicamente as provas, acompanharam tudo de muito perto, falando comigo diariamente, com conselhos e palavras de apoio que me foram importantíssimos.

Um elogio deve ser dirigido aos excelentes, dedicados e gentis funcionários da Faculdade de Direito da USP, especialmente a Eloíde e Dudu.

Também cabe uma menção especial aos meus amigos em São Paulo, que me ajudaram, na logística, durante todo o período do concurso (da inscrição até a última prova): Duda, Matheus Tapioca, Zico, Sandrão e Bruno Freire.

Sem medo do ridículo apontado por Fernando Pessoa, não posso deixar de reafirmar o meu amor por Renata, ao meu lado há quase dezoito anos.

Salvador, em abril de 2012.

PREFÁCIO

HUMBERTO ÁVILA[2]

A presente obra, que tenho a enorme satisfação de prefaciar, é uma versão aperfeiçoada da tese defendida na Faculdade de Direito da Universidade de São Paulo, com a qual o jovem, porém já consagrado autor obteve o difícil e importante título de Livre-docente em Direito Processual, perante banca rigorosa composta por alguns dos mais ilustres processualistas brasileiros – Carlos Alberto Alvaro de Oliveira, Flávio Yarshell, Humberto Theodoro Júnior, José Roberto dos Santos Bedaque e Leonardo Greco.

A obra examina dois assuntos de grande relevância teórica e prática: os conceitos fundamentais do Direito e a função da Ciência do Direito, em geral e no âmbito do Processo. O autor, no entanto, não se limita a descrever esses dois temas, tal como eles têm sido enfrentados pela doutrina. Bem ao contrário: ele faz da *estrutura*, da *função* e dos *limites* desses conceitos o seu próprio objeto de estudo crítico. Nada poderia ser mais importante.

É que, querendo ou não, sabendo ou não, tanto os operadores quanto os doutrinadores usam conceitos no processo de interpretação e aplicação do Direito. Esses conceitos, entretanto, são, na maioria das vezes, usados *irrefletidamente,* sem que a sua própria consistência

---

2. Professor Titular da Faculdade de Direito da Universidade Federal do Rio Grande do Sul. Professor Titular da Faculdade de Direito da Universidade de São Paulo. Livre-docente pela Universidade de São Paulo. Doutor pela Universidade de Munique, Alemanha. Ex-Pesquisador Visitante das Universidades de Harvard – EUA, Heidelberg e Bonn – Alemanha. Advogado e parecerista.

seja objeto de investigação crítica. Iniciar essa investigação é o que faz a presente obra, com coragem e ousadia.

Com coragem porque o tema, embora já versado por grandes juristas, é objeto de intermináveis controvérsias na Epistemologia, na Filosofia e na própria Teoria do Direito. Há autores que fogem dos temas polêmicos e fundamentais, com medo de errar e com receio de não conseguir se aprofundar. Invariavelmente não erram, nem se aprofundam, mas também não acertam, nem agregam. Limitando-se a repetir o que já foi dito, eles nada acrescentam ao patrimônio cultural preexistente – são simples ecos do Direito e da doutrina. Embora sejam bons jornalistas, são péssimos juristas. E há autores que buscam justamente os temas polêmicos e fundamentais, sem receio de se equivocar e com firmeza para tentar se aprofundar. Invariavelmente erram, mas também se aprofundam e agregam. Eles procuram questionar o que foi dito e pensado para, quiçá, contribuir para mudar a cultura existente. Conquanto bons juristas, eles são péssimos jornalistas. O presente autor faz parte precisamente deste segundo time, pois assume o ônus de enfrentar o tema da Teoria Geral do Direito que, além de fundamental, é extremamente polêmico.

O tema é fundamental porque examina como são concebidos, como se estruturam e como funcionam os conceitos de Teoria Geral do Direito e, em especial, de Teoria Geral do Processo. Nesse desiderato, o autor, seguindo distinção aperfeiçoada pelos empiristas do Círculo de Viena, apropriada na doutrina brasileira por Lourival Vilanova e disseminada entre os tributaristas por Paulo de Barros Carvalho, divide os conceitos em *lógico-jurídicos* e *jurídico-positivos*: os primeiros são conceitos *a priori* fundados na razão e portadores de pretensão de universalidade, como são os conceitos de competência e de validade; os segundos são fundados em determinado ordenamento jurídico e possuem eficácia limitada, como são os conceitos de competência absoluta e de anulabilidade. O autor expõe a estrutura e a função desses conceitos, com clareza e com base em farta bibliografia.

Ademais de fundamental, o tema também é polêmico, em primeiro lugar, porque não há consenso sobre a estrutura e a função desses conceitos, nem na Epistemologia e na Filosofia, nem na própria Teoria Geral do Direito. De um lado, há aqueles que defendem a utilização de conceitos lógico-jurídicos, alegando que eles são um subproduto da razão aplicada ao fenômeno jurídico, sem cujo uso não se pode nem imprimir racionalidade e, portanto, cientificidade ao discurso jurídico, nem aplicar o Direito ou explicá-lo por meio de uma consistente e coerente sistematização. De outro lado, no entanto, há aqueles que não admitem a existência de conceitos jurídicos que sejam concebidos *a priori* e que tenham pretensão de universalidade, por entenderem que os conceitos, para serem jurídicos, precisam estar fundados, direta ou indiretamente, em determinado ordenamento jurídico, de modo que os conceitos fundamentais, em vez de lógicos e, portanto, necessários, são apenas conceitos com graus de generalidade e abstração maiores do que outros, não sendo, por conseguinte, nem lógicos, nem necessários, mas apenas jurídicos e contingentes.

O assunto é polêmico, em segundo lugar, porque não há concordância sobre a rigidez e funcionalidade desses conceitos. De um lado, há aqueles que sustentam que o conhecimento do Direito só pode ser feito por meio de conceitos fundamentais, de maneira que o conhecimento pressupõe o uso de estruturas cognoscitivas formais. Para estes, não há conhecimento do Direito senão por meio das categorias conceituais, sejam elas lógico-jurídicas, sejam elas jurídico-positivas. Nessa perspectiva, os conceitos são *condições absolutas de conhecimento* do Direito. De outro lado, porém, há aqueles que defendem que o conhecimento do Direito deve contar com o auxílio dos conceitos, mas estes possuem uma mera *força heurística*, no sentido de servirem de *modelos provisórios* com a função precípua de *descarga argumentativa*. Para estes autores, o Direito pode ser interpretado e aplicado por meio de conceitos, mas desde que estes assumam a condição de modelos interpretativos relativos que não desprezem aqueles problemas que não encaixem na sua estrutura. Nessa visão, os conceitos são *condições relativas de conhecimento* do Direito.

O objeto é polêmico, em terceiro lugar, porque não há uniformidade de entendimento relativamente à própria função da Ciência do Direito. De um lado, há aqueles que defendem que a Ciência do Direito deve apenas *descrever* o conteúdo do Direito e, havendo mais de um conteúdo, indicar quais são eles sem, porém, designar qual deles deve ser escolhido pelo aplicador. Somente descrevendo, de forma neutra e imparcial, o conteúdo do Direito como ele é, e não como ele deveria ser, é que a Ciência do Direito pode adquirir *objetividade semântica* e, com isso, foros de cientificidade. De outro lado, entretanto, há aqueles que defendem que a Ciência do Direito não deve se limitar a descrever sentidos, mas também *reconstruir* significações e indicar persuasivamente qual sentido deve ser adotado diante de determinado ordenamento jurídico. Reconstruindo e adscrevendo sentidos, com *intersubjetividade discursiva*, limitada pelos sentidos mínimos dos dispositivos e pela coerência sistemática, a Ciência do Direito pode adquirir foros de reconfigurada cientificidade.

O autor não foge dessas polêmicas e, conquanto tenha baseado sua argumentação em obras que defendem o conceito de objetividade semântica e de fundamentação empirista, ruma na direção certa, a meu modesto sentir, ao se distanciar dessas obras, para defender tanto o caráter histórico e a força relativa dos conceitos quanto o papel reconstrutivo da própria Ciência do Direito. E tudo isso o autor enfrenta de modo direto e com uso de muitos exemplos, sem medo de se expor por meio de críticas, por vezes duras, aos autores que ele entende estarem equivocados.

Além de elaborada com coragem, a obra também foi produzida com ousadia. O autor não se limita a criticar. Ele também propõe conceitos, faz sugestões propedêuticas e chega a conclusões pontuais, obviamente controversas, e com as quais eu nem sempre estou de acordo. Mas com esse proceder, metodicamente transparente, ele se abre destemidamente à crítica e à refutação de todos aqueles que se propuserem a enfrentar este grave e interminável tema dos fundamentos epistemológicos e filosóficos da Teoria Geral do Direito e do Direito Processual.

A obra não pretende esgotar o assunto, de resto inesgotável, da estrutura e da função dos conceitos fundamentais e do papel da Ciência do Direito, quando não mesmo do próprio conceito de Direito. Nem poderia ser diferente – esses temas, posto fundamentais, são e sempre serão controversos. A presente obra, no entanto, cumpre integralmente o seu objetivo declarado de provocar uma grande discussão sobre um tema que precisa ser pensado e repensado em profundidade por todos que se dedicam, com seriedade e rigor, a analisar os grandes temas do Direito.

Porto Alegre, 17 de abril de 2012.

PREFÁCIO

ROBSON RENAULT GODINHO[3]

Um pensamento pensado
até a total exaustão
termina por germinar
no mesmo exato lugar
sua exata negação.
Enquanto isso, uma ideia
trauteada numa flauta
faz uma cidade erguer-se –
é claro, sem alicerces,
mas ninguém dá pela falta.
(Poema Fábula, de Paulo
Henriques Brito. Formas do
Nada. Rio de Janeiro: Companhia das Letras, 2012, p. 42).

Tese estranha, prefácio esquisito.

A esquisitice é intuitiva - e será cabalmente demonstrada nestas linhas-, já que normalmente o prefácio é confiado a pessoas que possuem um currículo que justifiquem a honraria[4]. Já a estranheza carece de maior explicação, o que será feito mais adiante.

---

3. Mestre e Doutor em Direito Processual Civil pela PUC/SP. Pós-doutorado (UFBA). Membro do IBDP. Promotor de Justiça - RJ
4. E exemplifico com livros do próprio Fredie Didier Jr.: em seu Recurso de Terceiro, RT, o prefácio ficou a cargo de J. J. Calmon de Passos; no livro Pressupostos Processuais

Convivo com Fredie há alguns anos, desde a época em que cursamos disciplinas juntos na PUC/SP, quando era possível o salutar encontro na mesma turma de mestrandos com doutorandos. Por ter cursado minha graduação em uma faculdade do interior de Minas Gerais, na Universidade Federal de Juiz de Fora, não havia me acostumado a conviver com naturalidade com professores que, até poucos anos antes, eram autores dos livros em que estudava. É de se imaginar, portanto, a surpresa de ser colega de turma de um autor que já então eu admirava. E o motivo da admiração que logo me fez seu leitor assíduo é encontrado na tese que agora prefacio: a inquietude, a originalidade, a generosidade, a honestidade intelectual e a seriedade acadêmica. Desde então tenho o privilégio de acompanhar de perto todos os trabalhos acadêmicos de Fredie, não raro, para minha felicidade, tendo acesso aos originais tão logo vão sendo escritos. Todo esse encontro foi narrado também por Fredie quando escreveu o prefácio de meu livro e aqui menciono o fato apenas para ressalvar que não se trata de elogios protocolares, que seriam ociosos e não combinariam com o prefaciador e muito menos com o prefaciado.

Em 19 de abril de 2011, quando já elaborava a presente tese de Livre-Docência, Fredie me enviou uma mensagem convidando para escrever o prefácio. Ponderei sobre o inusitado, mas, claro, aceitei e informei que recebia o convite como presente do meu aniversário que se daria no dia seguinte. Um ano depois, aqui está a versão comercial da tese que foi defendida com rara habilidade perante a exigente banca examinadora na Faculdade do Largo do São Francisco.

Passemos agora às razões pelas quais a tese pode ser considerada estranha, iniciando pelo fato de que não contou com a adesão de nenhum dos cinco Professores Titulares que a examinaram.

---

e Condições da Ação, Saraiva, ninguém menos que José Carlos Barbosa Moreira; em Regras Processuais no Código Civil, Saraiva, o prefácio foi confiado a José Roberto dos Santos Bedaque, sendo que a partir da 3ª edição houve acréscimo de prefácio de Rodrigo Mazzei; no livro Fundamentos do Princípio da Cooperação no Direito Processual Civil Português, Coimbra, Paula Costa e Silva quem escreveu o prefácio; na Teoria dos Fatos Jurídicos Processuais, Jus Podivm, em coautoria com Pedro Henrique Pedrosa Nogueira, o prefácio foi de Marcos Bernardes de Mello. Nesse sentido, a esquisitice é exclusiva deste prefácio, reservando-se ao escrito por Humberto Ávila um necessário contraponto.

Ela é estranha por veicular uma abordagem epistemológica do processo. Ao optar por não escrever um trabalho dogmático – e o autor reconhecidamente possui amplo domínio da dogmática –, Fredie Didier Jr. recusou[5] o trajeto mais fácil para a obtenção de seu título e para aceitação das ideias. O ambiente acadêmico convive melhor com a obediência do que com a originalidade. Na mais perfeita tradução da Teoria do Medalhão de Machado de Assis, convém ser um repetidor para encontrar conforto acadêmico[6].

Outra estranheza decorre da análise da própria banca que a considerou impertinente ao Departamento de Direito Processual. Foi o primeiro obstáculo a ser superado na arguição dos examinadores, com a evidente preocupação do autor em demonstrar que o fato de a tese conter uma abordagem a partir da Filosofia e da Teoria Geral do Direito não lhe conferia uma natureza intrusa nem a descaracterizava como um estudo de Direito Processual[7]. Afinal, se uma tese sobre Teoria Geral do Processo não pudesse ser apresentada perante o Departamento que é sede por excelência daquela disciplina, estaríamos diante de um estudo apátrida. Mas essa foi uma estranheza de mão dupla.

---

5. "Em defesa de Mallarmé, afirmou Valéry, certa vez, que o trabalho severo, em literatura, se manifesta e se opera por meio de recusas. A melhor poesia que se praticou em nosso tempo passou por esse crivo" (Augusto de Campos. Poesia da Recusa. São Paulo: Perspectiva, Coleção Signos 42, 2006, p. 16).

6. Um clássico excerto da Teoria do Medalhão: "- [...] Nesse ramo dos conhecimentos humanos tudo está achado, formulado, rotulado, encaixotado; é só prover os alforjes da memória. Em todo caso, não transcenda nunca os limites de uma invejável vulgaridade. – Farei o que puder. Nenhuma imaginação? – Nenhuma; antes faze correr o boato de que um tal dom é ínfimo. – Nenhuma filosofia? – Entendamo-nos: no papel e na língua alguma, na realidade nada. 'Filosofia na história', por exemplo, é uma locução que deves empregar com frequência, mas proíbo-te que chegues a outras conclusões que não sejam já achadas por outros. Foge a tudo que possa cheirar a reflexão, originalidade, etc., etc." (Machado de Assis, Obra Completa. Vol. 2. Rio de Janeiro: Nova Aguillar, 2004, p. 294).

7. Vale recordar o depoimento de Carnelutti, na introdução à segunda edição italiana de sua Prova Civil, segundo qual nunca havia trabalhado tanto para o Direito como quando se desprendeu dos limites de sua ciência (cf. La Prueba Civil. 2ª ed. Niceto Alcalá-Zamora y Castillo. Buenos Aires: Depalma, 1982, p. XX). Também ilustra o episódio uma passagem escrita por um dos examinadores da tese: "a mais grave miopia de que pode padecer o processualista é ver o processo como medida de todas as coisas" (OLIVEIRA, Carlos Alberto Alvaro de. Do Formalismo no Processo Civil. São Paulo: Saraiva, 1997, p. 61).

A tese também é estranha porque se trata, segundo o próprio autor, de um "não-tema", como ele explica em sua Nota.

Talvez a maior excentricidade da tese seja o fato de, com o perdão do aparente truísmo, ser verdadeiramente uma tese e não uma reportagem, para utilizar a feliz imagem de Humberto Ávila.

Tanta estranheza pode levar a uma incompreensão[8] da tese, já que ela "nega o seu tempo, porque o supera"[9]. Ser estranha, pois, é seu grande mérito.

Falemos, pois, um pouco sobre o livro, cujo texto contém poucos acréscimos à versão original da tese, primeiro contextualizando-a na produção acadêmica do autor.

Em sua tese de doutoramento, Fredie revisitou seu primeiro trabalho publicado ("Um réquiem às condições da ação. Estudo analítico sobre a existência do instituto". Revista Forense, nº 351: Rio de Janeiro: Forense, 2000). Foi o fechamento de um ciclo. Na mencionada tese, Fredie já anunciava que "não se pode fazer dogmática jurídica séria e responsável sem a observância dos conceitos fundamentais encontráveis na teoria geral" (p. 3) e apresentou as cinco premissas metodológicas aqui resumidas: 1) o Direito Processual deve ser estudado à luz da Teoria Geral do Direito; 2) existência de uma Teoria Geral do Processo, que tem por conteúdo a definição dos conceitos lógico-jurídicos dos institutos fundamentais do processo; 3) impossível e imprestável qualquer estudo do processo civil que se faça sem o devido confronto com as regras do

---

8. Um episódio literário pode ser lembrado para ilustrar a pródiga história de trabalhos que causaram estranheza antes de se tornarem referência. Na crítica escrita por Medeiros e Albuquerque para o Jornal do Commercio sobre o livro de estreia de Carlos Drummond de Andrade lê-se: "O título diz "alguma poesia"; mas é inteiramente inexato: não há no volume nenhuma poesia... Se ele dissesse 'alguma tipografia', seria exato, porque se trata de um volume bonito, bem impresso. Mas oco... Não tem nada dentro" (cf. Alguma Poesia: o livro em seu tempo. Org. Eucanaã Ferraz. São Paulo: Instituto Moreira Sales, 2010, p. 308).

9. BORGES, José Souto Maior. Ciência Feliz. 2ª ed. São Paulo: Max Limonad, 2000, p. 118. O que não significa estar a tese, como qualquer trabalho original, imune a equívocos: "quem pensa profundamente não deve temer o profundamente equivocar-se" (idem, p. 21).

direito material; 4) relevância da teoria dos direitos fundamentais no estudo do Processo; 5) percepção da existência de tutela jurisdicional individual e coletiva (pp. 4/6). Essa metodologia foi adotada em seu Curso, em seu trabalho de pós-doutorado e na Teoria dos Fatos Jurídicos Processuais (em coautoria com Pedro Henrique Pedrosa Nogueira). Vê-se, portanto, que na Livre-Docência manteve-se essa opção metodológica, com um natural refinamento teórico, coroando outro ciclo que foi inaugurado em seu doutoramento. Vislumbra-se, assim, uma coerência sem repetição. É interessante notar que nos doze anos que separam o primeiro trabalho publicado desta tese de Livre-Docência, Fredie tenha dedicado os dois polos de sua vida acadêmica a questionar temas fundamentais com raro espírito crítico, primeiro "duvidando" da existência das condições da ação e agora nos "apresentando" a Teoria Geral do Processo, que atingiu o desconcertante estado em que a intimidade passou a atrapalhar a percepção.

Convém uma ligeira referência ao conteúdo da tese, procurando não cair na tentação de travestir o prefácio de um sumário comentado. No primeiro capítulo do livro, dedicado às "noções fundamentais", encontra-se o desenvolvimento da opção metodológica referida no parágrafo anterior; o segundo capítulo é o núcleo da tese e contempla Teoria Geral do Processo, com profundo exame crítico sobre variadas concepções doutrinárias, sempre ilustrado com exemplos extraídos da jurisprudência; no terceiro capítulo há a demonstração acerca da necessidade de a Teoria Geral do Processo ser "reconstruída", aportando novos conceitos jurídicos fundamentais e a necessidade de reconstrução desses conceitos; o quarto capítulo não despertou maiores indagações por parte dos examinadores, mas me parece de uma importância ímpar, na medida em que contém interessante diagnóstico do ensino da disciplina nas universidades brasileiras e propõe alterações curriculares.

Por fim, como se trata de um livro que se originou de uma tese submetida à avaliação pública para título acadêmico, algumas palavras sobre o concurso realizado entre os dias 09 e 14 de fevereiro de 2012 e que conferiu a Fredie Didier Jr. o título de Livre-Docente pela Universidade de São Paulo.

Trata-se de um concurso necessariamente dificílimo, independentemente do candidato e da composição da banca, não só pela relevância acadêmica do título como pela excelência da Faculdade de Direito da USP. No caso de Didier Jr., alguns outros fatores tornaram o concurso ainda mais memorável e árido: (a) o tema escolhido para a tese, (b) a imensa qualidade dos examinadores, todos Professores que formam e formaram gerações de processualistas, cujas rigorosas arguições valorizaram a conquista do título, (c) o fato de o candidato não possuir nenhum vínculo formal anterior com a USP, (d) a assistência de um auditório repleto, reunindo dezenas de amigos e processualistas de quase todos os estados da Federação e (e), coroando todo essa cenário, o desempenho do autor, tanto na defesa de sua tese, quanto nas demais provas. Além da elaboração de uma tese e da posterior defesa pública, o concurso para Livre-Docente conta ainda com uma prova escrita, uma exposição oral e o exame do currículo do candidato, por meio de memorial. Em um dia realiza-se a prova escrita sobre um ponto previamente sorteado (no caso, "Litisconsórcio Unitário e litisconsórcio necessário"); em outro dia, há a defesa da tese em si, em que o candidato é sabatinado de modo inclemente por horas seguidas, em uma verdadeira sessão pública de expiação acadêmica; ao final, sorteia-se o tema da exposição oral do dia seguinte (no caso, "O efeito devolutivo dos recursos"). Após a exposição oral, que é seguida por arguição da Banca, há a leitura pública da prova escrita, também passível de perguntas pelos examinadores. A seguir, examina-se o memorial curricular do candidato. Abstraindo o tempo que se leva para a elaboração da tese e preparação dos pontos do programa, foram ao menos dezesseis horas de provas em três dias, até o resultado final de indicação unânime de Fredie para o título de Livre-Docente. Indubitavelmente foi um grande concurso para o candidato, para os que assistimos e para a USP.

Eis, portanto, a tese de Fredie Didier Jr., Bacharel e Mestre pela Universidade Federal da Bahia, da qual é Professor, Doutor pela Pontifícia Universidade Católica de São Paulo, Pós-Doutor pela Universidade de Lisboa e Livre-Docente pela Universidade de São Paulo, tudo isso em menos de quinze anos de sua graduação.

Se este prefácio tem alguma serventia, é a de ser desnecessário e abreviar logo o contato com o texto de Fredie. Sobre a Teoria Geral do Processo, essa desconhecida é uma tese estranha, imperdível e memorável. Leiam!

Rio de Janeiro, 27 de abril de 2012.

SUMÁRIO

ABREVIATURAS UTILIZADAS 43

INTRODUÇÃO 45

Capítulo 1
NOÇÕES FUNDAMENTAIS 49
1. Teoria: Generalidades. 49
2. Conceitos jurídico-positivos e conceitos jurídicos fundamentais (conceitos lógico-jurídicos). 52
   2.1. Observação inicial. 52
   2.2. Conceitos jurídico-positivos. 53
   2.3. Conceitos jurídicos fundamentais ou conceitos lógico-jurídicos. 56
      2.3.1. Generalidades. 56
      2.3.2. Conceito lógico-jurídico como produto cultural. Universalidade e historicidade. 59
      2.3.3. Funções dos conceitos jurídicos fundamentais (lógico-jurídicos). 64
      2.3.4. Considerações finais sobre o uso e a função dos conceitos jurídicos fundamentais. 67
3. Teoria Geral do Direito. 68
4. Teoria Geral do Direito como Componente Curricular do Curso de Graduação em Direito. a Introdução ao Estudo do Direito. 73
5. Teoria Geral do Direito e Parte Geral. 74
6. Teoria Geral do Direito e Regime Jurídico Único. 77

Capítulo 2
A TEORIA GERAL DO PROCESSO 79
1. A Teoria Geral do Processo: Conceito e Conteúdo. 80
2. Processo como conceito fundamental primário da teoria geral do processo. 81
    2.1. Considerações gerais 81
    2.2. Conceito de processo. 84
        2.2.1. Observação inicial. 84
        2.2.2. Processo como método de produção de norma jurídica (atos normativos) 85
        2.2.3. Processo como ato jurídico complexo 86
        2.2.4. Processo como conjunto de relações jurídicas. 88
        2.2.5. Articulação dos conceitos apresentados e o conceito de processo jurisdicional. 91
3. A Teoria Geral do Processo e os Processos NÃO JURISDICIONAIS 92
4. Distinções 93
    4.1. Teoria geral do processo e ciência do direito processual 93
    4.2. Teoria Geral do Processo e Teorias Individuais do Processo. 97
    4.3. Teoria Geral do Processo e Teorias Particulares do Processo 98
    4.4. Teoria Geral do Processo e Direito Processual 98
    4.5. Teoria Geral do Processo e Parte Geral. 100
5. A Pragmática da Teoria Geral do Processo – Análise de Outras Contribuições Doutrinárias sobre a Teoria Geral do Processo. 102
    5.1. Considerações iniciais 102
    5.2. Francesco Carnelutti. 103
    5.3. Niceto Alcalá-Zamora y Castillo. 107
    5.4. Elio Fazzalari. 109
    5.5. Cândido Dinamarco. 111
    5.6. José de Albuquerque Rocha. 114
    5.7. Willis Santiago Guerra Filho 115
    5.8. Rosemiro Pereira Leal. 117
    5.9. Omar Abel Benabentos 119
    5.10. Eduardo José da Fonseca Costa 121
6. A Teoria Geral do Processo e o Processo Penal 123

6.1. Generalidades. 123

6.2. Análise de posicionamentos contrários a uma Teoria Geral do Processo que sirva ao processo penal. 125

    6.2.1. Rogério Lauria Tucci. 125

    6.2.2. Aury Lopes Jr. 127

6.3. Um exemplo: discussão sobre a natureza da sentença que reconhece a extinção da punibilidade do réu com base em falso atestado de óbito. 130

7. A Utilidade da Teoria Geral do Processo. 133

    7.1. Introdução. 133

    7.2. Função bloqueadora da Teoria Geral do Processo. Controle da fundamentação das decisões judiciais. 133

        7.2.1. Generalidades. 133

        7.2.2. Injustiça da decisão. 135

        7.2.3. Invalidade da decisão por vício na motivação. 137

        7.2.4. Obscuridade da decisão. 139

    7.3. A Teoria Geral do Processo e a interpretação da jurisprudência. A redação dos enunciados da súmula da jurisprudência predominante do tribunal. 142

        7.3.1. Generalidades. 142

        7.3.2. Exemplos. 143

    7.4. A Teoria Geral do Processo e a construção, pela Ciência Dogmática do Processo, dos conceitos processuais jurídico-positivos. 149

    7.5. A Teoria Geral do Processo e a equivocidade terminológica. 150

    7.6. A Teoria Geral do Processo e o aperfeiçoamento profissional. 156

    7.7. A Teoria Geral do Processo e a Legística. 156

        7.7.1. Generalidades. 156

        7.7.2. Exemplos. 157

Capítulo 3

A RECONSTRUÇÃO DA TEORIA GERAL DO PROCESSO 163

1. Consideração Inicial. 163

2. O Neopositivismo (Neoconstitucionalismo). 164

    2.1. Generalidades. 164

    2.2. Crítica ao neopositivismo. 167

3. A Teoria Geral do Processo e as Transformações Havidas na Teoria das Fontes do Direito. 169
   3.1. Generalidades. 169
   3.2. Repercussões na Teoria Geral do Processo. 175

Capítulo 4
O ENSINO DA TEORIA GERAL DO PROCESSO 179
1. Considerações Iniciais. 179
2. A Teoria Geral do Processo como Componente Curricular. 180
   2.1. Bacharelado em Direito. 180
      2.1.1. Conteúdo. 180
      2.1.2. Nomenclatura. A Introdução ao Estudo do Direito Processual.. 185
      2.1.3. Posição na grade curricular. 187
   2.2. Mestrado e doutorado em Direito. 188
3. Panorama do Ensino da Teoria Geral do Processo no Brasil. 188

CONCLUSÕES 193
REFERÊNCIAS BIBLIOGRÁFICAS 195

ABREVIATURAS UTILIZADAS

art.	Artigo
arts.	Artigos
c/c	combinado com
CC-1916	Código Civil brasileiro de 1916
CC-2002	Código Civil brasileiro de 2002
CDC	Código Brasileiro de Defesa do Consumidor
Cf.	Conferir
CF/88	Constituição Federal de 1988
cit.	Citada
coord.	Coordenação
CPC	Código de Processo Civil brasileiro de 2015
CPC-2015	Código de Processo Civil brasileiro de 2015
CPC-1973	Código de Processo Civil brasileiro de 1973
CPC/39	Código de Processo Civil brasileiro de 1939
DJ	Diário de Justiça
DJe	Diário de Justiça eletrônico
ed.	Edição
e. g.	*exempli gratia*
n.	Número
ob. cit.	obra citada
ob. últ. cit.	última obra citada
org.	Organização

p.	Página
p. ex.	por exemplo
PUC	Pontifícia Universidade Católica
segs.	Seguintes
s/a	sem ano
s/ed.	sem editora
t.	Tomo
T.	Turma
trad.	Tradução
v.	Volume
v. g.	*verbi gratia*

INTRODUÇÃO

Em 1927, Adolf Merkl afirmou que o "processo", por ser fenômeno que diz respeito a diversos ramos do Direito, deveria ser considerado um problema da Teoria Geral do Direito; às disciplinas particulares do processo caberia o exame das peculiaridades de seu respectivo ramo. Lamentou, todavia, a inexistência de "semelhante teoria geral do direito processual", que ofereceria o comum e o válido para toda a espécie de processo[10].

Niceto Alcalá-Zamora y Castillo, em 1949, disse que a Teoria Geral do Processo representava mais uma aspiração do que uma realidade; uma meta que se busca alcançar, mas que ainda não se havia atingido[11]. Um sonho carneluttiano, como disse Liebman[12].

Mais de trinta anos depois, logo no início de sua tese de titularidade, Cândido Dinamarco constatou que a Teoria Geral do Processo, "ainda incipiente e problemática quanto ao reconhecimento de sua própria legitimidade científica", não tem até hoje bem definidas as suas linhas e abrangência[13].

Uma década se passou, e Willis Santiago Guerra Filho chegava a conclusão idêntica: a elaboração das categorias jurídicas adequadas ao

---

10. MERKL. Adolf. *Teoría general del derecho administrativo*. s/ tradutor identificado. México: Editora Nacional, 1980, p. 279.
11. CASTILLO, Niceto Alcalá-Zamora y. "Trayectoria y contenido de una Teoría General del Proceso". *Estudios de teoría general e Historia del proceso (1945-1972)*. Cidade do México: Universidad Nacional Autónoma de México, 1974, t. 1, p. 513.
12. LIEBMAN, Enrico Tullio. "Recensione – Elio Fazzalari – Istituzioni di diritto processuale". *Rivista di Diritto Processuale*. Padova: CEDAM, 1975, p. 463.
13. DINAMARCO, Cândido Rangel. *A instrumentalidade do processo*. 12 ed. São Paulo: Malheiros Ed., 2005, p. 68.

estudo e à compreensão do fenômeno processual, para além do âmbito jurisdicional, "permanece ainda uma promessa incumprida da ciência do processo para a ciência jurídica" [14].

Nada obstante, a Teoria Geral do Processo difundiu-se na América Latina, especialmente no Brasil, onde está presente no currículo da grande maioria dos cursos de bacharelado em Direito. Ou seja: embora sem que se saiba exatamente em que consiste, a Teoria Geral do Processo vem sendo ensinada em todo território nacional[15]. Além disso, é alvo de ferrenha crítica dos processualistas penais brasileiros, que a repelem, mesmo sem compreendê-la adequadamente.

Ainda não se conhece um estudo que se tenha proposto a refletir *sobre* a Teoria Geral do Processo com a profundidade que ela merece. Há inúmeros trabalhos *de* Teoria Geral do Processo; muito pouco, porém, se escreveu a respeito dela.

Esta tese tem por *objeto de investigação* a Teoria Geral do Processo. Traz essa construção do pensamento jurídico para o centro da pesquisa. Não serão investigados os conceitos que compõem a Teoria Geral do Processo – cada um deles comportaria, certamente, uma tese própria. É a Teoria Geral do Processo que se pretende examinar.

Se se admitir que a Teoria Geral do Processo é uma metalinguagem científica (linguagem sobre a Ciência do Direito Processual, que, por sua vez, é linguagem sobre o Direito Processual), pode-se afirmar que esta tese, por ter a Teoria Geral do Processo como objeto, é metametalinguagem.

O móvel desta tese foi uma pergunta que surgiu após alguns debates em torno do assunto: como é possível que uma Teoria, cujos contornos são imprecisos e a própria existência, incerta, seja amplamente ensinada e, ao mesmo tempo, incisivamente criticada?

---

14. GUERRA, FILHO, Willis Santiago. "Teoria Geral do Processo: em que sentido?" *Lições alternativas de direito processual*. Horácio Wanderley Rodrigues (org.). São Paulo: Editora Acadêmica, 1995, p. 22.

15. "Jamais, porém, se poderia ter passado a ensinar uma matéria que não havia ainda se constituído plenamente, e a verdade é que isso até hoje não ocorreu com a TGP". (GUERRA Filho, Willis Santiago. "Teoria Geral do Processo: em que sentido?", cit., p. 215).

Essa dúvida, que se funda em uma situação curiosa e paradoxal, é a semente da hipótese deste trabalho: existe realmente uma Teoria Geral do Processo? Positiva a resposta, questionamentos derivados aparecem: em que ela consiste? Qual a sua abrangência e a sua utilidade? Como ela deve ser ensinada? Em que medida se distingue das demais espécies de conhecimento jurídico a respeito do processo e do direito processual?

Esta tese procurará apresentar respostas a esses questionamentos.

Para tanto, apresenta-se dividida em quatro capítulos.

O primeiro capítulo cuidará da apresentação das premissas conceituais adotadas nesta tese. Apresentam-se a definição de teoria e a classificação das teorias em *gerais, parciais, particulares e individuais*. Além disso, há um esboço de sistematização dos conceitos jurídicos (fundamentais e *jurídico-positivos*), com especial atenção à sistematização das ideias sobre os conceitos jurídicos fundamentais, cuja noção é indispensável ao desenvolvimento desta tese. Finalmente, expõe-se o que se entende por Teoria Geral do Direito, Introdução ao Estudo do Direito, Parte Geral e regime jurídico; trata-se de noções também imprescindíveis para a fundamentação da tese, como se verá no capítulo 2.

Propõem-se a definição e o alcance da Teoria Geral do Processo. Explica-se por que, *em uma abordagem epistemológica*, processo é o conceito fundamental primário da Teoria Geral do Processo. Dedica-se uma parte considerável do capítulo à demonstração da utilidade prática da Teoria Geral do Processo. Há, ainda, a crítica do pensamento *sobre* a Teoria Geral do Processo, com o exame da obra de vários cientistas do direito. Como sobrelinguagem, a Teoria Geral do Processo também deve ser compreendida em sua dimensão pragmática – o modo como os operadores dessa linguagem (cientistas e filósofos do processo) a compreendem.

O capítulo 3 é um repto à reflexão e a futuros trabalhos: a incrível transformação da metodologia jurídica havida nos últimos cinquenta anos, movimento por muitos denominado de *neoconstitucionalismo ou neopositivismo*, repercutiu na Teoria Geral do Processo? Parece que sim, sobretudo com a necessária incorporação de conceitos jurídicos fundamentais processuais ao repertório da Teoria Geral do Processo e a inevitável revisão de alguns conceitos até então aceitos.

O capítulo 4 traz uma proposta de ensino da Teoria Geral do Processo, nos níveis de graduação e pós-graduação. A origem da Teoria Geral do Processo está ligada a preocupações didáticas. É natural, portanto, que, em uma tese que a possua como objeto, se apresente uma proposta de compreensão da Teoria Geral do Processo como componente curricular.

Há, ainda, outra razão para a escolha do objeto da tese.

A Teoria Geral do Processo é tema caro à Faculdade de Direito do Largo São Francisco. Escolhê-lo, portanto, é, também, uma forma de prestar uma singela homenagem às Arcadas. Pensar sobre esse tema é agradecer a quem já pensou sobre ele.

Capítulo 1
NOÇÕES FUNDAMENTAIS

> **SUMÁRIO** • 1. Teoria: generalidades – 2. Conceitos jurídico-positivos e conceitos jurídicos fundamentais (conceitos lógico-jurídicos); 2.1. Observação inicial; 2.2. Conceitos jurídico-positivos; 2.3. Conceitos jurídicos fundamentais ou conceitos lógico-jurídicos; 2.3.1. Generalidades; 2.3.2. Conceito lógico-jurídico como produto cultural. Universalidade e historicidade; 2.3.3. Funções dos conceitos lógico-jurídicos; 2.3.4. Considerações finais sobre o uso e a função dos conceitos jurídicos fundamentais – 3. Teoria Geral do Direito – 4. Teoria Geral do Direito como componente curricular do curso de graduação em Direito. A Introdução ao Estudo do Direito – 5. Teoria Geral do Direito e Parte Geral – 6. Teoria Geral do Direito e regime jurídico único.

1. TEORIA: GENERALIDADES.

"Teoria é todo sistema de proposições orientado para um objeto com fim cognoscitivo"[1]. A teoria compreende uma sistemática e uma finalidade verificativa: trata-se de conjunto organizado de enunciados relativos a determinado objeto de investigação científica ou filosófica. A teoria unifica e arruma o complexo dos conceitos e enunciados da ciência ou da filosofia.

A teoria serve à ciência ou à filosofia. É possível designar a ciência/filosofia com o nome de uma teoria. É o que ocorre, por exemplo, com a

---

1. VILANOVA, Lourival. "O problema do objeto da Teoria Geral do Estado". *Escritos jurídicos e filosóficos*. Brasília: Axis Mvndi/IBET, 2003. v. 1, p. 80.

Teoria do Estado, a Teoria do Direito, a Teoria do Processo. Mas convém lembrar que a ciência e a filosofia são sistemas de teorias[2].

Não é fácil a tarefa de distinguir ciência e filosofia – a abordagem dogmática e abordagem zetética[3].

Basicamente, a ciência pode ser definida como sistema de enunciados que se propõe a explicar de modo coerente, racional e falseável um determinado objeto. Na abordagem científica, adota-se o postulado da indiscutibilidade dos pontos de partida (dogmas) e há uma preocupação maior com a solução de um problema – busca por respostas[4]. A abordagem filosófica é estruturalmente semelhante à científica, mas se distingue pelo seu caráter especulativo – não há uma preocupação imediata com propostas concretas para a solução de um problema; preocupa-se mais com perguntas e com as possibilidades do conhecimento.

Se se considerar como ciência um "sistema de conhecimentos metodicamente adquiridos e integrados em uma unidade coerente", pode-se dizer que a Filosofia é a ciência que se propõe a "indagar dos pressupostos ou condições de possibilidade de todas as ciências particulares"[5].

Concebe-se uma teoria sobre outra teoria: uma teoria da teoria. A epistemologia, por exemplo, é uma teoria da ciência, que é um conjunto de teorias. Por isso, uma teoria tanto pode servir a uma abordagem filosófica, como a uma abordagem científica.

Uma teoria para as ciências sociais pode ter graus de abstração diversos: *geral, individual* e *particular*[6]. As teorias sobre o Direito, fato social que é, seguem essa divisão.

---

2. POPPER, Karl. *A lógica da pesquisa científica*. Leonidas Hegenberg e Octanny Silveira da Mota (trad.). São Paulo: Cultrix, s/a, p. 61.
3. FERRAZ Jr., Tércio. *Introdução ao estudo do Direito*. 2ª ed. São Paulo: Atlas, 1994, p. 43-52.
4. "Toda ciência depende, portanto, em seu ponto de partida, de certas afirmações, que se aceitam como condição de validade de determinado sistema ou ordem de conhecimentos". (REALE, Miguel. *Filosofia do direito*. 20ª ed., 9ª tiragem. São Paulo: Saraiva, 2011, p. 11.)
5. REALE, Miguel. *Filosofia do direito*. 20ª ed., 9ª tiragem. São Paulo: Saraiva, 2011, p. 13.
6. VILANOVA, Lourival. "O problema do objeto da Teoria Geral do Estado", cit., p. 93-95; POPPER, Karl. *A lógica da pesquisa científica*, cit., p. 61, nota 1.

Uma *teoria* é *geral* quando reúne enunciados que possuem pretensão universal, invariável[7].

Uma teoria pode ser *individual*, quando pretender organizar conhecimento em torno de um objeto singular, investigado exatamente em razão da importância de suas peculiaridades. Os objetos culturais, como o Direito, o idioma, o Estado, têm importância científica *também* pelo que apresentam como singularidade. O conhecimento científico não precisa ser necessariamente abstrato ou universal: "pode deter-se na concreção singular, expor, descritivamente, a singularidade em sua diferenciação única"[8].

Há, então, a Teoria Geral do Estado e a Teoria do Estado brasileiro; a Teoria Geral do Direito e a Teoria do Direito estadunidense; a Teoria Geral do Processo e a Teoria do Processo civil italiano etc.

Pode-se restringir a generalidade da teoria a um grupo de objetos, selecionados com base em algum elemento comum. Fala-se, então, em uma teoria *particular*. Trata-se de um grau de abstração entre o *geral* e o *individual*. Comparam-se os objetos deste grupo para "sacar, desse confronto, o típico sobre o simplesmente singular, o homogêneo sobre o meramente peculiar"[9]. Assim, por exemplo, uma teoria particular do Direito para Estados cuja tradição jurídica seja o *common law*.

Toda teoria tem uma extensão, delimitação do objeto de investigação, e uma intensidade, que é o seu conteúdo informativo, sua aptidão para explicar o objeto investigado. Tanto maior a extensão, tanto menor a intensidade de uma teoria[10].

Um objeto de investigação científica pode ser objeto de várias teorias, que o decompõem abstratamente. É *parcial* a teoria que cuida de cada

---

7. Observe-se que o adjetivo "geral" serve para qualificar o objeto da teoria. O adjetivo pode ser utilizado, porém, para designar a função da teoria – "geral", porque se propõe a exaurir o objeto investigado. Este uso do adjetivo parece ser desnecessário, pois, neste sentido, toda teoria é geral, pois se propõe a examinar todo o seu objeto.
8. VILANOVA, Lourival. "O problema do objeto da Teoria Geral do Estado", cit., p. 90.
9. VILANOVA, Lourival. "O problema do objeto da Teoria Geral do Estado", cit., p. 91.
10. FERRAJOLI, Luigi. *Principia iuris – Teoria del diritto e della democrazia*. Bari: Editori Laterza, 2007, v. 1, p. 6.

um dos resultados dessa decomposição. A ciência ou filosofia, compreendidas como *teorias totais*, será o conjunto dessas teorias parciais, que se complementam.

Assim, por exemplo, a Teoria Geral do Direito é composta pelas teorias parciais (*i*) do fato jurídico, (*ii*) das situações jurídicas, (*iii*) dos sujeitos de direito, (*iv*) da norma jurídica etc. A Teoria Geral do Processo é composta pelas teorias (*i*) das capacidades processuais, (*ii*) dos fatos jurídicos processuais, (*iii*) da norma processual, (*iv*) da prova etc. Teorias parciais podem ser, igualmente, *gerais, particulares* e *individuais*. Pode-se, então, v. g., falar em uma *teoria geral dos fatos jurídicos processuais*.

O objeto desta tese é a Teoria Geral do Processo. A tese não cuida de teorias *particulares* (p. ex.: Teoria do Processo no *civil law*) nem de teorias *individuais* (p. ex.: Teoria do Processo Civil brasileiro ou Teoria do Processo Penal italiano) do processo. A tese dará um enfoque maior no processo jurisdicional, entretanto.

2. CONCEITOS JURÍDICO-POSITIVOS E CONCEITOS JURÍDICOS FUNDAMENTAIS (CONCEITOS LÓGICO-JURÍDICOS).

2.1. Observação inicial.

A ciência é um sistema de enunciados[11]. Compõe-se de "um conjunto de conceitos dispostos segundo certas conexões ideais", estruturados de acordo com critérios "ordenadores que os subordinam a uma unidade sistemática"[12]. Os enunciados da ciência articulam esses conceitos, com o objetivo de explicar, de modo coerente, racional e "falseável"[13], um determinado aspecto da realidade.

Em um sistema conceitual, nem todos os conceitos "ocupam o mesmo plano": há conceitos que possuem âmbito de validez específico, outros, genérico; uns são conceitos fundamentais, outros, derivados e adjacentes[14].

---

11. POPPER, Karl. *A lógica da pesquisa científica*, cit., p. 35.
12. VILANOVA, Lourival. "Sobre o conceito do Direito" *Escritos jurídicos e filosóficos*. Brasília: Axis Mvndi/IBET, 2003. v. 1, p. 4.
13. POPPER, Karl. *A lógica da pesquisa científica*, cit., p. 42.
14. VILANOVA, Lourival. "Sobre o conceito do Direito", cit., p. 4.

As teorias jurídicas sofrem a contingência de ter por objeto um produto cultural. O Direito terá o seu conteúdo determinado por circunstâncias históricas e espaciais. É muito difícil e, por vezes, pouco útil, criar uma teoria que sirva a diversos ordenamentos jurídicos, tão distintos entre si.

Essa é a razão pela qual devem ser separados, em qualquer construção teórica sobre o Direito, os conceitos que servem à compreensão do fenômeno jurídico, onde quer que ele ocorra, qualquer que seja o seu conteúdo, dos conceitos construídos a partir da análise de um *determinado* ordenamento jurídico. Vale também para as Ciências Jurídicas a conclusão de Popper: "considero de fundamental importância a distinção entre conceitos ou nomes universais e individuais"[15].

Aos primeiros, dá-se a designação de conceitos *lógico-jurídicos* ou *conceitos jurídicos fundamentais;* os outros são chamados de conceitos *jurídico-positivos*.

2.2. Conceitos jurídico-positivos.

O *conceito jurídico-positivo* é construído a partir da observação de uma determinada realidade normativa e, por isso mesmo, apenas a ela é aplicável. Tem, como afirma Juan Terán, "validez determinada en cuanto al espacio y determinada en cuanto al tiempo en sentido histórico"[16]. Trata-se de noção que somente pode ser obtida *a posteriori*, "no sentido de que apenas poderá ser apreendida após o conhecimento de um determinado Direito Positivo"[17]. São conceitos contingentes, históricos: descrevem realidades criadas pelo homem em certo lugar, em certo momento[18].

Alguns exemplos podem ser úteis à compreensão do tema.

O conceito de *estupro* é *jurídico-positivo*: os elementos desse crime variam conforme o respectivo Direito positivo. Até bem pouco tempo atrás, no Brasil, *estupro* era crime que pressupunha violência sexual (conjunção

---

15. POPPER, Karl. *A lógica da pesquisa científica*, cit., p. 67.
16. TERÁN, Juan Manuel. *Filosofía del derecho*. 18ª ed. Cidade do México: Porrúa, 2005, p. 81.
17. BORGES, José Souto Maior. *Lançamento tributário*. 2ª ed. São Paulo: Malheiros, 1999, p. 94. Assim, também, TERÁN, Juan Manuel. *Filosofía del derecho*. 18ª ed., cit., p. 83.
18. SICHES, Luis Recasens. *Filosofia del derecho*. 19ª ed. Cidade do México: Porrúa, 2008, p. 12; BORGES, José Souto Maior. *Lançamento tributário*. 2ª ed., cit., p. 94.

carnal) praticada por um homem contra uma mulher. Atualmente, *estupro* é crime que pode ser cometido por ou contra alguém de qualquer gênero e a conduta típica não é mais apenas a conjunção carnal violenta[19].

O conceito de *casamento* também é *jurídico-positivo*. No Brasil, casamento é a união formal familiar entre pessoas de sexos diferentes (art. 1.514 do Código Civil)[20]. Em Portugal, casamento é negócio celebrado entre duas pessoas, pouco importa o gênero a que pertençam (art. 1.577º do Código Civil português)[21].

Obviamente, também há conceitos *jurídico-positivos* no âmbito do Direito processual.

Recurso extraordinário, no Brasil, é meio de impugnação de uma decisão judicial, no mesmo processo em que foi proferida; é, portanto, instrumento que *impede* o trânsito em julgado da decisão. *Recurso extraordinário*, em Portugal, é instrumento de controle da decisão judicial, que *pressupõe* o trânsito em julgado da decisão (arts. 676º e 677º, CPC português).

Como se vê, trata-se de conceito que fica submetido às contingências das transformações do Direito positivo. A definição desses objetos variará conforme o tempo e o espaço.

Não há, portanto, uma disciplina jurídica única e imutável para esses institutos. Não se pode pretender encontrar, nesses conceitos, elementos invariáveis, que compusessem uma espécie de *essência* imprescindível do objeto definido.

Exemplos são úteis à demonstração da importância de identificar os objetos cujo conceito dependa do exame de um determinado Direito positivo. Assim como o respectivo conceito, o regime jurídico do objeto investigado também variará conforme o ordenamento jurídico analisado.

---

19. Art. 213 do Código Penal Brasileiro, alterado pela Lei n. 12.015/2009: "Constranger alguém, mediante violência ou grave ameaça, a ter conjunção carnal ou a praticar ou permitir que com ele se pratique outro ato libidinoso:". A redação anterior era a seguinte: "Constranger mulher à conjunção carnal, mediante violência ou grave ameaça:".

20. Art. 1.514 do Código Civil brasileiro: "O casamento se realiza no momento em que o homem e a mulher manifestam, perante o juiz, a sua vontade de estabelecer vínculo conjugal, e o juiz os declara casados.".

21. Art. 1.577º do Código civil português, alterado pela Lei n. 9/2010: "Casamento é o contrato celebrado entre duas pessoas que pretendem constituir família mediante uma plena comunhão de vida, nos termos das disposições deste Código".

A *simulação* é vício que permite a invalidação do negócio jurídico. Trata-se de invalidação que se submete ao regime jurídico da nulidade (art. 167 do Código Civil brasileiro[22]). Sucede que, de acordo com o Código Civil de 1916, já revogado, a simulação era vício que gerava anulabilidade do negócio jurídico; submetia-se, portanto, a regime jurídico diverso (art. 147, II, Código Civil brasileiro de 1916)[23]. Note-se a mudança do regime jurídico da invalidação do negócio por simulação. Não há problema algum; é legítima opção legislativa.

No âmbito do direito processual civil brasileiro, a *incompetência relativa* é defeito que não pode ser reconhecido *ex officio* pelo órgão jurisdicional (arts. 64, § 1º, e 65, CPC brasileiro; n. 33 da súmula da jurisprudência predominante do Superior Tribunal de Justiça). Exatamente porque apenas o réu pode alegar a incompetência relativa, se não o fizer no primeiro momento que lhe cabe falar nos autos, haverá preclusão. A *incompetência absoluta* é defeito que pode ser constatado *ex officio* e não há preclusão para seu exame durante a litispendência. O legislador brasileiro criou uma figura híbrida: uma incompetência que pode ser conhecida de ofício, mas não o pode ser a qualquer tempo. Cuida-se da incompetência decorrente de invalidade de cláusula negocial abusiva de escolha de foro (art. 63, §§ 3º e 4º, CPC brasileiro). A definição do regime jurídico da incompetência variará conforme o direito positivo, que pode combinar diversos critérios para a configuração da sua disciplina normativa.

No direito processual civil brasileiro, o indeferimento da petição inicial é uma decisão liminar, proferida em favor do réu, em que o órgão julgador, *sem examinar o mérito da causa*, entende que a demanda não pode ser processada em razão de um problema formal (art. 330, CPC). No CPC-1973, o indeferimento da petição inicial também poderia ser uma decisão com resolução do mérito (art. 295, IV, CPC-1973). Note, assim, que o conceito *indeferimento da petição inicial é jurídico-positivo*, variando, portanto, de acordo com as escolhas normativas em dado espaço-tempo.

Mais um exemplo.

No direito processual civil brasileiro, apelação é o recurso cabível contra sentença e contra algumas decisões interlocutórias (art. 1.009, § 1º, CPC

---

22. Art. 167 do Código Civil brasileiro: "É nulo o negócio jurídico simulado, mas subsistirá o que se dissimulou, se válido for na substância e na forma".
23. Art. 147 do Código Civil brasileiro de 1916, já revogado: "É anulável o ato jurídico: (...) II – por vício resultante de erro, dolo, coação, simulação, ou fraude (arts. 86 a 113)".

brasileiro). Contra outras decisões interlocutórias, caberá agravo de instrumento (art. 1.015 do CPC brasileiro). Não obstante isso, o legislador previu caso de agravo de instrumento contra sentença (art. 100 da Lei n. 11.101/2005[24]). No CPC brasileiro de 1973, apelação era um recurso cabível contra sentença, apenas. O conceito de apelação, como é *jurídico-positivo*, permite esse tipo de diversidade legislativa e variação histórica. É importante que o legislador seja coerente, para facilitar a compreensão do Direito positivo, mas não se pode afirmar que não lhe é lícito alternar as regras de cabimento dos recursos, prevendo um ou outro contra uma ou outra decisão, em variada combinação.

2.3. Conceitos jurídicos fundamentais ou conceitos lógico-jurídicos.

2.3.1. *Generalidades.*

O conceito jurídico fundamental[25] (*lógico-jurídico*, jurídico próprio ou categorial[26]) é aquele construído pela Filosofia do Direito[27] (é uma das tarefas da *Epistemologia Jurídica*), com a pretensão de auxiliar a compreensão do fenômeno jurídico onde e quando ele ocorra. Tem pretensão de validez universal[28]. Serve aos operadores do Direito para a compreensão de qualquer ordenamento jurídico determinado[29]. É, verdadeiramente, um pressuposto indispensável de qualquer contato científico com o direito[30].

---

24. Art. 100 da Lei n. 11.101/2005: "Da decisão que decreta a falência cabe agravo, e da sentença que julga a improcedência do pedido cabe apelação".
25. SOMLÓ, Felix. *Juristische Grundlehre*. Leipzig: Felix Meiner, 1917, p. 8. Ver, ainda, a lição de VILANOVA: "Em todo o sistema conceptual, existe um grupo de conceitos fundamentais, cuja amplitude cobre todo o território científico sobre o qual dito sistema repousa". (VILANOVA, Lourival. "Sobre o conceito do Direito", cit., p. 10.)
26. Variações encontradas em KAUFMANN, Arthur. *Filosofia do direito*. António Ulisses Cortês (trad.). 2ª ed. Lisboa: Fundação Calouste Gulbenkian, 2007, p. 146.
27. VECCHIO, Giorgio del. *Filosofía del derecho*. 5ª ed. Revisada por Luis Legaz y Lacambra. Barcelona: Bosch Casa Editorial, 1947, p. 25.
28. SOMLÓ, Felix. *Juristische Grundlehre*, cit., p. 10; TERÁN, Juan Manuel. *Filosofía del derecho*. 18ª ed., cit., p. 81.
29. SOMLÓ, Felix. *Juristische Grundlehre*, cit., p. 9-10; TERÁN, Juan Manuel. *Filosofía del derecho*. 18ª ed., cit., p. 82.
30. SOMLÓ, Felix. *Juristische Grundlehre*, cit., p. 10; KAUFMANN, Arthur. *Filosofia do direito*, 2ª ed., cit., p. 146; SICHES, Luis Recasens. *Filosofia del derecho*. 19ª ed., cit., p. 12; STAMMLER, Rudolf. *Tratado de filosofia del derecho*. W. Roces (trad.). Ediciones Coyoacán, 2008, p. p.

É conceito *a priori*[31], alheio a qualquer realidade jurídica determinada, embora seja produto da experiência jurídica[32], o que não é paradoxal[33]: não se consegue conceber produção do intelecto humano que não tenha por base alguma experiência. A partir da observação do fenômeno jurídico, criam-se esses conceitos, que funcionam como instrumentos indispensáveis à investigação empírica.

Não expressam realidades contingenciais criadas pelo homem em dado momento histórico[34]. São conceitos formais, lógicos[35], que "nada adiantam sobre o conteúdo concreto das normas jurídicas"[36]. Porque formais, são invariáveis; variável será o conteúdo normativo a ser extraído dos enunciados normativos do Direito positivo[37].

São fundamentais para a ciência jurídica (e, por isso, são chamados de *conceitos jurídicos fundamentais*), pois correspondem à estrutura essencial

---

13-15 e 21-22; RADBRUCH, Gustav. *Filosofia do direito.* Marlene Holzhausen (trad.). 2ª ed. São Paulo: Martins Fontes, 2010, p. 54; MAYNEZ, Eduardo Garcia. *Introduccion al estúdio del derecho.* 16ª ed. Cidade do México: Porrúa, 1969, p. 120; VILANOVA, Lourival. *As estruturas lógicas e o sistema do direito positivo,* cit., p. 66.

31. RADBRUCH, Gustav. *Filosofia do direito,* cit., p. 54. "O conceito fundamental, para cada ciência, é, portanto, a condição da experiência. E, na qualidade de condição, tem de ser *a priori*". (VILANOVA, Lourival. "Sobre o conceito do Direito", cit., p. 17)

32. Por isso, Bobbio os considera como *a priori impróprios* ou *impuros* (BOBBIO, Norberto. "Filosofia del Diritto e Teoria Generale del Diritto", cit., p. 42.) POPPER chega a afirmar que "não existe a chamada indução. (...) inferências que levam a teorias, partindo-se de enunciados singulares 'verificados pela experiência' (não importa o que isso possa significar) são logicamente inadmissíveis". (POPPER, Karl. *A lógica da pesquisa científica,* cit., p. 41.) Já Larenz reputa a indução a partir de um material experimental empírico o único meio lícito de construção conceitual (LARENZ, Karl. *Metodologia da Ciência do Direito,* 3ª ed., cit., p. 26, nota 6).

33. VILANOVA, Lourival. "Sobre o conceito do Direito", cit., p. 17-18. No mesmo sentido, cuidando especificamente da Teoria Geral do Processo, ROCHA, José de Albuquerque. *Teoria Geral do Processo.* 5ª ed. São Paulo: Malheiros Ed., 2001, p. 20-22. Em sentido contrário, entendendo que, por serem produto da experiência, tais conceitos não são *a priori* nem são universais, (BOBBIO, Norberto. "Filosofia del Diritto e Teoria Generale del Diritto", cit., p. 46-48.)

34. SICHES, Luis Recasens. *Filosofia del derecho.* 19ª ed., cit., p. 12.

35. VECCHIO, Giorgio del. *Filosofía del derecho.* 5ª ed., cit., p. 25. Sobre a natureza formal desses conceitos, MAYNEZ, Eduardo Garcia. *Lógica del concepto jurídico,* cit., p. 145-151.

36. BORGES, José Souto Maior. *Lançamento tributário.* 2ª ed., cit., p. 95. Assim, também, VILANOVA, Lourival. *As estruturas lógicas e o sistema do direito positivo,* cit., p. 66.

37. MAYNEZ, Eduardo Garcia. *Lógica del concepto jurídico,* cit., p. 148.

de toda norma jurídica[38]. Onde houver norma jurídica (onde houver Direito, pois), serão úteis. Não se concebe a existência de Direito sem "hipótese normativa", "norma jurídica", "dever jurídico"[39], "preceito normativo", "sujeito de direito", "fato jurídico" etc.[40]

Nada obstante grande, o número de conceitos fundamentais não é ilimitado[41].

São exemplos de conceitos *lógico-jurídicos*: fato jurídico, relação jurídica, invalidade, efeito jurídico, ato jurídico, ato-fato jurídico, fonte do direito, norma jurídica, regra jurídica, princípio, sujeito de direito, capacidade, personalidade, objeto de direito, causa etc.

Há conceitos *lógico-jurídicos* estreitamente relacionados ao processo: competência[42], decisão, cognição, admissibilidade, norma processual, processo, demanda, legitimidade, pretensão processual, capacidade de ser

---

38. SICHES, Luis Recasens. *Filosofia del derecho*. 19ª ed., cit., p. 12; BORGES, José Souto Maior. *Lançamento tributário*. 2ª ed., cit., p. 94.

39. "O conceito de dever jurídico não é um conceito geral extraído de um determinado conteúdo jurídico, mas um conceito fundamental de direito, um dos pressupostos de toda e qualquer Ciência do Direito possível". Tradução de Peter Naumann do original alemão: "Der Begriff der Rechtspflicht ist also kein, erst einem gegebenen Rechtsinhalte entnommener, Allgemeinbegriff, sondern es ist ein juristischer Grundbegriff, eine der Voraussetzungen jeder möglichen Rechtswissenschaft". (SOMLÓ, Felix. *Juristische Grundlehre*, cit., p. 10).

40. RICCARDO GUASTINI reputa esse modo de pensar "discutível", "não mais muito merecedor de crédito", pois acontece, com freqüência, de ele levar a generalizações indevidas de características históricas peculiares a apenas alguns sistemas jurídicos (GUASTINI, Riccardo. *Das fontes às normas*. Edson Bini (trad.). São Paulo: Quartier Latin, 2005, p. 378.). Com a mesma preocupação, DIMOULIS, Dimitri. *Positivismo jurídico*, cit., p. 25-26. Não se deve, porém, desprezar o pensamento *lógico-jurídico*. É necessário, de fato, proceder corretamente à distinção do que é geral, e pode ser teorizado, do que é contingente, e que, portanto, não pode ser generalizado. Trata-se de método de observância indispensável na investigação científica do Direito.

41. KAUFMANN, Arthur. *Filosofia do direito*, 2ª ed., cit., p. 146. Entretanto, "a ideia de uma 'tábua de categorias', quer dizer, de uma tabela simétrica de todos os conceitos jurídicos *a priori*, não é, portanto, realizável". (RADBRUCH, Gustav. *Filosofia do direito*, cit., p. 55).

42. CUNHA, Leonardo José Carneiro da. "A competência na teoria geral do direito". *Teoria do Processo – panorama doutrinário mundial*. Fredie Didier Jr. e Eduardo Jordão (coord.) Salvador: Editora Jus Podivm, 2008, p. 462.

parte, capacidade processual, capacidade postulatória, prova, presunção, tutela jurisdicional[43] etc.

2.3.2. Conceito lógico-jurídico como produto cultural. Universalidade e historicidade.

Exatamente porque produzido pelo conhecimento humano, o *conceito lógico-jurídico* é também um produto cultural. O conceito é formulado a partir da observação do fenômeno jurídico, que também é manifestação cultural. Nada obstante tenha a pretensão de servir à compreensão de qualquer ordenamento jurídico (pretensão universalizante), nasce da observação do Direito como fato. Como todo conceito, procede da experiência, portanto.

Aqui surge um aparente paradoxo: se se trata de manifestação cultural, e cada cultura tem as suas peculiaridades, como pode esse tipo de conceito servir a qualquer cultura?

Para desenvolver um repertório teórico que permita visualizar as diferenças entre os diversos sistemas jurídicos (diversas manifestações culturais), cumpre ao filósofo do direito a tarefa de identificar e selecionar aquilo que é comum a qualquer Direito positivo. O conceito *lógico-jurídico* funciona como a luz negra que revela as manchas do tecido branco (aparentemente) imaculado.

Um exemplo. O conceito de *sujeito de direito* é *lógico-jurídico*: todo ente que puder ser titular de uma situação jurídica. A identificação de quem seja sujeito de direito dependerá do exame de cada ordenamento jurídico. A partir do conceito de *sujeito de direito*, que é universal, será possível perceber que, em um dado ordenamento, a mulher é sujeito de direito e, em outro, objeto de direito.

Outro exemplo, agora em tema de direito processual. *Capacidade processual* é um conceito *lógico-jurídico*: aptidão de um ente para praticar ato jurídico processual sozinho. Para que se possa saber quem

---

43. Boas contribuições para à elaboração do conceito jurídico fundamental processual de "tutela jurisdicional" podem ser encontradas em OLIVEIRA, Carlos Alberto Alvaro de. *Teoria e prática da tutela jurisdicional*. Rio de Janeiro: Forense, 2008, p. 107-110; YARSHELL, Flávio Luiz. *Tutela jurisdicional*. São Paulo: Atlas, 1999, p. 27-37.

tem capacidade processual, será preciso examinar o Direito positivo. Valendo-se do conceito de *capacidade processual*, será possível notar que, em um dado ordenamento, uma mulher sozinha pode praticar atos processuais, ao passo que, em outro, apenas poderá fazê-lo se estiver assistida pelo seu marido; que, em um país, qualquer pessoa com mais de dezoito anos de vida pode depor como testemunha, enquanto, em outro, *judeus, homossexuais, negros, mulheres* etc. não têm capacidade para o testemunho.

A elaboração desse tipo de conceito determina-se pelas contingências do seu tempo: repertório teórico existente, ideologias predominantes, concepções filosóficas prevalecentes, peculiaridades dos objetos investigados, limitações materiais para pesquisa e desenvolvimento do método etc. Tais conceitos são convencionalmente[44] construídos e, exatamente por isso, também por convenção podem ser revistos.

O conceito *lógico-jurídico* pode, exatamente por isso, tornar-se obsoleto.

O progresso do pensamento filosófico[45] revela-se precisamente quando se superam conceitos fundamentais consolidados. Um novo conceito pode suceder o anterior, mas dele herdará a qualidade de ser um dado *a priori* e universal de que se serve o operador jurídico para compreender o fenômeno normativo. Lourival Vilanova é preciso no particular: "A tese da aprioridade de um conceito fundamental não redunda em colocar o conceito a salvo de todo enriquecimento ou retificação – como o prova a história de qualquer ciência – vinda da experiência"[46]. Pode-se afirmar, assim, que esses conceitos, embora *a priori*, são provisórios, porque precisam ser testados empiricamente. A experiência pode eliminá-los, se inadequados, ou suprir-lhes os defeitos. Não há qualquer problema em qualificá-los como *a priori*. Rigorosamente, aliás, todo conhecimento humano é provisório.

---

44. FERRAJOLI, Luigi. *Principia iuris – Teoria del diritto e della democrazia*, v. 1, cit., p. 47-48.
45. MAYNEZ, Eduardo Garcia. *Lógica del concepto jurídico*. México: Fondo de Cultura Económica, 1959, p. 29.
46. VILANOVA, Lourival. "Sobre o conceito do Direito", cit., p. 18. Do mesmo autor, em idêntico sentido, VILANOVA, Lourival. "O problema do objeto da Teoria Geral do Estado", cit., p. 85, nota 6.

Mas, ainda que provisório, "funciona como um conceito *a priori*. Vale por um ponto de vista fundamental, de cujo ângulo especial a realidade é considerada"[47].

O conceito *lógico-jurídico*, enfim, precisa passar pelo teste de realidade. Como afirma Souto Maior Borges, "a categoria formal somente será teoricamente legítima e idônea na medida em que os testes de sua transposição para uma ordem jurídica peculiar lhe revelem aptidão para solucionar problemas de interpretação do direito positivo"[48]. A consistência de uma teoria "depende da correspondência entre a construção formal e a base objetiva sobre a qual tem assento essa construção"[49]. Um enunciado universal sempre pode ser falseado por um enunciado singular[50]. Um enunciado científico caracteriza-se, sobretudo, pela circunstância de ser suscetível de revisão, poder ser criticado e substituído por outro enunciado, que se revele mais adequado[51]. Se o conceito perde o seu alcance ("portata") teórico e a sua capacidade explicativa[52], ele deve ser revisto.

Convém dar exemplos de conceitos *jurídicos fundamentais* processuais que foram substituídos pela sua inadequação.

Preclusão é, em lição clássica, a perda pela parte de uma sua faculdade processual[53]. Sucede que já não se restringe a preclusão aos poderes jurídicos das partes: fala-se, com desenvoltura, em preclusão para o órgão jurisdicional[54]. Do mesmo modo, rigorosamente, a preclusão atinge outras

---

47. VILANOVA, Lourival. "Sobre o conceito do Direito", cit., p. 18.
48. BORGES, José Souto Maior. *Obrigação tributária*. 2ª ed. São Paulo: Malheiros, 1999, p. 35.
49. VILANOVA, Lourival. "O problema do objeto da Teoria Geral do Estado", cit., p. 83. No mesmo sentido, FERRAJOLI, Luigi. *Principia iuris – Teoria del diritto e della democrazia*, v. 1, cit., p. 45.
50. POPPER, Karl. *A lógica da pesquisa científica*, cit., p. 43.
51. POPPER, Karl. *A lógica da pesquisa científica*, cit., p. 51.
52. FERRAJOLI, Luigi. *Principia iuris – Teoria del diritto e della democrazia*, v. 1, cit., p. 49.
53. CHIOVENDA, Giuseppe. "Cosa giudicata e preclusione". *Saggi di Diritto Processuale Civile (1894-1937)*. Milano: Giuffrè Editore, 1993, v. 3, p. 231 e segs. A necessidade de superar o conceito chiovendiano, exatamente por não abranger a preclusão para o juiz, já foi apontada pela doutrina há muitos anos: BARBI, Celso Agrícola. "Da preclusão no processo civil". *Revista Forense*. Rio de Janeiro: Forense, 1955, n. 158, p. 61.
54. Assim, apenas para exemplificar, ARAGÃO, Egas Dirceu Moniz de. "Preclusão". Estudos em homenagem ao Prof. Galeno Lacerda. Porto Alegre: Sergio Antonio Fabris Editor, 1989, p.

situações jurídicas além das faculdades: direitos, capacidades, competências etc. Impõe-se, assim, redefinir *preclusão* como a perda de uma situação jurídica processual ativa, pouco importando qual seja o seu titular.

O conceito de *execução forçada* é *lógico-jurídico*. Há quem entenda que só há execução não-voluntária se houver atuação sub-rogatória do Estado. Assim, toda execução seria execução direta. Como as medidas de coerção indireta visam a que o próprio devedor cumpra a prestação (cumprimento forçado, não voluntário), não poderiam ser confundidas com a execução: seriam meios coercitivos, não executivos[55]. Esse conceito parece estar superado. Quando o Estado usa seu poder para forçar o cumprimento da prestação devida pelo próprio devedor, valendo-se de meios de pressão psicológica, há execução, que inclusive não pode ser abusiva (art. 805 do CPC brasileiro)[56]. Há execução forçada sempre que se impõe a realização da prestação devida, por meios executivos sub-rogatórios ou por coerção psicológica[57].

156-157; NEVES, Daniel Amorim Assumpção. *Preclusões para o juiz*. São Paulo: Método, 2004, passim; DIDIER Jr., Fredie. *Curso de direito processual civil*. 12ª ed. Salvador: Editora Jus Podivm, 2010, v. 1, p. 292; SICA, Heitor Vitor Mendonça. *Preclusão processual civil*. São Paulo: Atlas, 2006.

55. CARNELUTTI, Francesco. *Diritto e processo*. Napoli: Morano, 1958, p. 288-289; LIEBMAN, Enrico Tullio. *Processo de Execução*. 4ª ed. São Paulo: Saraiva, 1980, p. 5-6; MOREIRA, José Carlos Barbosa. *O novo processo civil brasileiro*. 27ª ed. Rio de Janeiro: Forense, 2008, p. 229; GOUVEIA FILHO, Roberto P. Campos; ARAÚJO, Raquel Silva. "Por uma noção de execução forçada: pequenas provocações aos defensores da executividade da "execução" indireta". DIDIER JR., Fredie; GOUVEIA FILHO, Roberto P. Campos; PEDROSA NOGUEIRA, Pedro Henrique. (coords). *Pontes de Miranda e o direito processual*. Salvador: Editora Jus Podivm, 2013.

56. Sobre a polêmica, GUERRA, Marcelo Lima. *Execução indireta*. São Paulo: RT, 1998, p. 30-34; DIDIER Jr., Fredie, CUNHA, Leonardo José Carneiro da, BRAGA, Paula Sarno, OLIVEIRA, Rafael. *Curso de direito processual civil*. 2ª ed. Salvador: Editora Jus Podivm, 2010, v. 5, p. 34-39; GOUVEIA FILHO, Roberto P. Campos; ARAÚJO, Raquel Silva. "Por uma noção de execução forçada: pequenas provocações aos defensores da executividade da "execução" indireta". DIDIER JR., Fredie; GOUVEIA FILHO, Roberto P. Campos; PEDROSA NOGUEIRA, Pedro Henrique. (coords). *Pontes de Miranda e o direito processual*. Salvador: Editora Jus Podivm, 2013.

57. ANTONIO DO PASSO CABRAL, em importante ensaio, defende a revisão do conceito tradicional de interesse de agir, de modo a mais bem explicar alguns fenômenos processuais recentes, tais como a migração entre os polos do processo (permitida nos procedimentos da ação popular (art. 6º, § 3º, Lei n. 4.717/1965) e da ação de improbidade administrativa (art. 17, § 3º, da Lei n. 8.429/1992), convenções processuais, requerimentos formulados conjuntamente pelas partes, interesses contrapostos em um mesmo polo do processo (p.

Mais recentemente, percebemos a necessidade de *revisão* do conceito de *processo coletivo*. Entendíamos, na linha de Antonio Gidi, que o processo coletivo se caracterizava pelo objeto, pelo regime da coisa julgada e pela legitimidade[58]. Percebemos que esse conceito nos estava impedindo de enxergar as mudanças que o Direito positivo vinha fazendo na tutela coletiva, sobretudo com o desenvolvimento do julgamento de casos repetitivos. O conceito merecia revisão; propusemos a sua reformulação[59]: *"processo coletivo é aquele em que se postula um direito coletivo lato sensu (situação jurídica coletiva ativa) ou que se afirme a existência de uma situação jurídica coletiva passiva (deveres individuais homogêneos, p. ex.) de titularidade de um grupo de pessoas"*. A revisão desse conceito permitiu uma compreensão mais adequada da tutela coletiva, em todas as suas especificidades, seja porque há tutela coletiva no julgamento de casos repetitivos, cuja decisão não produz coisa julgada, seja porque há casos de tutela coletiva por legitimação ordinária, como na ação proposta pela comunidade indígena[60].

---

ex., no litisconsórcio alternativo) etc. Propõe o desenvolvimento do conceito *lógico-jurídico* processual de *zona de interesse* (CABRAL, Antonio do Passo. "Despolarização do processo e 'zonas de interesse': sobre a migração entre polos da demanda". Disponível em http://www4.jfrj.jus.br/seer/index.php/revista_sjrj/article/viewFile/25/24, acesso em 04.07.2011, 15h00). Trata-se de proposta de revisão de um conceito *lógico-jurídico* processual. O tema não deve ser enfrentado neste momento; exige, aliás, monografia própria a ele dedicada. A referência foi feita apenas para ratificar a possibilidade constante de revisão de conceitos jurídicos fundamentais processuais. A redação do art. 17 do CPC brasileiro parece ter encampado essa concepção (DIDIER Jr., Fredie. *Curso de Direito Processual Civil*. 17ª ed. Salvador: Editora Jus Podivm, 2015, v. 1, p. 342).

58. "Segundo pensamos, ação coletiva é a proposta por um legitimado autônomo (*legitimidade*), em defesa de um direito coletivamente considerado (*objeto*), cuja imutabilidade do comando da sentença atingirá uma comunidade ou coletividade (*coisa julgada*). Aí está, em breves linhas, esboçada a nossa definição de ação coletiva. Consideramos elementos indispensáveis para a caracterização de uma ação como coletiva a legitimidade para agir, o objeto do processo e a coisa julgada". (GIDI, Antonio. *Coisa julgada e litispendência em ações coletivas*. São Paulo: Saraiva, 1995, p.16.) Registre-se que seguimos substancialmente, com pequena diferença, o conceito de Gidi até a 8ª ed. do v. 4 do nosso *Curso de Direito Processual Civil*: (DIDIER Jr., Fredie; ZANETI Jr., Hermes. *Curso de Direito Processual Civil*. 8ª ed. Salvador: Editora Jus Podivm, 2013, v. 4).

59. DIDIER Jr., Fredie; ZANETI Jr. Hermes. "Conceito de processo jurisdicional coletivo". *Revista de Processo*. São Paulo: RT, 2014, v. 229, p. 273-280.

60. O impacto dessa revisão conceitual pode ser visto em DIDIER Jr., Fredie; ZANETI Jr., Hermes. "Ações coletivas e o incidente de julgamento de casos repetitivos – espécies de processo

Outro exemplo de revisão recente de um conceito jurídico fundamental aconteceu com o conceito de *presunção legal*. Aqui, o problema não foi bem a incorreção do conceito, mas, sim, a sua insuficiência. A partir do momento que se consagra ampla possibilidade de negociação sobre aspectos do processo (art. 190, CPC), percebeu-se a insuficiência da divisão das presunções em *legais* e *judiciais*. É possível haver presunções decorrentes de negócio jurídico; presunções convencionais, portanto. Há presunção que decorre de outra fonte normativa, distinta da fonte legislativa. Assim, o mais adequado é dividir as presunções em *normativas*, aquelas que decorrem de uma norma jurídica (legal ou convencional), e *judiciais*, aquelas elaboradas pelo órgão julgador.

Percebam como a mudança do Direito positivo pode revelar a inadequação de uma categoria jurídica fundamental – é permanente o diálogo entre os conceitos jurídicos fundamentais e o Direito positivo, que funciona como o campo de teste da validade/utilidade desses conceitos. Esses dois exemplos acima evidenciam isso claramente.

Demonstradas a noção e a historicidade dos conceitos *lógico-jurídicos*, é possível ir adiante.

2.3.3. Funções dos conceitos jurídicos fundamentais (lógico-jurídicos).

Os conceitos jurídicos fundamentais (*lógico-jurídicos*) têm uma dupla função: servem de base à elaboração dos conceitos *jurídico-positivos* e auxiliam o operador do Direito na tarefa de compreender, interpretar e aplicar o ordenamento jurídico. Têm, sobretudo, função heurística[61]: permitem e facilitam o conhecimento do Direito.

Embora formais, os conceitos *lógico-jurídicos* revelam a sua utilidade no exame do Direito positivo. Há, entre o geral (conceito jurídico fundamental) e o individual (*jurídico-positivo*), uma interessante relação: "o formal

---

coletivo no Direito brasileiro: aproximações e distinções". *Revista de Processo*. São Paulo: RT, 2016, n. 256

61. ÁVILA, Humberto. "A doutrina e o Direito Tributário". *Fundamentos do Direito Tributário*. Humberto Ávila (org.). São Paulo: Marcial Pons, 2012, p. 240.

é fertilizado pela corroboração do direito positivo, no sentido de que a proposta formalizada numa categoria de Teoria Geral possibilita explicar a categoria jurídico-positiva com a qual se relaciona, na sua estrutura e funcionamento. E, vice-versa, o direito positivo será melhor apreendido pela introdução das categorias formais na abordagem das normas que integram uma ordem jurídica particular"[62].

Convém esmiuçar essas duas funções.

O conceito *lógico-jurídico* serve de base para o conceito *jurídico-positivo*[63].

A noção de negócio jurídico (conceito *lógico-jurídico*) é pressuposto para a compreensão das diversas espécies de contrato, cujos conceitos são *jurídico-positivos*; não se pode estudar a tipologia dos atos administrativos (recheada de conceitos *jurídico-positivo*s como decreto, resolução, regimento, portaria etc.) desconhecendo o que seja um ato jurídico (conceito *lógico-jurídico*); para que se entenda o que é um tributo (conceito *jurídico-positivo*), é indispensável saber o que é um fato jurídico e um dever jurídico, conceitos *lógico-jurídicos*.

Entre o conceito *lógico-jurídico* e o conceito *jurídico-positivo* há uma relação de dependência[64]: o conceito *jurídico-positivo* é uma especificação do conceito *lógico-jurídico*, que é genérico.

Não há qualquer diferença na compreensão dos conceitos *jurídico-positivos* processuais.

Os conceitos de petição inicial e de recurso (*jurídico-positivos*) pressupõem a compreensão do que seja um ato jurídico postulatório (conceito *lógico-jurídico*). A distinção entre contestação e reconvenção, noções *jurídico-positivas*, não dispensa o conhecimento dos conceitos *lógico-jurídicos* de *defesa* e de *demanda*. A tipologia dos pronunciamentos judiciais é repleta de conceitos *jurídico-positivos*: decisão interlocutória, despacho, sentença, decisão monocrática, acórdão etc.; não há como

---
62. BORGES, José Souto Maior. *Obrigação tributária*. 2ª ed., cit., p. 35.
63. TERÁN, Juan Manuel. *Filosofía del derecho*. 18ª ed., cit., p. 81.
64. Sobre a relação de dependência entre os conceitos, ALVES, Alaôr Caffé. *Lógica – pensamento formal e argumentação*. 2ª ed. São Paulo: Quartier Latin, 2002, p. 203.

compreendê-la adequadamente ignorando os conceitos *lógico-jurídicos* de *decisão, ato jurídico* e *norma jurídica*.

Os conceitos *lógico-jurídicos* também servem à compreensão do Direito. "O conceito fornece as determinações mínimas e essenciais que servem de *criterium* para encontrar o objeto onde ele se acha"[65]. O conceito *lógico-jurídico* indica qual é a estrutura que um determinado objeto tem.

Para que se possa investigar o processo, é preciso saber qual é o fato social que pode ser conhecido como processo. Simplesmente: para que se possa *investigar* o processo, é preciso saber o que *é* processo. Para que se distingam as nulidades e as anulabilidades (conceitos *jurídico-positivos*), é indispensável saber em que consiste o plano da validade de um ato jurídico (conceito *lógico-jurídico*)[66]; para que se identifique a eficácia jurídica da posse, variável conforme o Direito positivo, os conceitos *lógico-jurídicos* de *fato jurídico, situação jurídica, dever, direito subjetivo* etc. não podem ser ignorados.

A interpretação e a aplicação do Direito processual positivo também não prescindem dos conceitos *lógico-jurídicos*, especialmente daqueles mais proximamente relacionados ao fenômeno processual.

Impossível compreender as diferenças entre a incompetência absoluta e a incompetência relativa (conceitos *jurídico-positivos*) ignorando o que seja competência (conceito *lógico-jurídico*). É metodologicamente inadequado qualquer estudo que pretenda investigar o regime jurídico de invalidação de atos processuais com desprezo dos conceitos de *fato jurídico, invalidade* e *eficácia jurídica*, todos *lógico-jurídicos*. Qualquer estudo sobre o conteúdo das relações jurídicas processuais (direitos, deveres, ônus, competências, capacidades), que variam conforme o ordenamento jurídico analisado, não dispensa o conhecimento sobre o que

---

65. VILANOVA, Lourival. "Sobre o conceito do Direito", cit., p. 18. A primeira função atribuída aos conceitos é a de "descrever os objetos da experiência para permitir o seu reconhecimento". (ABBAGNANO, Nicola. *Dicionário de Filosofia*. Alfredo Bosi (coord. da trad.). São Paulo: Martins Fontes, 2003, p. 168.) A compreensão do individual, do peculiar, não se faz sem o emprego de categorias gerais. (VILANOVA, Lourival. "O problema do objeto da Teoria Geral do Estado", cit., p. 94.)

66. CALMON DE PASSOS percebeu o ponto, ao afirmar que a teoria do ato processual deve partir dos conceitos fundamentais de ato jurídico em sentido estrito e de negócio jurídico, "que não pertencem ao direito privado, sim à teoria geral do direito". (PASSOS, José Joaquim Calmon de. *A nulidade no processo civil*. Salvador: Imprensa Oficial da Bahia, 1959, p. 10.)

sejam *relação jurídica* e *situações jurídicas*, conceitos *lógico-jurídicos*. O exame das regras jurídicas sobre a capacidade processual pressupõe o conhecimento pelo aplicador dos conceitos *lógico-jurídicos* de *sujeito de direito, capacidade* e *legitimidade*.

2.3.4. Considerações finais sobre o uso e a função dos conceitos jurídicos fundamentais.

Não parece haver dúvida sobre a existência de conceitos jurídicos fundamentais, muito menos de sua importância: são imprescindíveis para o desenvolvimento de uma ciência jurídica, que se proponha a fornecer diretrizes para uma aplicação racional, coerente e justa do Direito.

É preciso que se perceba, porém, que, se os conceitos jurídicos fundamentais servem à compreensão do Direito, não podem, ao mesmo tempo, impedir o conhecimento do Direito[67].

Por vezes, o cientista do Direito, apegado excessivamente a um conceito jurídico fundamental, sem perceber a sua obsolescência ou a sua inutilidade, simplesmente ignora fenômenos jurídicos que não se encaixam em determinado modelo conceitual.

Isso aconteceu, por exemplo, com o conceito tradicional de norma jurídica – que pressupunha uma hipótese fática e um consequente normativo –, inservível à compreensão das normas-princípio. A doutrina, com base no conceito tradicional de norma jurídica, não reconhecia o princípio como norma jurídica. Havia a necessidade de reconstruir o conceito de norma jurídica e, simultaneamente, construir o conceito de princípio como norma[68].

Assim, é preciso reafirmar, agora de maneira consolidada, o que se disse linhas atrás sobre a postura que o cientista do Direito deve ter diante de um conceito jurídico fundamental.

a) É preciso compreendê-lo como ferramenta (instrumento) para o conhecimento do Direito, com nítida função heurística[69]. Como todo instrumento,

---

67. ÁVILA, Humberto. "A doutrina e o Direito Tributário". *Fundamentos do Direito Tributário*. Humberto Ávila (org.). São Paulo: Marcial Pons, 2012, p. 240.
68. ÁVILA, Humberto. "A doutrina e o Direito Tributário", cit., p. 239-240.
69. ÁVILA, Humberto. "A doutrina e o Direito Tributário", cit., p. 240.

não serve para a solução de qualquer problema, bem como o problema não desaparece porque não se possui a ferramenta adequada para solucioná-lo[70].

b) Os conceitos jurídicos fundamentais são essencialmente "reconstruíveis": se perdem a sua funcionalidade, sua aptidão para a compreensão da realidade, não se pode ignorar a realidade para preservar o conceito, que deve ser reconstruído. Esta é a razão pela qual se dedica um capítulo inteiro ao tema da reconstrução da Teoria Geral do Processo.

c) A Analítica Jurídica não é o único repertório de que se deve valer o cientista do Direito. Não se faz ciência do Direito apenas manipulando os conceitos jurídicos fundamentais. A afirmação, que pode soar como platitude, justifica-se para evitar a crítica de que esta tese ignora, por exemplo, as funções da Hermenêutica e da Axiologia Jurídicas para a Ciência do Direito.

3. TEORIA GERAL DO DIREITO.

A Teoria Geral do Direito[71] é uma disciplina jurídica dedicada à elaboração, organização e articulação dos conceitos fundamentais à compreensão do fenômeno jurídico[72-73]. Nesse sentido, pode ser denominada,

---

70. Inevitável referir à cortante metáfora de Abraham Maslow: "if the only tool you have is a hammer, to treat everything as if it were a nail" (MASLOW, Abraham H. *Psycology of Science*. Maurice Basset Publishing, 2002, p. 15). Na mesma linha, ÁVILA, Humberto. "A doutrina e o Direito Tributário", cit., p. 233.

71. Há quem opte pela designação Teoria do Direito, em vez de "Teoria Geral do Direito", reconhecidamente mais difundida. Sobre a tendência de supressão do adjetivo "geral" e consolidação da designação "Teoria do Direito", ver a resenha de DIMOULIS, Dimitri. *Positivismo jurídico*. São Paulo: Método, 2006, p. 22-27. Sobre a crítica, recentemente, FERRAJOLI, Luigi. *Principia iuris – Teoria del diritto e della democrazia*, v. 1, cit., p. 5. Esta tese admite a existência de teorias *particulares* ou *individuais*; nem toda teoria é *geral*, pois.

72. RADBRUCH, Gustav. *Filosofia do direito*. Marlene Holzhausen (trad.). 2ª ed., cit., p. 35; BOBBIO, Norberto. "Filosofia del Diritto e Teoria Generale del Diritto". *Studi sulla teoria generale del diritto*. Torino: Giappichelli, 1955, p. 35-37; KAUFMANN, Arthur. *Filosofia do direito*, 2ª ed., cit., p. 141; MAYNEZ, Eduardo Garcia. *Introduccion al estúdio del derecho*. 16ª ed. Cidade do México: Porrúa, 1969, p. 119; MACHADO NETO, Antônio Luiz. *Compêndio de Introdução à Ciência do Direito*. 6ª ed. São Paulo: Saraiva, 1988, p. 6; BORGES, José Souto Maior. *Obrigação tributária*. 2ª ed., cit., p. 32; DIMOULIS, Dimitri. *Positivismo jurídico*, cit., p. 40; FERRAJOLI, Luigi. *Principia iuris – Teoria del diritto e della democrazia*, v. 1, cit., p. 3 e 43-44.

73. Esse é o conteúdo da Teoria Geral do Direito para esta tese. Há muita discussão sobre qual seria o conteúdo dessa disciplina. Não é o caso de examinar todas as concepções em derredor do assunto. Há, por exemplo, quem divida o campo de atuação da Teoria do Direito

também, de Teoria Fundamental do Direito (*juristische Grundlehre*)[74] ou de Analítica Jurídica[75].

Trata-se de uma teoria formal do Direito, pois prescinde da análise e da indagação acerca do conteúdo das normas integrantes de um determinado ordenamento jurídico[76]. É uma teoria sobre a estrutura do fenômeno normativo, e não sobre o seu conteúdo[77].

---

em quatro partes (a primeira e a terceira são as adotadas nesta tese; todas poderiam ser consideradas conteúdo da "introdução ao estudo do direito", conforme será visto no item seguinte): "(a) A análise do direito: conceito de direito, norma jurídica, conceitos jurídicos, funções jurídicas (juiz, legislador, etc.), fontes do direito. (b) A metodologia jurídica: legislação, aplicação do direito (interpretação, lacunas, antinomias, argumentação). (c) Teoria da ciência e metodologia da dogmática jurídica. (d) Análise do conteúdo ideológico do direito: valores e ideologias não explicitadas que a legislação, a jurisprudência e a dogmática jurídica contem". (VAN HOECKE, Mark; OST, François. "Teoria geral do direito". *Dicionário Enciclopédico de Teoria e Sociologia do Direito*. André-Jean Arnaud (org.). Tradução para a língua portuguesa sob a direção de Vicente de Paulo Barreto. Rio de Janeiro: Renovar, 1999, p. 783-784.)

74. SOMLÓ, Felix. *Juristische Grundlehre*. Leipzig: Felix Meiner, 1917, p. 8. SOMLÓ, porém, distingue a Teoria Geral do Direito e Teoria Fundamental do Direito. Para SOMLÓ, a Teoria Geral do Direito é uma teoria sobre as normas que abrangem um grupo maior ou menor de outras normas jurídicas de um determinado ordenamento jurídico; trata-se de teoria sobre o conteúdo de um determinado direito, e que, por mais ampla que seja a generalidade das normas examinadas, é inapta à produção de conceitos jurídicos fundamentais, aplicáveis a qualquer ordenamento jurídico (SOMLÓ, Felix. *Juristische Grundlehre*, cit., p. 8-10). Como se vê, a divergência é terminológica: o que aqui se entende por Teoria Geral do Direito é denominado por SOMLÓ como Teoria Fundamental do Direito.

75. Sobre esse sentido da Analítica Jurídica, MacCORMICK, Neil. "Analítica (abordagem do direito)". *Dicionário Enciclopédico de Teoria e Sociologia do Direito*. André-Jean Arnaud (org.). Tradução para a língua portuguesa sob a direção de Vicente de Paulo Barreto. Rio de Janeiro: Renovar, 1999, p. 25. Ver, ainda, MILLARD, Eric. *Teoria generale del diritto*. Agostino Carrino (trad.). Torino: G. Giappichelli Editore, 2009, p. 16-18.

76. SOMLÓ, Felix. *Juristische Grundlehre*, cit., p. 5; BOBBIO, Norberto. "Filosofia del Diritto e Teoria Generale del Diritto", cit., p. 35-40; BORGES, José Souto Maior. *Obrigação tributária*. 2ª ed., cit., p. 31; FALZEA, Angelo. *Ricerche di Teoria Generale del Diritto e di Dogmatica Giuridica*. Milano: Giuffrè, 1999, v. 1, p. 325-326; FERRAJOLI, Luigi. *Principia iuris – Teoria del diritto e della democrazia*. Bari: Editori Laterza, 2007, v. 1, p. 4 e 19. É preciso anotar, porém, que, para BOBBIO, os conceitos jurídicos fundamentais, conteúdo da Teoria Geral do Direito, não são *a priori* nem *universais*, pois construídos a partir da experiência. (BOBBIO, Norberto. "Filosofia del Diritto e Teoria Generale del Diritto", cit., p. 48.)

77. Conforme divisão de FELIX SOMLÓ, as ciências jurídicas podem dividir-se em ciências do conteúdo jurídico e a ciência da forma jurídica. A segunda precede à primeira: "a exposição de um conteúdo jurídico específico tem por pressuposto um conhecimento do que um conteúdo jurídico enfim significa". (SOMLÓ, Felix. *Juristische Grundlehre*, cit.,

Não se deve ignorar, porém, a relação entre os *conceitos jurídicos fundamentais* e o Direito positivo, examinada no item precedente. Os conceitos *lógico-jurídicos* servem, sobretudo, para auxiliar o aplicador na compressão dos enunciados legislativos (discurso do legislador) e do discurso dos juristas. A Teoria Geral do Direito é, por isso, *metalinguagem*: trata-se de linguagem sobre outras linguagens[78].

O estudo do conteúdo das normas do Direito positivo cabe às ciências jurídicas dogmáticas específicas. À Ciência do Direito Penal, o estudo das normas penais; à ciência do direito processual civil, a análise das normas processuais civis. À Teoria Geral do Direito cabe fornecer o repertório de conceitos indispensáveis à compreensão da estrutura normativa[79] do Direito, onde quer que ele ocorra. O seu objeto é, como se vê, a formulação dos conceitos *lógico-jurídicos*. À ciência jurídica dogmática particular não cabe a elaboração dos conceitos jurídicos fundamentais: rigorosamente, a ciência jurídica particular toma por base esses conceitos[80].

A relação entre a Teoria Geral do Direito e as ciências jurídicas dogmáticas particulares é uma relação entre "continente (o ser formal da Teoria Geral do Direito) e conteúdo (o âmbito de validade de certas normas, tal como descrito pela dogmática jurídica)"[81].

Bem pensadas as coisas, não só a dogmática jurídica pressupõe os conceitos jurídicos fundamentais: todas as demais ciências jurídicas

---

p. 1). Tradução de Peter Naumann do original em alemão: "Die Darstellung eines besonderen Rechtsinhaltes hat eine Kenntnis dessen zur Voraussetzung, was ein Rechtsinhalt überhaupt bedeutet". Assim, também, BORGES, José Souto Maior. *Obrigação tributária*. 2ª ed., cit., p. 29.

78. MILLARD, Eric. *Teoria generale del diritto*, cit., p. 17-18. Convém transcrever excerto do pensamento de GUASTINI: "...a teoria jurídica articula-se, a grosso modo, em dois setores de investigação distintos: por um lado, a análise lógica da linguagem legislativa (que inclui a análise estrutural do sistema jurídico); por outro, a análise lógica da linguagem dos juristas (mas também dos outros operadores do direito, especialmente dos juízes)". (GUASTINI, Riccardo. *Das fontes às normas*, cit., p. 382.) Sobre o assunto, longamente, FERRAJOLI, Luigi. *Principia iuris – Teoria del diritto e della democrazia*, v. 1, cit., p. 43-51.

79. BOBBIO, Norberto. "Filosofia del Diritto e Teoria Generale del Diritto", cit., p. 38.

80. SOMLÓ, Felix. *Juristische Grundlehre*, cit., p. 6. Assim, também, SICHES, Luis Recasens. *Filosofia del derecho*. 19ª ed., cit., p. 13.

81. BORGES, José Souto Maior. *Obrigação tributária*. 2ª ed., cit., p. 31.

(Sociologia Jurídica, História do Direito, Antropologia Jurídica etc.) necessitam de tais conceitos para desenvolver-se[82].

Embora se valha de inúmeras considerações lógicas, a Teoria Geral do Direito não é "redutível à lógica"[83]. Considerações lógicas explicam a relação entre hipótese normativa e preceito normativo e os princípios supremos da lógica (identidade, não contradição e terceiro excluído) aplicam-se à ciência jurídica, que também é expressão do pensamento. Mas a Teoria Geral do Direito se preocupa com os conceitos *jurídicos* fundamentais, que não são conceitos lógico-formais, como o conceito de relação, mas, sim, *lógico-jurídicos*, como o de *relação jurídica*. A formalização da Teoria Geral do Direito é uma formalização conceitual[84].

A Teoria Geral do Direito é, portanto, uma disciplina filosófica[85-86], especificamente *epistemológica*[87]: trata-se de um conhecimento (*logos*) sobre uma

---

82. Como bem percebeu FERRAJOLI, especificamente referindo à Sociologia Jurídica e à Axiologia Jurídica (FERRAJOLI, Luigi. *Principia iuris – Teoria del diritto e della democrazia*, v. 1, cit., p. 8-9.

83. BORGES, José Souto Maior. *Obrigação tributária*. 2ª ed., cit., p. 32.

84. BORGES, José Souto Maior. *Obrigação tributária*. 2ª ed., cit., p. 32.

85. SICHES, Luis Recasens. *Filosofia del derecho*. 19ª ed., cit., p. 13; RADBRUCH, Gustav. *Filosofia do direito*. Marlene Holzhausen (trad.). 2ª ed., cit., p. 35; MAYNEZ, Eduardo Garcia. *Introduccion al estúdio del derecho*. 16ª ed. Cidade do México: Porrúa, 1969, p. 119; *Lógica del concepto jurídico*, cit., p. 141; GUASTINI, Riccardo. *Das fontes às normas*, cit., p. 377; MILLARD, Eric. *Teoria generale del diritto*, cit., p. 16-18. SOMLÓ, reconhecendo a existência de polêmica sobre o que seja a Filosofia do Direito, entende que a Teoria Fundamental do Direito ou equivale simplesmente à Filosofia do Direito ou é um excerto dela, que também abrangeria a Axiologia Jurídica. (SOMLÓ, Felix. *Juristische Grundlehre*, cit., p. 14-16). Para esta tese, a Teoria Geral do Direito é um sub-ramo da Epistemologia Jurídica e, pois, braço da Filosofia do Direito.

86. Em sentido diverso, entendendo tratar-se de ciência, não de filosofia, BOBBIO, Norberto. "Filosofia del Diritto e Teoria Generale del Diritto", cit., p. 40-48; FERRAJOLI, Luigi. *Principia iuris – Teoria del diritto e della democrazia*, v. 1, cit., p. 5; CADIET, Loïc. "Prolégomènes à une Théorie Générale Du Procès em Droit Français". *Teoria do Processo – panorama doutrinário mundial*. Fredie Didier Jr. e Eduardo Jordão (coord.). Salvador: Editora Jus Podivm, 2008, p. 483-484.

87. MACHADO NETO, Antônio Luiz. *Compêndio de Introdução à Ciência do Direito*. 6ª ed. São Paulo: Saraiva, 1988, p. 6-7; FALZEA, Angelo. *Ricerche di Teoria Generale del Diritto e di Dogmatica Giuridica*. Milano: Giuffrè, 1999, v. 1, p. 324. MIGUEL REALE também considera que a tarefa de especificar os conceitos fundamentais é da Epistemologia Jurídica (REALE, Miguel. *Filosofia do Direito*. 20ª ed. São Paulo: Saraiva, 2011, p. 307). Em sentido diverso, distinguindo Teoria Geral do Direito e Epistemologia Jurídica, BERGEL, Jean-Louis. *Teoria geral do direito*. Maria Ermantina Galvão (trad.). São Paulo: Martins Fontes, 2001, p. XXI. BERGEL reconhece que a

ciência *(episteme)*. É possível afirmar que se trata de conhecimento científico, desde que se compreenda a Epistemologia como a ciência da ciência[88].

Como já examinado, os conceitos *lógico-jurídicos* não pertencem especificamente a qualquer ramo do Direito, pois são utilizados, como um dado prévio, por todos aqueles que pretendem fazer ciência do Direito positivo. São pressupostos da ciência jurídica; "não são resultados, mas instrumentos da ciência jurídica"[89]. Assim, a incumbência de definir esses conceitos não pode ser da ciência do Direito positivo[90]: essa tarefa cabe à Epistemologia Jurídica, à teoria da ciência[91], à metametodologia[92]. É Filosofia[93], portanto, a quem incumbe "tornar claros e delimitar rigorosamente os pensamentos, que doutro modo são como que turvos e vagos"[94].

Não por acaso, a Teoria Geral do Direito já foi designada como "filosofia do direito dos juristas"[95]: *parte* de problemas oriundos da Ciência Jurídica; *é* "ancilar ao trabalho dos juristas e, em grande parte, *consiste* propriamente numa reflexão crítica desse trabalho"[96].

Teoria Geral do Direito tem como objetivo estudar "grandes questões", como os conceitos e as categorias do Direito, inclusive o próprio conceito de Direito.

88. VILANOVA, Lourival. "Sobre o conceito do Direito", cit., p. 29. Em sentido semelhante, SOARES, Ricardo Maurício Freire. *Curso de Introdução ao estudo do Direito*. Salvador: Editora Jus Podivm, 2009, p.16.
89. RADBRUCH, Gustav. *Filosofia do direito*, cit., p. 54.
90. VILANOVA, Lourival. "Sobre o conceito do Direito", cit., p. 22-23.
91. MACHADO NETO, Antônio Luiz. *Compêndio de Introdução à Ciência do Direito*. 6ª ed., cit., p. 7. E arremata o autor, na mesma página: "... se definir matemática, sociologia ou ciência jurídica não é fazer matemática, sociologia ou direito, mas epistemologia regional de cada uma de tais disciplinas científicas, por que seria direito penal o defini-lo ou técnica o conceituá-lo?". Assim, também, VILANOVA, Lourival. "Sobre o conceito do Direito", cit., p. 27.
92. UUSITALO, Jyrki. "Reflexiones sobre las metametodologías de la ciencia jurídica". Eduardo Rivera López (trad.). *La normatividad del derecho*. Aulis Aarnio, Ernesto Garzón Valdés e Jyrki Uusitalo (org.). Barcelona: Gedisa, 1997, p. 249-250.
93. Sem "soluções concretas, poderá haver um metadiscurso jurídico ou uma reflexão filosófica", mas não haverá Ciência do Direito. (CORDEIRO, António Menezes. "Teoria Geral do Direito Civil – relatório". *Separata da Revista da Faculdade de Direito de Lisboa*. Lisboa: Universidade de Lisboa, 1988, p. 21)
94. WITTGENSTEIN, Ludwig. *Tratado lógico-filosófico*. 2ª ed. M. S. Lourenço (trad.) Lisboa: Calouste Gulbenkian, 1995, n. 4.112, p. 63.
95. KAUFMANN, Arthur. *Filosofia do direito*, 2ª ed., cit., p. 141.
96. GUASTINI, Riccardo. *Das fontes às normas*, cit., p. 369.

4. TEORIA GERAL DO DIREITO COMO COMPONENTE CURRICULAR DO CURSO DE GRADUAÇÃO EM DIREITO. A INTRODUÇÃO AO ESTUDO DO DIREITO.

É preciso fazer um "alerta terminológico", para evitar incompreensões.

A Teoria Geral do Direito costuma aparecer nos currículos dos cursos de graduação e de pós-graduação em Direito. O componente curricular ("disciplina") Teoria Geral do Direito tem, porém, conteúdo enciclopédico[97]: abrange um grande leque de saberes jurídicos propedêuticos, como a hermenêutica jurídica, a sociologia jurídica, a teoria das fontes do direito, o direito comparado e a história do Direito. Além disso, engloba, também, a "Teoria do Direito", nos moldes aqui compreendidos, como conjunto organizado dos conceitos jurídicos fundamentais. É, pois, uma Enciclopédia Jurídica.

Assim, rigorosamente, o componente curricular deveria chamar-se "Introdução ao Estudo do Direito", "Introdução ao Direito" ou "Introdução à Ciência do Direito", como reforço ao seu caráter enciclopédico, e não "Teoria 'Geral' do Direito", que é apenas um verbete dessa enciclopédia, nada obstante seja o seu "centro vital, o próprio nervo da cadeira de Introdução à Ciência do Direito"[98].

Observe-se, ainda, que essa disciplina deve preceder às disciplinas que se relacionam às ciências jurídicas particulares (Direito Civil, Direito Processual Civil, Direito Penal etc.), exatamente pelo seu conteúdo propedêutico. Realmente, não é incomum que o professor de cada disciplina particular do Direito se dedique a "relembrar" ao aluno as noções fundamentais, supostamente já transmitidas anteriormente, ou que estejam sendo transmitidas atualmente, por professor de outra disciplina. Disso surge o caos, bem observado por Recasens Siches: "...resultaba que la explicación que cada especialista daba de esos conceptos fundamentales era diversa de la suministrada por otros especialistas, con lo cual se producía un estado de desorden y confusión"[99].

---

97. "Enciclopédia de conhecimentos científicos (sociológicos, jurídicos e até, às vezes, históricos) e filosóficos, gerais e introdutórios ao estudo da ciência jurídica". (MACHADO NETO, Antônio Luiz. *Compêndio de Introdução à Ciência do Direito*. 6ª ed., cit., p. 3.) Assim, também, SOARES, Ricardo Maurício Freire. *Curso de Introdução ao estudo do Direito*, cit., p.15.

98. MACHADO NETO, Antônio Luiz. *Compêndio de Introdução à Ciência do Direito*. 6ª ed., cit., p. 7.

99. SICHES, Luis Recasens. *Filosofia del derecho*. 19ª ed., cit., p. 13.

5. TEORIA GERAL DO DIREITO E PARTE GERAL.

É preciso distinguir "Teoria Geral do Direito" e "Parte Geral".

Para que se proceda a essa distinção, convém lembrar a diferença entre *enunciado doutrinário* e *enunciado normativo (proposições jurídicas* e *normas jurídicas,* segundo a divisão de Hans Kelsen[100]).

O enunciado normativo é produto da atividade de quem tenha competência para produzir normas jurídicas. Leis, atos administrativos, contratos e decisões judiciais são enunciados normativos. Desses enunciados, extraem-se comandos (comportamento devido), permissões (comportamento permitido) e proibições (comportamento vedado). "O Direito prescreve, permite, confere poder ou competência – não 'ensina' nada"[101].

O enunciado doutrinário é produto da atividade filosófica ou científica. A doutrina trabalha com os enunciados normativos, auxiliando na reconstrução do seu significado (nível semântico)[102], estabelecendo as conexões entre as normas (nível sintático) e, ainda, examinado os seus efeitos práticos (nível pragmático)[103], de modo a indicar critérios que permitam uma aplicação coerente, racional e justa do Direito.

Trata-se, sem dúvida, de sobrelinguagem (ou metalinguagem): é linguagem sobre a linguagem normativa[104]. Mas não reduz a isso. A Ciência do Direito também examina elementos não linguísticos, como os fatos (a conduta, p. ex.), os valores, os fins a serem alcançados, os bens envolvidos, os sujeitos que aplicarão a norma, os efeitos da aplicação da norma etc.[105] Interpretar o Direito não é descrever o Direito (que não é algo previamente

---

100. KELSEN, Hans. *Teoria pura do direito.* 6ª ed. João Baptista Machado (trad.). São Paulo: Martins Fontes, 2000, p. 80.
101. KELSEN, Hans. *Teoria pura do direito.* 6ª ed., cit., p. 81.
102. "É necessário ultrapassar a crendice de que a função do intérprete é meramente descrever significados, em favor da compreensão de que o intérprete reconstrói significados, quer o cientista, pela construção de conexões sintáticas e semânticas, quer o aplicador, que soma àquelas conexões as circunstâncias do caso a julgar". (ÁVILA, Humberto. *Teoria dos princípios.* 12ª ed. São Paulo: Malheiros Ed., 2011).
103. ÁVILA, Humberto. "A doutrina e o Direito Tributário", p. 238-240.
104. KELSEN, Hans. *Teoria pura do direito.* 6ª ed., cit., p. 82; LARENZ, Karl. *Metodologia da ciência do direito.* 3ª ed. José Lamego (trad.). Lisboa: Fundação Calouste Gulbenkian, 1997, p. 350-351; CARVALHO, Paulo de Barros. *Curso de direito tributário.* 11ª ed. São Paulo: Saraiva, 1999, p. 2-3.
105. ÁVILA, Humberto. "A doutrina e o Direito Tributário", cit., p. 231 e segs.

dado), nem se resume a reconstruir os sentidos dos enunciados normativos, pois "alguma medida de realidade deve ser incluída na atividade doutrinária, sob pena de se construir uma doutrina ideal, mas totalmente irreal"[106].

Esse é o mote para distinguir a função do conhecimento jurídico e a função da autoridade jurídica. A distinção, que é elementar, parece ter sido ignorada pelos autores que se debruçaram sobre a Teoria Geral do Processo, como se verá adiante.

Trata-se de uma particularidade da ciência jurídica: o Direito é um produto cultural composto por linguagem. A linguagem do Direito não se confunde, porém, com a linguagem da Ciência do Direito. No objeto da Física, por exemplo, não se encontra linguagem; há linguagem na Ciência Física[107].

Com base nessas premissas, é possível distinguir "Parte Geral" e "Teoria Geral do Direito".

"Parte Geral" é um conjunto de enunciados normativos. A identificação do gênero de enunciados a que pertença a "Parte Geral" já seria suficiente para distingui-la da Teoria Geral, que pertence ao gênero dos "enunciados doutrinários".

Como "Parte", pressupõe a existência de um continente (também conjunto de enunciados normativos) de que seja um excerto. Normalmente, a Parte Geral aparece como subdivisão de códigos ou estatutos.

É "Geral" porque se trata de conjunto de enunciados normativos que servem à compreensão e à aplicação de outras normas, ditas especiais ou específicas. São enunciados normativos que podem ser aplicados em qualquer dos extratos do "continente normativo". Assim, por exemplo, a regra sobre os limites da personalidade jurídica, encontrável na Parte Geral do Código Civil brasileiro (art. 2º)[108], aplica-se a todos os demais livros do Código, como os de Família e do Direito das Coisas.

A Parte Geral pode conter normas que se aplicam além do veículo normativo a que pertençam. As regras da Parte Geral do Código Civil brasileiro,

---

106. ÁVILA, Humberto. "A doutrina e o Direito Tributário", cit., p. 232.
107. VILANOVA, Lourival. *As estruturas lógicas e o sistema do direito positivo*. São Paulo: Max Limonad, 1997, p. 65.
108. Art. 2º do Código Civil brasileiro: "A personalidade civil da pessoa começa do nascimento com vida; mas a lei põe a salvo, desde a concepção, os direitos do nascituro".

por exemplo, servem a todo o direito privado brasileiro, e não apenas àquilo que pelo mesmo Código foi regulado. É "Geral" também por esse motivo.

A compreensão da linguagem legislativa, mesmo daquela que produz uma "Parte Geral", não prescinde dos conceitos jurídicos fundamentais construídos pela filosofia jurídica.

A Teoria Geral do Direito é única. Não há limite para o número de "Partes Gerais". É possível haver uma Parte Geral no Código Civil, outra no Código Penal, e mais uma no Estatuto da Criança e do Adolescente etc. A "generalidade" da Teoria do Direito não implica a "unidade" da Parte Geral.

Teoria Geral do Direito, produto da atividade filosófica ou científica, e Parte Geral, produto da atividade legislativa, são, pois, inconfundíveis[109], embora a confusão entre produto da ciência e produto da autoridade jurídica seja frequente[110-111].

Exatamente porque são linguagens distintas, não se recomenda ao legislador "normatizar" conceitos jurídicos fundamentais. Não se deve verter à linguagem legislativa os enunciados doutrinários, transformando em "norma" aquilo que é pressuposto teórico para a compreensão dos textos normativos[112].

---

109. RICCARDO GUASTINI percebeu o sentido "fraco" do termo Teoria "Geral" do Direito para designar "a análise dos princípios e das noções comuns não a todos os ordenamentos jurídicos, porém, mais modestamente, aos diversos setores de um dado ordenamento jurídico". (GUASTINI, Riccardo. *Das fontes às normas*. Edson Bini (trad.). São Paulo: Quartier Latin, 2005, p. 378.)
110. KELSEN, Hans. *Teoria pura do direito*. 6ª ed., cit., p. 82.
111. MENEZES CORDEIRO, ao discorrer sobre o conteúdo da disciplina "Teoria Geral do Direito Civil", traz considerações úteis, que servem a esta tese *mutatis mutandis*. O autor lusitano demonstra o duplo papel desta disciplina: como Teoria Geral, apresentar os conceitos e categorias gerais do Direito Civil; como Direito Civil, cabe apresentar a solução a problemas concretos delimitados pelo âmbito de regulação da Parte Geral do Código Civil. A Teoria Geral é tarefa da doutrina jurídica, que acompanha os progressos da Ciência Jurídica. A Parte Geral do Direito Civil é produto da atividade legislativa: comporta comandos normativos, mas não teoriza – "não poderia, aliás, fazê-lo, ainda quando o pretendesse". (CORDEIRO, António Menezes. "Teoria Geral do Direito Civil – relatório". *Separata da Revista da Faculdade de Direito de Lisboa*. Lisboa: Universidade de Lisboa, 1988, p. 28-29).
112. "A codificação há de ser obra de cunho prático, que deve conter, tão-somente, disposições com eficácia normativa, sendo-lhes estranhas, por conseguinte, as definições, noções, classificações e teorias". (GOMES, Orlando. *Introdução ao Direito Civil*. 11ª ed. Rio de Janeiro: Forense, 1995, p. 32.) Encampando a ideia defendida no texto, SCHMITZ, Leonard Ziesemer. "A Teoria Geral do Processo e a Parte Geral do Novo Código de Processo Civil". *Novo CPC - Doutrina*

6. TEORIA GERAL DO DIREITO E REGIME JURÍDICO ÚNICO.

Convém estabelecer outra distinção.

Teoria Geral do Direito não se confunde com *regime jurídico único*.

Regime jurídico é um conjunto de enunciados normativos que estruturam determinado instituto jurídico.

Dois exemplos podem ser úteis à compreensão desta distinção.

O regime jurídico da coisa julgada é o conjunto das normas que modelam a coisa julgada em dada ordem jurídica: quais são os seus limites objetivos, quem se submete à coisa julgada, quais são os pressupostos fáticos de sua ocorrência etc.

As normas, que prescrevem *quem, como* e *quando* se pode pedir a invalidação de um ato, compõem o regime jurídico da invalidade do ato jurídico (frequentemente, identificam-se dois regimes: o das nulidades e o das anulabilidades).

Em todo caso, *regime jurídico* é conjunto de *enunciados normativos*. Não se deve confundi-lo com a Teoria Geral do Direito, que é construção da Filosofia do Direito.

Ao propor um conceito *lógico-jurídico* de *invalidade*, por exemplo, a Teoria Geral do Direito não pretende que haja um único regime de invalidação dos atos jurídicos. Propõe-se, tão-somente, a fornecer o repertório teórico indispensável à compreensão de qualquer regime de invalidação de ato jurídico.

selecionada. Alexandre Freire, Lucas Buril de Macêdo e Ravi Peixoto (coord.). Salvador: Editora Jus Podivm, 2015, v. 1, p. 108.

Capítulo 2
A TEORIA GERAL DO PROCESSO

SUMÁRIO • 1. A Teoria Geral do Processo: conceito e conteúdo – 2. Processo como conceito fundamental primário da Teoria Geral do Processo; 2.1. Considerações gerais; 2.2. Conceito de processo; 2.2.1. Observação inicial; 2.2.2. Processo como método de produção de norma jurídica (atos normativos); 2.2.3. Processo como ato jurídico complexo; 2.2.4. Processo como conjunto de relações jurídicas; 2.2.5. Articulação dos conceitos apresentados e o conceito de processo jurisdicional – 3. A Teoria Geral do Processo e os processos não-jurisdicionais – 4. Distinções; 4.1. Teoria Geral do Processo e Ciência do Direito Processual; 4.2. Teoria Geral do Processo e Teorias Individuais do Processo; 4.3. Teoria Geral do Processo e Teorias Particulares do Processo; 4.4. Teoria Geral do Processo e Direito Processual; 4.5. Teoria Geral do Processo e Parte Geral – 5. A pragmática da Teoria Geral do Processo – análise de outras contribuições doutrinárias sobre a Teoria Geral do Processo; 5.1. Considerações iniciais; 5.2. Francesco Carnelutti; 5.3. Niceto Alcalá-Zamora y Castillo; 5.4. Elio Fazzalari; 5.5. Cândido Dinamarco; 5.6. José de Albuquerque Rocha; 5.7. Willis Santiago Guerra Filho; 5.8. Rosemiro Pereira Leal; 5.9. Omar Abel Benabentos; 5.10. Eduardo José da Fonseca Costa – 6. A Teoria Geral do Processo e o processo penal; 6.1. Generalidades; 6.2. Análise de posicionamentos contrários a uma Teoria Geral do Processo que sirva ao processo penal; 6.2.1. Rogério Lauria Tucci; 6.2.2. Aury Lopes Jr; 6.3. Um exemplo: discussão sobre a natureza da sentença que reconhece a extinção da punibilidade do réu com base em falso atestado de óbito – 7. A utilidade da Teoria Geral do Processo; 7.1. Introdução; 7.2. Função bloqueadora da Teoria Geral do Processo. Controle da fundamentação das decisões judiciais; 7.2.1. Generalidades; 7.2.2. Injustiça da decisão; 7.2.3. Invalidade da decisão por vício na motivação; 7.2.4. Obscuridade da decisão; 7.3. A Teoria do Processo e a interpretação da jurisprudência. A redação dos enunciados da súmula da jurisprudência predominante do tribunal; 7.3.1. Generalidades; 7.3.2. Exemplos; 7.4. A Teoria Geral do Processo e a construção, pela Ciência Dogmática do Processo, dos conceitos processuais *jurídico-positivos*; 7.5. A Teoria Geral do Processo e a equivocidade terminológica; 7.6. A Teoria Geral do Processo e o aperfeiçoamento profissional; 7.7. A Teoria Geral do Processo e a Legística; 7.7.1. Generalidades; 7.7.2. Exemplos.

1. A TEORIA GERAL DO PROCESSO: CONCEITO E CONTEÚDO.

A Teoria Geral do Processo, Teoria do Processo[1], Teoria Geral do Direito Processual[2] ou Teoria do Direito Processual é uma disciplina jurídica dedicada à elaboração, à organização e à articulação dos conceitos jurídicos fundamentais (*lógico-jurídicos*) processuais. São conceitos *lógico-jurídicos* processuais todos aqueles indispensáveis à compreensão jurídica do fenômeno processual, onde quer que ele ocorra.

Trata-se de um excerto da Teoria Geral do Direito[3]. A Teoria Geral do Processo é, em relação à Teoria Geral do Direito, uma teoria parcial, pois

---

1. Como, por exemplo, ANGELIS, Dante Barrios De. *Teoría del proceso*. 2ª ed. Buenos Aires: Editorial BdeF, 2002; GÁLVEZ, Juan F. Monroy. *Teoría general del proceso*. Lima: Palestra, 2007, p. 125 (o autor, nada obstante o título da obra, refere-se, no corpo do livro, à Teoria do Processo); TAMAYO, Luiz Dorantes. *Teoría del proceso*. 9ª ed. Cidade do México: Porrúa, 2004; ROJAS, Miguel Enrique. *Teoría del proceso*. 2ª ed. Bogotá: Universidad Externado de Colombia, 2004; HESPANHA, Benedito. *Tratado de Teoria do Processo*. Rio de Janeiro: Forense, 1986, 2v; NUNES, Dierle; BAHIA, Alexandre; CÂMARA, Bernardo Ribeiro; SOARES, Carlos Henrique. *Curso de direito processual civil – fundamentação e aplicação*. Belo Horizonte: Editora Fórum, 2011, p. 69.

2. MERKL. Adolf. *Teoría general del derecho administrativo*. s/ tradutor identificado. Mexico: Editora Nacional, 1980, p. 279; CASTILLO, Niceto Alcalá-Zamora y. "Trayectoria y contenido de una Teoría General del Proceso". *Estudios de teoría general e Historia del proceso (1945-1972)*, t. 1, cit., p. 509; MOREIRA, José Carlos Barbosa. "As bases do direito processual civil". *Temas de direito processual*. São Paulo: Saraiva, 1977, p. 8; FAVELA, José Ovalle. *Teoría general del proceso*. 6ª ed. Cidade do México: Oxford, 2005, p. 49; ARENAL, María Amparo Renedo. "Conveniencia del estudio de le Teoría General del Derecho Procesal. Su aplicabilidad a las distintas ramas del mismo". *Teoria do Processo – panorama doutrinário mundial*. Fredie Didier Jr. e Eduardo Jordão (coord.). Salvador: Editora Jus Podivm, 2008.

3. Nesse sentido, também, MORELLO, Augusto M. *La eficácia del proceso*. 2ª ed. Buenos Aires: Hamurabi, 2001, p. 142-143; ARENAL, María Amparo Renedo. "Conveniencia del estudio de le Teoría General del Derecho Procesal. Su aplicabilidad a las distintas ramas del mismo", cit., p.

se ocupa dos conceitos fundamentais relacionados ao processo, um dos fatos sociais regulados pelo Direito. É uma disciplina filosófica, de viés epistemológico; nesse sentido, como excerto da Epistemologia do Processo, é ramo da Filosofia do Processo.

A Teoria Geral do Processo pode ser compreendida como uma teoria geral, pois os conceitos *lógico-jurídicos* processuais, que compõem o seu conteúdo, têm pretensão universal. Convém adjetivá-la como "geral" exatamente para que possa ser distinguida das *teorias individuais do processo*, que têm pretensão de servir à compreensão de *determinadas realidades normativas*[4].

A extensão da Teoria Geral do Processo diminui a sua intensidade. Por ter um objeto muito amplo (qualquer processo, em sentido jurídico; ver próximo item), a Teoria Geral do Processo possui, em relação a teorias particulares ou individuais do processo, uma reduzida capacidade de explicação de fenômenos jurídicos próprios de uma determinada ordem jurídica.

Assim como a Teoria Geral do Direito pode ser vista como um conjunto de teorias parciais (Teoria do Fato Jurídico, Teoria da Norma Jurídica, Teoria do Processo etc.), a Teoria Geral do Processo pode ser examinada como um conjunto de outras teorias parciais (Teoria do Fato Jurídico Processual, Teoria da Decisão, Teoria da Execução, Teoria da Prova, Teoria da Competência etc.).

2. PROCESSO COMO CONCEITO FUNDAMENTAL PRIMÁRIO DA TEORIA GERAL DO PROCESSO.

2.1. Considerações gerais.

A Teoria Geral do Processo é um sistema de conceitos, como já se viu. A Ciência do Direito Processual é também um sistema de conceitos. Boa

---

624; SOARES, Ricardo Maurício Freire. "Fundamentos Epistemológicos para uma Teoria Geral do Processo". *Teoria do Processo – panorama doutrinário mundial*. Fredie Didier Jr. e Eduardo Jordão (coord.). Salvador: Editora Jus Podivm, 2008, p. 846-850.

4. Não se justifica, assim, a crítica de BENEDITO HESPANHA, que não vê "razão plausível" para qualificar a teoria como geral, exatamente porque toda teoria seria geral (HESPANHA, Benedito. *Tratado de Teoria do Processo*. Rio de Janeiro: Forense, 1986, v. 2, p. 1.272) Boa

parte dos conceitos com que trabalham os processualistas (cientistas do processo) é produto da Teoria Geral do Processo. Esses conceitos são os conceitos jurídicos fundamentais processuais (*lógico-jurídicos* processuais). Além desses conceitos fundamentais, a Ciência do Processo também opera com os conceitos *jurídico-positivos* processuais.

Em todo sistema de conceitos, há, dentre os *conceitos fundamentais*, o conceito primário, fundamento de todos os outros. O conceito primário é uma categoria do pensamento que *delimita* o campo de objeto da ciência e *articula* "a multiplicidade dos conceitos numa coerente sistematização lógica"[5].

O conceito fundamental primário *delimita* o campo de atuação da ciência. Cada "território específico de objetos" exige uma ciência específica. O conceito fundamental primário demarca o setor da realidade que será objeto da investigação científica.

Além disso, o conceito fundamental primário *articula* os demais conceitos fundamentais, que comungam com ele a função de categoria do pensamento[6], mas que dependem dele para serem elaborados. Sem o conceito fundamental primário a servir de elemento articulador, os demais conceitos jurídicos se tornam ininteligíveis[7].

O conceito de processo é o conceito fundamental primário da Teoria Geral do Processo (e, consequentemente, da Ciência do Processo)[8].

O conceito de processo acha-se supraordenado em relação aos demais conceitos *lógico-jurídicos* processuais. Como conceito fundamental primário, está pressuposto em todos os outros conceitos jurídicos processuais, quer os *lógico-jurídicos* (também fundamentais), quer os *jurídico-positivos*. Sem o conceito de processo, não seria possível compreender *norma processual, direito processual, parte, admissibilidade, capacidade postulatória,*

---

5. VILANOVA, Lourival. "Sobre o conceito do Direito", cit., p. 10.
6. VILANOVA, Lourival. "Sobre o conceito do Direito", cit., p. 15.
7. VILANOVA, Lourival. "Sobre o conceito do Direito", cit., p. 19.
8. Bem próximo ao que se defende no texto, para quem a escolha do conceito "processo" deve-se ao fato de que se trata de um "conceito continente", pois é dentro dele que se relacionam, se aplicam e se expressam todos os fenômenos processuais, GÁLVEZ, Juan F. Monroy. *Teoría general del proceso*. Lima: Palestra, 2007, p. 129-130.

capacidade processual, decisão etc. Esses conceitos gravitam em torno da órbita do conceito de processo[9-10] e para a análise de qualquer tipo de processo eles são indispensáveis[11].

Chega-se a essa conclusão por um enfoque *epistemológico* do problema, prioritário para esta tese.

É possível, no entanto, a partir de uma abordagem *axiológica*, considerar o processo como o conceito central da Teoria Geral do Processo. É o que faz, por exemplo, Daniel Mitidiero, para quem o processo deve ser encarado como núcleo da Teoria Geral do Processo, em razão do papel que exerce como ambiente do diálogo e, consequentemente, como instrumento concretizador da democracia[12-13-14].

---

9. Trata-se de aplicação, para a Teoria Geral do Processo, da ideia de LOURIVAL VILANOVA construída para a Ciência do Direito. VILANOVA considera o conceito de direito como o conceito jurídico fundamental primário; relação jurídica, dever jurídico etc. são conceitos jurídicos fundamentais cuja compreensão depende do conceito fundamental primário (VILANOVA, Lourival. "Sobre o conceito do Direito", cit., p. 19). Para a Ciência do Processo, processo é o conceito fundamental primário, do qual os demais conceitos fundamentais são satélites.

10. Entendendo a jurisdição como instituto fundamental da Teoria do Processo, MARINONI, Luiz Guilherme. *Novas linhas do processo civil*. 3ª ed. São Paulo: Malheiros, 1999, p. 21.

11. Corretamente, CÂNDIDO DINAMARCO sintetiza o "comum" de qualquer direito processual: "todo o corpo do direito processual como um todo e de cada um dos seus ramos em particular compõe-se em torno da estrutura representada pelo poder a ser exercido, pelas posições das pessoas interessadas e pelo como com que esses complexos de situações jurídicas subjetivas se exteriorizam em atos coordenados aos objetivos preestabelecidos". (DINAMARCO, Cândido Rangel. *A instrumentalidade do processo*, 12ª ed., cit., p. 72.)

12. MITIDIERO, Daniel. *Colaboração no Processo Civil*. São Paulo: RT, 2009, p. 44-46; OLIVEIRA, Carlos Alberto Alvaro de, MITIDIERO, Daniel. *Curso de Processo Civil*. São Paulo: Atlas, 2010, v. 1, p. 15. Carlos Alberto Alvaro de Oliveira ratifica esse posicionamento na 4ª edição do *Formalismo no processo civil*. 4ª ed. São Paulo: Saraiva, 2010, p. 21-22. Georges Abboud põe a "relação jurídica" no centro da Teoria Geral do Processo – para o autor, mais do que o procedimento e a jurisdição, é a existência de uma relação jurídica entre os diversos sujeitos processuais que deve nortear os estudos de Teoria Geral do Processo (ABBOUD, Georges. *Jurisdição constitucional e direitos fundamentais*. São Paulo: RT, 2011, p. 80-85). A "relação jurídica" é um dos aspectos do "processo", como se verá adiante. A abordagem do autor também possui um viés axiológico.

13. O pensamento de DANIEL MITIDIERO é um nítido contraponto ao de CÂNDIDO DINAMARCO, que entende que o "poder" é o centro da teoria processual. Processo é método de exercício de poder; é o poder, então, que deve ser o núcleo da atenção dos processualistas.

2.2. Conceito de processo.

2.2.1. Observação inicial.

O *processo* pode ser examinado sob perspectiva vária. Variada será, pois, a sua definição.

O processo pode ser compreendido como *método de criação de normas jurídicas, ato jurídico complexo (procedimento)* e *relação jurídica*. São três abordagens *jurídicas*[15] do processo[16].

No caso da Teoria Geral do Processo Jurisdicional, a jurisdição seria o seu núcleo (*A instrumentalidade do processo*, 12ª ed., cit., p. 92-98). Não há contraposição entre o que pensa DINAMARCO e o que se afirma nesta tese; trata-se de enfoques diversos. Ser o centro da Teoria Geral do Processo, para DINAMARCO, é ser o principal objeto de pesquisa do processualista, "fonte substancial de emanação e alvo de convergência das idéias, princípios e estruturas que integram a unidade do direito processual" (*A instrumentalidade do processo*, 12ª ed., cit., p. 95). Essa abordagem possui um viés *axiológico*: para DINAMARCO, o processo deve concretizar objetivos jurídicos, sociais e políticos; além disso, para o autor, o processualista contemporâneo deve preocupar-se com a efetividade e a justiça das decisões. O autor ainda parte de considerações de *direito positivo* para chegar a essa conclusão, como a prevalência de uma visão publicista do direito processual (ob. cit., p. 97) – visão essa, frise-se, que, por ser produto de determinada cultura, não é universal e, portanto, não deveria ser levada em consideração na elaboração de uma *Teoria Geral*. Natural, portanto, que o autor desloque a atenção para a jurisdição. Observe-se, ainda, que, para DINAMARCO, a Teoria Geral do Processo é uma disciplina enciclopédica: é um sistema de conceitos fundamentais, desenvolve métodos de estudo e aplicação do direito processual, esclarece o sentido das normas processuais fundamentais, além de investigar os valores fundamentais do processo. A abordagem desta tese é eminentemente *epistemológica* e parte da premissa de que a Teoria Geral do Processo é um sistema de conceitos, tão-somente.

14. JUAN MONTERO AROCA entende que a *jurisdição* é o conceito mais importante da Ciência do Direito Processual. Para AROCA, o processo deve ser visto como meio necessário para o exercício da jurisdição. Assim, para o autor espanhol, "a jurisdição é o ente principal e o processo, o subordinado, e não parece razoável que a ciência que os estuda se denomine com referência ao segundo". Propõe, então, a designação "Direito Jurisdicional" em vez de "Direito Processual". (AROCA, Juan Montero. "Del derecho procesal al derecho jurisdiccional". *Justicia – Revista de Derecho Procesal*. Barcelona: J. M. Bosch Editor 1984, n. 2, p. 340, tradução livre.) Eis o texto original: ""la jurisdicción es el ente principal y el proceso el ente subordinado, y no parece razonable que la ciencia que los estudia se denomine con referencia al segundo".

15. Isso porque "processo" é termo que serve para explicar diversos fenômenos, substancialmente distintos entre si, não necessariamente jurídicos: processo de criação de um livro, processo de divisão de células, processo de exclusão de uma camada social etc.

16. Como já se defendeu em DIDIER Jr., Fredie. *Curso de direito processual civil*. 13ª ed. Salvador: Editora Jus Podivm, 2011, v. 1, p. 22-24.

2.2.2. Processo como método de produção de norma jurídica (atos normativos).

Sob o enfoque da *Teoria da Norma Jurídica*, processo é o método de produção de normas jurídicas; é, pois, método de exercício de poder[17].

O poder de criação de normas (poder normativo) somente pode ser exercido *processualmente*[18]. Assim, fala-se em *processo legislativo* (produção de normas gerais pelo Poder Legislativo), *processo administrativo* (produção de normas gerais e individualizadas pela Administração) e *processo jurisdicional* (produção de normas pela jurisdição)[19]. É possível, ainda, conceber o *processo negocial*[20], método de criação de normas jurídicas pelo exercício da autonomia privada[21]. Rigorosamente, o processo

---

17. Assim, por exemplo, MERKL. Adolf. *Teoría general del derecho administrativo*. s/ tradutor identificado. Mexico: Editora Nacional, 1980, p. 281-282; MEDAUAR, Odete. *A processualidade no direito administrativo*. 2ª ed. São Paulo: RT, 2008, p. 31-32.
18. KELSEN, Hans. *Teoria pura do direito*. 6ª ed. João Baptista Machado (trad.). São Paulo: Martins Fontes, 2000, p. 80.
19. Sobre o tema, amplamente, FAZZALARI, Elio. *Istituzioni di Diritto Processuale*. 8ª ed. Milão: CEDAM, 1996, p. 9 e segs. Em sentido semelhante, MACHADO NETO, A. L. *Compêndio de Introdução à Ciência do Direito*, cit., p. 248; DIMOULIS, Dimitri; LUNARDI, Soraya. *Processo constitucional*. São Paulo: Atlas, 2011, p. 6-7.
20. A ideia de que existe um processo obrigacional é bem difundida na doutrina, inclusive a brasileira. Trata-se de pensamento bem prolífico, indispensável à compreensão da aplicação do princípio da boa-fé nas relações obrigacionais, principalmente em relação aos *deveres anexos* dele decorrentes. Sobre o tema: LARENZ, Karl. *Derecho de Obligaciones*. Madrid: Editorial Revista de Derecho Privado, 1958, t. 1, p. 37-38; SILVA, Clóvis V. do Couto. *A obrigação como processo*. São Paulo: Bushatsky, 1976, p. 10-13; VARELA, João de Matos Antunes. *Das Obrigações em geral*. 9ª ed. Coimbra: Almedina, 1998, v. 1, p. 65-69; COSTA, Mário Júlio de Almeida. *Direito das Obrigações*. 9ª ed. Coimbra: Almedina, 2006, p. 63 segs.; CORDEIRO, Antônio Manuel da Rocha Menezes. *Da Boa Fé no Direito Civil*. Coimbra: Almedina, 2001, p. 586 – 592; FRADA, Manuel A. Carneiro da. *Contrato de deveres de proteção*. Coimbra: Almedina, 1994, p. 36-40; PINTO, Carlos Alberto Mota. *Cessão da Posição Contratual*. Coimbra: Almedina, 2003, p. 335-340, 348 e segs. e 374 e segs.; MARTINS-COSTA, Judith. *Comentários ao Novo Código Civil*. Rio de Janeiro: Forense, 2003, v. 5, t. 1, p. 48; MARTINS-COSTA, Judith. *A boa-fé no direito privado*. São Paulo: RT, 1999, p. 394 segs. e p. 437 segs.; ROCHA, José de Albuquerque. *Teoria Geral do* Processo. 5ª ed. São Paulo: Malheiros Ed., 2001, p. 23; BRAGA, Paula Sarno. *Aplicação do devido processo legal às relações privadas*. Salvador: Editora Jus Podivm, 2008. Em sentido contrário, convém registrar o posicionamento de CÂNDIDO DINAMARCO, para quem há, no caso, um excesso na extensão do conceito de processo ao plano negocial (DINAMARCO, Cândido Rangel. *A instrumentalidade do processo*. 12ª ed. São Paulo: Malheiros Ed., 2005, p. 78).
21. PASSOS, José Joaquim Calmon de. *Comentários ao Código de Processo Civil*. 8ª ed. Rio de Janeiro: Forense, 1998, v. 3, p. 4; ROCHA, José de Albuquerque. *Teoria Geral do Processo*. 5ª

é de construção de atos normativos – leis, atos administrativos, decisões judiciais e negócios jurídicos; a partir da interpretação desses atos normativos, surgirão as normas jurídicas.

Sob esse enfoque, o conceito de processo pertence antes à Teoria Geral do Direito[22], em nível ainda mais abstrato do que a Teoria Geral do Processo, que, de resto, como visto, é um excerto daquela.

Sucede que o modo como se estrutura o processo variará de acordo com ordenamento jurídico que se examina; os contornos do processo são definidos pelo Direito positivo. À Teoria Geral do Processo cabe definir o *que* são e não *quais* são os requisitos de validade do processo.

Observe-se o caso brasileiro. Tome-se a jurisdição como exemplo. A decisão jurisdicional é fonte de normas jurídicas gerais, extraídas da sua fundamentação, e de normas individualizadas, que se retiram do seu dispositivo.

A jurisdição exerce-se processualmente. Mas não é qualquer processo que legitima o exercício da função jurisdicional no Brasil. Ou seja: não basta que tenha havido processo para que o ato jurisdicional seja válido e justo. O método processo deve seguir o modelo traçado na Constituição brasileira, que consagra o direito fundamental ao processo devido, com todos os seus corolários (contraditório, proibição de prova ilícita, adequação, efetividade, juiz natural, motivação da decisão judicial etc.).

2.2.3. Processo como ato jurídico complexo

O *processo* sob a perspectiva da *Teoria do Fato Jurídico* é uma espécie de ato jurídico. Examina-se o processo a partir do *plano da existência* dos fatos jurídicos. Trata-se de um *ato jurídico complexo*. Processo, nesse sentido, é sinônimo de *procedimento*.

Trata-se de ato jurídico "cujo suporte fáctico é complexo e formado por vários atos jurídicos. (...) No ato-complexo há um *ato final*, que o caracteriza,

---

ed. São Paulo: Malheiros, 2001, p. 22-23; BRAGA, Paula Sarno. *Aplicação do devido processo legal às relações privadas*. Salvador: Jus Podivm, 2008, p. 40-43.

22. MERKL. Adolf. *Teoría general del derecho administrativo*. s/ tradutor identificado. México: Editora Nacional, 1980, p. 278-279; FAZZALARI, Elio. "Processo. Teoria generale". *Novissimo Digesto Italiano*, v. 13, p. 1.068-1.069; ROCHA, José de Albuquerque. *Teoria Geral do Processo*. 5ª ed., cit., p. 23.

define a sua natureza e lhe dá a denominação e há o *ato* ou os *atos condicionantes* do ato final, os quais, condicionantes e final, se relacionam entre si, ordenadamente no tempo, de modo que constituem partes integrantes de um processo, definido este como um conjunto ordenado de atos destinados a um certo fim"[23]. Enquadra-se o procedimento na categoria "ato-complexo de formação sucessiva": os vários atos que compõem o tipo normativo sucedem-se no tempo[24]. O procedimento é ato-complexo de formação sucessiva[25], porque é um conjunto de atos jurídicos (atos processuais), relacionados entre si, que possuem como objetivo comum, no caso do processo judicial, a tutela jurisdicional[26]. O conceito de processo, também aqui, é um conceito da Teoria do Direito, especialmente da Teoria Geral do Processo, que é sub-ramo daquela.

Pode-se falar do *procedimento* como um gênero, de que o *processo* seria uma espécie. Nesse sentido, *processo* é o *procedimento* estruturado em contraditório[27]. A exigência do contraditório, porém, seria um requisito

---

23. MELLO, Marcos Bernardes de. *Teoria do fato jurídico – plano da existência*. 10ª ed. São Paulo: Saraiva, 2000, p. 137-138.
24. PASSOS, José Joaquim Calmon de. *Esboço de uma teoria das nulidades aplicada às nulidades processuais*. Rio de Janeiro: Forense, 2002, p. 82; FERNANDES, Antonio Scarance. *Teoria Geral do Procedimento e o procedimento no processo penal*. São Paulo: RT, 2005, p. 31-33.
25. CONSO, Giovanni. *I Fatti Giuridici Processuali Penali*. Milano: Giuffrè, 1955, p. 124. Em sentido muito próximo, BRAGA, Paula Sarno. *Aplicação do devido processo legal às relações privadas*. Salvador: Jus Podivm, 2008, p. 35.
26. Há quem entenda que o processo não é um ato complexo, mas um "ato-procedimento", que é uma "combinação de atos de efeitos jurídicos causalmente ligados entre si", que produz um efeito final, obtido através de uma cadeia causal dos efeitos de cada ato (CARNELUTTI, Francesco. *Teoria geral do direito*. Trad. Antonio Carlos Ferreira. São Paulo: Lejus, 2000, p. 504). No mesmo sentido, SILVA, Paula Costa e. *Acto e Processo – o dogma da irrelevância da vontade na interpretação e nos vícios do acto postulativo*. Coimbra: Coimbra Editora, 2003, p. 100. Os autores trabalham com outra acepção de ato complexo, distinta daquela aqui utilizada; para eles, ato complexo é um feixe de atos que concorrem para que se produza determinado efeito jurídico; os atos diluem-se em um ato final, que os transcende; há um ato único, integrado pelos atos que se sucederam no tempo (p. ex.: decisão colegiada de um tribunal). A divergência é eminentemente terminológica: o que os autores chamam de ato-procedimento esta tese considera ato-complexo; em todo caso, combinação de atos jurídicos organizados em formação sucessiva.
27. FAZZALARI, Elio. "Processo. Teoria generale", cit., p. 1.072; _____. *Istituzioni di Diritto Processuale*. 8ª ed. Milão: CEDAM, 1996, p. 9-10. No Brasil, desenvolvendo o pensamento de Fazzalari, GONÇALVES, Aroldo Plínio. *Técnica processual e teoria do processo*. Rio de Janeiro: Aide, 2001, p. 68-69 e 102-132; NUNES, Dierle José Coelho. *Processo jurisdicional democrático*. Curitiba: Juruá, 2008, p. 207.

de validade do processo, não um elemento indispensável para a sua configuração: processo sem contraditório não é processo inexistente, mas, sim, processo inválido. O processo como procedimento em contraditório é um conceito útil para a elaboração de *teorias particulares do processo*, aptas à explicação do direito processual em países democráticos, como é o caso do Brasil.

Sucede que, atualmente, ao menos em países democráticos, é muito rara, talvez inexistente, a possibilidade de atuação estatal (ou privada, no exercício de um poder normativo) que não seja "processual"; ou seja, que não se realize por meio de um procedimento em contraditório. Já se fala, inclusive, de um *direito fundamental à processualização dos procedimentos* (todo procedimento deve ser estruturado em contraditório): "que sustenta a processualização de âmbitos ou atividades estatais ou privadas que, até então, não eram entendidas como susceptíveis de se desenvolverem processualmente, desprendendo-se tanto da atividade jurisdicional, como da existência de litígio, acusação ou mesmo risco de privação da liberdade ou dos bens"[28].

2.2.4. *Processo como conjunto de relações jurídicas.*

Ainda de acordo com a Teoria do Fato Jurídico, o processo pode ser encarado como *efeito jurídico*; ou seja, pode-se examiná-lo pela perspectiva do *plano da eficácia dos fatos jurídicos*. Nesse sentido, *processo é o conjunto das relações jurídicas que se estabelecem entre os diversos sujeitos processuais* (partes, juiz, auxiliares da justiça etc.). Essas relações jurídicas processuais formam-se em diversas combinações: autor-juiz, autor-réu, juiz-réu, autor-perito, juiz-órgão do Ministério Público etc.[29]

---

28. DANTAS, Miguel Calmon. "Direito fundamental à processualização". *Constituição e processo*. Luiz Manoel Gomes Jr., Luiz Rodrigues Wambier e Fredie Didier Jr. (org.). Salvador: Editora Jus Podivm, 2007, p. 418.

29. Sobre o impacto que a existência dessa teia de relações jurídicas processuais pode causar no exame da legitimidade e do interesse processual, ver, com muito proveito, CABRAL, Antonio do Passo. "Despolarização do processo e 'zonas de interesse': sobre a migração entre polos da demanda". Disponível em http://www4.jfrj.jus.br/seer/index.php/revista_sjrj/article/viewFile/25/24, acesso em 04.07.2011, 15h00.

Por metonímia, pode-se afirmar que essas relações jurídicas formam uma única relação jurídica[30], que também se chamaria *processo*. Essa relação jurídica é composta por um conjunto de situações jurídicas (direitos, deveres, competências, capacidades, ônus etc.) de que são titulares todos os sujeitos do processo. É por isso que se costuma afirmar que o processo é uma relação jurídica *complexa*. Assim, talvez fosse mais adequado considerar o processo, sob esse prisma, um conjunto (feixe[31]) de relações jurídicas[32]. Como ressalta Pedro Henrique Pedrosa Nogueira, "há a relação jurídica processual (que não deve ser usada com a pretensão de exaurir o fenômeno processual), assim como pode

---

30. Desde Bülow (BÜLOW, Oskar. *La teoria de las excepciones procesales y los presupuestos procesales*. Miguel Angel Rosas Lichtschein (trad.). Buenos Aires: EJEA, 1964, p. 1-4) sistematizou-se a concepção de relação jurídica processual, tal como ainda hoje utilizada, com algumas variações, apesar das críticas. As objeções doutrinárias tentam realçar, sobretudo, a *insuficiência* do conceito, que seria abstrato, estático e, por isso, incapaz de refletir o fenômeno processual em sua inteireza. As críticas não conseguem elidir a constatação de que o procedimento é fato jurídico apto a produzir as relações jurídicas que formam o processo. Para a crítica: GOLDSCHMIDT, James. *Principios Generales del Proceso*. Buenos Aires: EJEA, 1961, t. 1, p. 15, 25, 57-63; MANDRIOLI, Crisanto. *Diritto Processuale Civile*, Torino: Giappichelli, 2002, v. 1, p. 40; RIVAS, Adolfo. *Teoría General del Derecho Procesal*. Buenos Aires: Lexis Nexis, 2005, p. 314. No Brasil, formularam críticas à noção de processo como relação jurídica: GONÇALVES, Aroldo Plínio. *Técnica processual e teoria do processo*. Rio de Janeiro: Aide, 2001, p. 97-101; MARINONI, Luiz Guilherme. *Curso de Direito Processual Civil – Teoria Geral do Processo*. São Paulo: RT, 2006, v. 1, p. 396-398; MITIDIERO, Daniel. *Elementos para uma Teoria Contemporânea do Processo Civil Brasileiro*. Porto Alegre: Livraria do Advogado, 2005, p. 140-141.

31. CARNELUTTI, Francesco. *Diritto e processo*. Napoli: Morano, 1958, n. 20, p. 35; MONACCIANI, Luigi. *Azione e Legittimazione*. Milano: Giufffrè, 1951, p. 46; FERNANDES, Antonio Scarance. *Teoria Geral do Procedimento e o procedimento no processo penal*. São Paulo: RT, 2005, p. 28; GRECO, Leonardo. *Instituições de Processo Civil*. 2ª ed. Rio de Janeiro: Forense, 2010, v. 1, p. 251.

32. JAIME GUASP entende que o processo é uma *instituição*. O autor defende que o conceito de relação jurídica, embora correto, é insuficiente. Para o jurista espanhol, como há mais de uma relação jurídica no processo, não se pode falar simplesmente em "relação jurídica processual". A multiplicidade das relações jurídicas deve reduzir-se a uma "unidade superior", que, para o autor, é a *instituição*: "conjunto de atividades relacionadas entre si por uma ideia comum e objetiva, às quais se aderem, seja essa ou não a sua finalidade individual, as diversas vontades particulares dos sujeitos de quem procede aquela atividade". (GUASP, Jaime, ARAGONESES, Pedro. *Derecho procesal civil – introducción y parte general*. 7ª ed. Navarra: Thomson/Civitas, 2004, t. 1, p. 41, tradução livre).

haver outras tantas relações jurídicas processuais decorrentes de fatos jurídicos processuais"[33].

Pode causar estranheza a utilização de um mesmo termo (processo) para designar o fato jurídico e os seus respectivos efeitos jurídicos. Carnelutti apontara o problema, ao afirmar que, estando o processo regulado pelo Direito, não pode deixar de dar ensejo a relações jurídicas, que não poderiam ser ao mesmo tempo o próprio processo[34]. A prática, porém, é corriqueira na ciência jurídica. *Prescrição*, por exemplo, tanto serve para designar o ato-fato jurídico (omissão no exercício de uma situação jurídica por determinado tempo) como o efeito jurídico (encobrimento da eficácia de uma situação jurídica).

É possível, em nível teórico, estabelecer um conceito de processo como relação jurídica, nesses termos. Não se pode, no entanto, definir teoricamente o conteúdo dessa relação jurídica, que deverá observar o modelo de processo estabelecido na Constituição. Não há como saber, sem examinar o direito positivo, o perfil e o conteúdo das situações jurídicas que compõem o processo. No caso do Direito brasileiro, por exemplo, para definir o conteúdo eficacial da relação jurídica processual, será preciso compreender o *devido processo legal* e os seus corolários.

Assim, não basta afirmar que o processo é uma relação jurídica, conceito *lógico-jurídico*, que, por isso, não engloba o respectivo conteúdo dessa relação jurídica. É preciso lembrar que se trata de uma relação jurídica cujo conteúdo será determinado, primeiramente, pela Constituição e, em seguida, pelas demais normas processuais, que devem observância àquela[35].

Note-se que, para encarar o processo como um procedimento (ato jurídico complexo de formação sucessiva), ou, ainda como um procedimento em contraditório, segundo a visão de Fazzalari, não se faz necessário abandonar a ideia de ser o processo, também, uma relação jurídica.

---

33. NOGUEIRA, Pedro Henrique Pedrosa. Situações Jurídicas Processuais. In: DIDIER JR., Fredie (org.). *Teoria do Processo – Panorama Doutrinário Mundial – 2ª série*. Salvador: Jus Podivm, 2010, p. 767.
34. CARNELUTTI, Francesco. *Diritto e processo*. Napoli: Morano, 1958, n. 20, p. 35.
35. Sobre o tema, amplamente, NUNES, Dierle José Coelho. *Processo jurisdicional democrático*, cit., p. 208-250.

O termo "processo" serve, então, tanto para designar o *ato processo* como a *relação jurídica* que dele emerge[36].

2.2.5. Articulação dos conceitos apresentados e o conceito de processo jurisdicional.

Os três conceitos apresentados revelam *o que é* (ato jurídico complexo), *o que gera* (relações jurídicas entre os sujeitos processuais) e *para quê serve* (produção de norma jurídica) o processo.

Ao elaborar uma definição, deve-se seguir a lição clássica: determina-se o "gênero próximo" a que o objeto definido pertence e assinalam-se as suas especificidades[37]. Assim, na definição *de processo* devem entrar, como elementos essenciais do objeto "processo", a sua natureza de ato jurídico complexo (gênero próximo a que pertence) e a sua finalidade de produção de uma norma jurídica (especificidade). A eficácia do processo somente poderá ser designada como processo por figura de linguagem, como visto.

Se se pretender reduzir a abrangência do conceito, será preciso redefinir o seu objeto e, então, ter-se-ia de elaborar um novo conceito.

Assim, é possível definir o *processo jurisdicional* como o ato jurídico complexo pelo qual se busca a produção de uma norma jurídica por meio do exercício da função jurisdicional. Para conceituar processo jurisdicional, então, é preciso definir o que é jurisdição, também conceito *lógico-jurídico*[38]. A articulação desses dois conceitos *lógico-jurídicos* produz o

---

36. FOSCHINI bem percebeu essa multiplicidade de enfoques: *"la nostra conclusione è che il processo: a) da un punto di vista (astratto) normativo è un rapporto giuridico complesso; b) da un punto di vista (concreto) statico è una situazione giuridica complessa; c) da un punto di vista (pur esso concreto ma) dinamico è un atto giuridico complesso".* (FOSCHINI, Gaetano. "Natura Giuridica del Processo". In: *Rivista di Diritto Processuale.* Padova: CEDAM, 1948, v. 3, parte I, p.110)

37. Seguindo a lição aristotélica: *"Definitio fit per genus proximum et differentiam specificam".* A propósito, MAYNEZ, Eduardo Garcia. *Lógica del concepto jurídico.* México: Fondo de Cultura Económica, 1959, p. 65; ABBAGNANO, Nicola. *Dicionário de Filosofia.* Alfredo Bosi (coord. da trad.). São Paulo: Martins Fontes, 2003, p. 236.

38. A teoria da jurisdição é uma das teorias parciais que compõem a Teoria Geral do Processo. Sobre a utilidade de desenvolvimento de uma Teoria da Jurisdição, para, ao lado da Teoria

conceito fundamental primário da Teoria Geral do Processo Jurisdicional. O raciocínio será idêntico, caso o objetivo seja elaborar uma Teoria do Processo Administrativo: além do conceito de processo, conceito fundamental primário da Teoria Geral do Processo, é imprescindível definir o que se entende por função administrativa. Para uma Teoria do Processo Legislativo, agregue-se a definição de função legislativa; para uma Teoria do Processo Negocial, a definição de autonomia privada ou autorregramento da vontade.

Processo jurisdicional é o conceito fundamental primário da Teoria Geral do Processo Jurisdicional, preocupação principal desta tese.

3. A TEORIA GERAL DO PROCESSO E OS PROCESSOS NÃO JURISDICIONAIS

Processo é categoria da Teoria Geral do Direito, conforme já exposto. O *processo jurisdicional* é apenas umas das espécies de processo. Há, ainda, o processo legislativo, o processo administrativo[39] e o processo negocial. Há processos estatais (legislativo, administrativo, jurisdicional) e processos não estatais (arbitral, p. ex.). Há processos jurisdicionais (estatal e arbitral) e não jurisdicionais (legislativo e administrativo).

Não por acaso, o *devido processo legal,* principal norma do direito processual, incide sobre qualquer espécie de processo[40], inclusive os processos privados[41].

---

da Administração e da Teoria da Legislação, completar a Teoria das Funções do Estado, ver GUERRA FILHO, Willis Santiago. "Teoria Geral do Processo: em que sentido?", cit., p. 218-223.

39. Para LIEBMAN, é muito discutível a inclusão do procedimento legislativo e do procedimento administrativo na categoria do "direito processual". (LIEBMAN, Enrico Tullio. "Recensione – Elio Fazzalari – Istituzioni di diritto processuale". *Rivista di Diritto Processuale*. Padova: CEDAM, 1975, p. 464.)

40. Sobre o *devido processo legislativo*, apenas para exemplificar, CATTONI, Marcelo. *Devido Processo Legislativo*. 2ª ed. Belo Horizonte: Mandamentos, 2006. Sobre o *devido processo administrativo*, apenas para exemplificar, FIGUEIREDO, Lucia Valle (coord.). *Devido processo legal na administração pública*. São Paulo: Max Limonad, 2001; RODRIGUES, Geisa de Assis. "Breves anotações sobre a garantia do devido processo legal no processo administrativo". *Revista Baiana de Direito*. Salvador: Faculdade Baiana de Direito, 2008, v. 1, p. 201-228.

41. BRAGA, Paula Sarno. *Aplicação do devido processo legal às relações privadas*. Salvador: Editora Jus Podivm, 2008.

Competência, decisão, prova, demanda, admissibilidade, presunção, objeto litigioso, capacidade, cognição etc. são conceitos *lógico-jurídicos* processuais. Compõem o conteúdo da Teoria Geral do Processo. Esses conceitos servem a todas as espécies de processo[42], e não apenas ao processo jurisdicional.

Não há processo sem decisão, seu ato final; não há decisão sem cognição e prova; todo processo se instaura por uma demanda, proposta por um interessado ou pelo próprio ente a quem compete decidir a questão. Se há processo, há exame da admissibilidade, que é a validade do ato jurídico complexo. Se há atuação de interessados, há a necessidade de examinar a sua capacidade processual. Enfim, o fenômeno processual possui um mínimo fático comum a qualquer das suas espécies; por isso mesmo, processo é *gênero*.

O estudo do gênero é imprescindível para que se possa desmembrá-lo em espécies distintas. A Teoria Geral do Processo cuida exatamente do *gênero*: é repertório conceitual imprescindível à compreensão de qualquer tipo de processo[43].

4. DISTINÇÕES.

4.1. Teoria geral do processo e ciência do direito processual.

A relação entre a Teoria Geral do Processo[44] e a Ciência do Direito Processual (Ciência Dogmática do Processo ou, simplesmente, Ciência do

---

42. Admitindo a extensão da Teoria Geral do Processo ao processo administrativo, MEDAUAR, Odete. *A processualidade no direito administrativo*. 2ª ed. São Paulo: RT, 2008, p. 27; MARQUES NETO, Floriano Azevedo. "Ensaio sobre o processo como disciplina do exercício da atividade estatal". *Teoria do Processo – panorama doutrinário mundial*. Fredie Didier Jr. e Eduardo Jordão (coord.). Salvador: Editora Jus Podivm, 2008, p. 261 e segs.; FRANCO, Fernão Borba. "Processo administrativo, Teoria Geral do Processo, imparcialidade e coisa julgada". *Teoria do Processo – panorama doutrinário mundial*. Fredie Didier Jr. e Eduardo Jordão (coord.). Salvador: Editora Jus Podivm, 2008, p. 234.

43. FAZZALARI, Elio. "Processo. Teoria generale". *Novissimo Digesto Italiano*, v. 13, p. 1.068-1.073-1.074; DINAMARCO, Cândido Rangel. *A instrumentalidade do processo*. 12ª ed. São Paulo: Malheiros Ed., 2005, p. 74-78; ROCHA, José de Albuquerque. *Teoria Geral do Processo*. 5ª ed., cit., p. 23; LUCON, Paulo Henrique dos Santos. "Novas tendências na estrutura fundamental do processo civil". *Revista do Advogado*. São Paulo: AASP, 2006, n. 26, p. 146.

44. A Teoria Geral do Processo é epistemologia. A epistemologia, como visto, pode ser entendida como ciência da ciência. Neste sentido, a Teoria Geral do Processo seria uma

Processo) é a mesma que se estabelece entre a Teoria Geral do Direito e a Ciência (dogmática) do Direito.

A Teoria Geral do Processo é linguagem epistemológica sobre a linguagem jurídico-dogmática; é linguagem sobre linguagem. Trata-se de conjuntos de enunciados doutrinários, não normativos, produtos da atividade científica ou filosófica. A Ciência do Processo cuida de examinar, dogmaticamente, o Direito Processual, formulando diretrizes, apresentando fundamentos e oferecendo subsídios para as adequadas compreensão e aplicação das suas normas.

Neste aspecto, pertencem a um mesmo gênero: ambas revelam-se como doutrina e assumem as funções a ela destinadas. As teorias doutrinárias são "complexos argumentativos": constituem-se em um "corpo de fórmulas *persuasivas* que influem no comportamento dos destinatários, mas sem vinculá-los, salvo pelo apelo à razoabilidade e à justiça, tendo em vista a *decidibilidade* de possíveis conflitos"[45].

A Teoria Geral do Processo não cuida, como foi visto, da análise de qualquer direito positivo. A preocupação é epistemológica: fornecer às ciências do processo o repertório conceitual indispensável ao exame do direito positivo, qualquer que seja o seu conteúdo.

Faz-se *Ciência (dogmática) do Processo* quando se discute sobre se o recurso cabível contra uma determinada decisão é apelação ou agravo; sobre se o prazo para apresentação de defesa na execução de sentença é de quinze ou trinta dias; sobre se é cabível uma determinada modalidade de intervenção de terceiro em certo tipo de procedimento.

É Epistemologia do Processo, porém, definir o que seja *decisão, defesa* ou *intervenção de terceiro*. Não se trata de problemas da *Ciência do Direito Processual*, que, por ser dogmática, toma um determinado arcabouço de

---

das Ciências do Processo, ao lado da Sociologia do Processo, da História do Processo e da Ciência do Direito Processual ou Ciência Dogmática do Processo. O contraponto feito neste item é entre a Teoria Geral do Processo e a Ciência do Direito Processual.

45. FERRAZ Jr., Tércio Sampaio. *Introdução ao estudo do direito – técnica, decisão, dominação*. 2ª ed. São Paulo: Atlas, 1994, p. 86, grifos no original.

conceitos como corretos e, após se valer deles, propõe soluções às questões do direito positivo[46].

A relação entre esses dois níveis de linguagem é permanente e inevitável, mas é preciso que fiquem sempre claras as suas diferenças[47].

A separação entre as linguagens da Teoria Geral do Processo e da Ciência do Processo é imprescindível para a boa qualidade da produção doutrinária.

Há problemas de direito positivo que, por vezes, são examinados como se fossem problemas gerais. Essa falha de percepção compromete a qualidade do trabalho doutrinário.

Um exemplo, extraído da análise do direito processual civil brasileiro, talvez seja útil à compreensão do que se afirma neste item.

É frequente a afirmação doutrinária de que a falta de pressupostos processuais pode ser conhecida de ofício pelo órgão jurisdicional. Essa lição é produto da ciência do processo civil brasileiro, que chega a essa conclusão após a análise do § 3º do art. 485 do CPC, de redação semelhante à do § 3º do art. 267 do CPC brasileiro de 1973.

Não se trata, como se vê, de postulado da Teoria Geral do Processo. Saber se a falta de um pressuposto processual pode ou não ser conhecida de ofício pelo órgão jurisdicional é um problema de Direito positivo. Variará conforme o Direito que se examinar. Nada impede que sobrevenha uma lei que não permita ao órgão jurisdicional reconhecer de ofício a falta de um determinado pressuposto. É, por exemplo, o que acontece com a falta de competência relativa (n. 33 da súmula da jurisprudência predominante do Superior Tribunal de Justiça; art. 64, § 1º, CPC), a existência de convenção de arbitragem (art. 337, § 5º, CPC) e a falta de autorização do cônjuge para a propositura de ação real imobiliária (art. 1.649 do Código Civil brasileiro)[48].

---

46. Com uma visão diferente, entendendo que Teoria Geral do Processo e Direito Processual, entendido como ciência jurídica, são expressões sinônimas, GÁLVEZ, Juan F. Monroy. *Teoría general del proceso*. Lima: Palestra, 2007, p. 128-129.
47. FERRAJOLI, Luigi. *Principia iuris – Teoria del diritto e della democrazia*, v. 1, cit., p. 51.
48. Art. 1.649 do Código Civil brasileiro: "A falta de autorização, não suprida pelo juiz, quando necessária (art. 1.647), tornará anulável o ato praticado, podendo o outro cônjuge pleitear-lhe a anulação, até dois anos depois de terminada a sociedade conjugal".

A Teoria Geral do Processo preocupa-se com a definição do que é "pressuposto processual", pouco importa o regime jurídico previsto para o controle jurisdicional da admissibilidade do processo.

Essas premissas são indispensáveis para que se compreenda corretamente o texto normativo do § 3º do art. 1.018 do CPC brasileiro, que impõe ao recorrido o ônus de alegar a falta de um requisito de admissibilidade do recurso de agravo de instrumento. Trata-se de rara hipótese de falta de requisito de admissibilidade do recurso que não pode ser conhecida de ofício. As premissas ajudam também a compreender que o desrespeito a um requisito de admissibilidade do recurso imposto por uma convenção processual (art. 190, CPC) é fato que não pode ser conhecido de ofício[49], e isso não é nenhum problema.

Essas legítimas opções legislativas foram criticadas pela doutrina, que considerou os requisitos de admissibilidade dos recursos como questões cognoscíveis *ex officio* pelo órgão julgador e, nessa condição, "não se encontram sujeitos a preclusão, podendo ser conhecidos de ofício"[50]. A lição não parece correta.

Ser ou não questão relativa a norma cogente; sujeitar-se ou não a preclusão; poder ou não ser controlado de ofício são atributos que o pressuposto processual terá *conforme o regime jurídico que lhe prescrever o direito processual positivo*. São atributos de Direito positivo, não elementos de um conceito *lógico-jurídico* – e, portanto, invariável – de pressuposto processual. O pressuposto processual não é *essencialmente* uma questão advinda de norma cogente nem é *teoricamente* um requisito cuja falta possa ser, sempre, pouco importa o Direito positivo, reconhecida de ofício pelo órgão jurisdicional. Há um equívoco de percepção quanto à natureza do problema examinado: ao examinar um problema de Direito positivo, não faz o jurista Teoria Geral do processo.

Teoria Geral do Processo e Ciência do Direito Processual são diversos extratos de linguagem do pensamento jurídico sobre o processo. Embora distintos, ou até mesmo por isso, estão intimamente ligados: não se faz

---

49 DIDIER Jr., Fredie. *Curso de Direito Processual Civil*. 17ª ed. Salvador: Editora Jus Podivm, 2015, v. 1, p. 391.
50 JORGE, Flavio Cheim. *A nova reforma processual*. 2ª ed. São Paulo: Saraiva, 2003, p. 170.

séria Ciência do Processo sem sólido conhecimento de Teoria Geral do Processo. Não devem ser misturados ou confundidos. O cuidado na utilização de uma e outra é etapa indispensável na construção de um pensamento jurídico processual coerente, racional e confiável.

4.2. Teoria Geral do Processo e Teorias Individuais do Processo.

A existência de uma Teoria Geral do Processo não impede a construção de *teorias individuais do processo*.

É possível conceber uma *Teoria do Processo Civil brasileiro*[51]. Será um conjunto de conceitos *jurídico-positivos* importantes para a compreensão do direito processual civil brasileiro. Essa teoria seria composta por outras teorias parciais (Teoria dos Recursos, Teoria da Prova, Teoria da Execução por Quantia Certa, Teoria da Competência etc.). Uma Teoria da Prova para o processo civil brasileiro, por exemplo, organizaria os conceitos dos meios de prova típicos e das técnicas de distribuição do ônus da prova adotados no Direito brasileiro.

Nessa mesma linha, cogitam-se teorias do processo penal brasileiro, do processo administrativo disciplinar brasileiro, do processo administrativo tributário brasileiro etc. Uma Teoria do Processo Penal brasileiro, por exemplo, ajudaria na sistematização das espécies de prisão determinada

---

51. LUIZ GUILHERME MARINONI afirma que "o 'novo processo civil' – caracterizado pela antecipação da tutela, pela tutela específica, pela tutela inibitória e pela tutela dos direitos transindividuais – *naturalmente reclama uma outra teoria geral do processo*. Não se quer dizer, obviamente, que a necessidade de uma nova teoria do processo decorra das alterações que foram realizadas no tecido normativo-processual. *A imprescindibilidade de uma nova teoria do processo deriva, antes de tudo, da transformação do Estado, isto é, do surgimento do Estado constitucional, e da conseqüente remodelação dos próprios conceitos de direito e de jurisdição*". (MARINONI, Luiz Guilherme. Teoria Geral do Processo. 4ª ed. São Paulo: RT, 2010, p. 9, grifos do original). O autor certamente refere-se à necessidade de construção de uma nova *teoria do processo civil brasileiro*, tendo em vista as transformações havidas no direito processual civil brasileiro (citadas por ele) e do surgimento do chamado "Estado Constitucional", que, segundo o autor, é o modelo do estado brasileiro. E, se assim for compreendido, parece ter razão nessa observação. Sucede que *não se trata de construir uma nova Teoria Geral do Processo*. Uma nova "Teoria Geral do Processo", construída em razão de particularidades brasileiras, seria inservível como teoria geral; inaplicável à compreensão do fenômeno jurídico em outros países. A imprecisão terminológica precisa ser apontada e, eventualmente, corrigida. Não custa muito evitar ainda mais incompreensões a respeito do objeto desta tese.

antes do trânsito em julgado da sentença penal (provisória, temporária, cautelar etc.). Uma Teoria do Processo Administrativo disciplinar brasileiro apresentaria os conceitos *jurídico-positivos* das sanções disciplinares previstas no ordenamento brasileiro. A Teoria do Processo Administrativo tributário, por exemplo, forneceria ao tributarista o conceito *jurídico-positivo* de lançamento tributário. Obviamente, a referência ao Direito brasileiro é meramente exemplificativa.

Todas seriam teorias construídas a partir do exame de um determinado direito positivo e apenas a ele serviriam. Ao Direito estrangeiro, serviriam apenas para fins de comparação.

Derivam todas, porém, da Teoria Geral do Processo. Os conceitos *jurídico-positivos* baseiam-se nos conceitos *lógicojurídicos*, conforme já examinado.

4.3. Teoria Geral do Processo e Teorias Particulares do Processo

A existência de uma Teoria Geral do Processo não impede a construção de *teorias particulares do processo*.

Será muito útil a construção de uma teoria do processo própria para os estados democráticos de Direito, fundados na Constituição e que consagram direitos fundamentais. Será uma teoria particular do direito processual.

Em uma teoria como essa, direito fundamental, devido processo legal, democracia, constituição, igualdade são conceitos imprescindíveis. Obviamente, essa teoria também será composta pelos conceitos jurídicos fundamentais processuais, objeto da Teoria Geral do Processo.

4.4. Teoria Geral do Processo e Direito Processual.

A Teoria Geral do Processo não se confunde com o Direito Processual. Na verdade, diferentemente do que ocorre com a relação entre ela e a Ciência do Processo, *sequer* é possível confrontar a Teoria Geral do Processo com o Direito Processual. São enunciados que possuem diversa natureza e, assim, não podem ser distinguidos. Não há como comparar uma lição doutrinária com uma prescrição normativa; enunciado descritivo com enunciado prescritivo.

Tudo o quanto se disse sobre a relação entre Teoria Geral do Direito e a Parte Geral, no primeiro capítulo, serve para fundamentar essa conclusão. Assim, não há necessidade de renovar a fundamentação.

Mas a advertência quanto à impropriedade de confundi-los é muito importante.

Há quem trate a Teoria Geral do Processo como o conjunto das normas jurídicas processuais fundamentais, principalmente as constitucionais. Teoria Geral do Processo seria, nesse sentido, um Direito Processual Geral e Fundamental[52].

Boa parte das críticas dirigidas à Teoria Geral do Processo parte da premissa de que ela equivale à criação de um Direito Processual único, aplicável a todas as modalidades de processo[53]. Essas críticas, que serão examinadas com cuidado um pouco mais à frente, partem do equívoco metodológico de confundir o produto da Filosofia do Processo (especificamente, da Teoria Geral do Processo) com o conjunto de normas jurídicas processuais, elas mesmas objeto de investigação pela Ciência do Processo[54].

Enfim, em qualquer dos casos, é mixórdia epistêmica que certamente compromete a qualidade da argumentação.

---

52. Parece ser esse o sentido empregado por LUIZ GUILHERME MARINONI: "As normas constitucionais traçam as linhas mestras da teoria do processo. Trata-se de uma 'tutela constitucional do processo', que tem por fim assegurar a conformação e o funcionamento dos institutos processuais aos princípios que são insculpidos de acordo com os valores constitucionais". (MARINONI, Luiz Guilherme. *Novas linhas do processo civil*. 3ª ed. São Paulo: Malheiros, 1999, p. 21.) Assim, também considerando o estudo dos princípios constitucionais do processo como conteúdo da Teoria Geral do Processo, LUCON, Paulo Henrique dos Santos. "Novas tendências na estrutura fundamental do processo civil", cit., p. 146-147. Em linha bem parecida, SICA, Heitor. "Perspectivas atuais da 'Teoria Geral do Processo'", p. 10 e segs. Disponível em https://www.academia.edu/17570953/2008_-_Perspectivas_da_teoria_geral_do_processo.

53. Como, por exemplo, VIDIGAL, Luis Eulálio de Bueno. "Por que unificar o direito processual? *Revista de Processo*. São Paulo: RT, 1982, n. 27, p. 40-48; ALVIM NETTO, José Manoel de Arruda. *Tratado de direito processual civil*. 2ª ed. São Paulo: RT, 1990, v. 1, p. 104-105; SILVA, Ovídio A. Baptista da; GOMES, Fábio. *Teoria geral do processo civil*. 3ª ed. São Paulo: RT, 2002, p. 37-40.

54. Corretamente, separando os temas (direito processual único e Teoria Geral do Processo), ARENAL, María Amparo Renedo. "Conveniencia del estudio de le Teoría General del Derecho Procesal. Su aplicabilidad a las distintas ramas del mismo", cit., p. 632.

4.5. Teoria Geral do Processo e Parte Geral.

A Teoria Geral do Processo não se confunde com a "Parte Geral" de um Código ou de um Estatuto processual[55].

Como se viu no primeiro capítulo, não devem ser confundidas as duas dimensões da linguagem jurídica: a linguagem do Direito e a linguagem da Ciência do Direito.

A Teoria Geral do Processo é construção da Ciência (ou Filosofia – Epistemologia) do Direito. A Parte Geral é um conjunto de enunciados normativos; é linguagem prescritiva, produto da atividade legislativa (em sentido amplo).

Aplica-se, neste momento, tudo o quanto foi dito a respeito da relação entre Teoria Geral do Direito e Parte Geral.

A confusão entre Teoria Geral do Processo e Parte Geral aparece na Exposição de Motivos do Projeto de Novo Código de Processo Civil, publicado em março de 2015. O projeto estruturou o Código de Processo Civil com uma Parte Geral. A justificativa da Comissão de Juristas responsável pela elaboração do projeto consta da parte final da nota 33 da Exposição de Motivos: "O profundo amadurecimento do tema que hoje se observa na doutrina processualista brasileira justifica, nessa oportunidade, a sistematização da teoria geral do processo, no novo CPC"[56].

---

55. A confusão existe na doutrina. NICETO ALCALÁ-ZAMORA Y CASTILLO, um dos processualistas que mais se dedicou ao estudo da Teoria Geral do Processo, chega a dizer que, em países em que haja um código unitário de Direito Processual (civil e penal), a parte geral deste código se identifica com a Teoria Geral do Processo (CASTILLO, Niceto Alcalá-Zamora y. "La Teoría General del Proceso y la enseñanza del derecho procesal". *Estudios de teoría general e Historia del proceso (1945-1972)*. Cidade do México: Universidad Nacional Autónoma de México, 1974, t. 1, p. 587). Mesmo BARBOSA MOREIRA, processualista que se notabilizou pelo apuro da linguagem, também parece fazer essa confusão. Na nota do autor à primeira edição do "O novo processo civil brasileiro", editado logo após a promulgação do Código de Processo civil brasileiro de 1973, ele afirma: "Noutra oportunidade, se for possível, tentar-se-á redigir uma *Teoria geral do processo civil*, para estudar os institutos fundamentais da nossa disciplina, inclusive aqueles que, versados embora no Livro I do novo diploma, sob a rubrica 'Do processo de conhecimento', com maior propriedade se inseririam numa Parte Geral a que o legislador não abriu espaço na estrutura do Código". (MOREIRA, José Carlos Barbosa. *O novo processo civil brasileiro*. 27ª ed. Rio de Janeiro: Forense, 2008, p. 1).

56. BRASIL. Senado Federal. *Anteprojeto do Novo Código de Processo Civil*. Brasília: Senado Federal, 2010, p. 35. Mais recentemente, foi publicado, no Brasil, muito possivelmente

Não se retira o mérito da opção pela elaboração de uma Parte Geral para o novo Código de Processo Civil brasileiro. A ideia é boa e merece elogio.

Mas a "Parte Geral" não é a sistematização da Teoria Geral do Processo, que deve ser feita pela Epistemologia do Processo. Parte Geral é excerto de determinado diploma normativo (Códigos, estatutos etc.), composto por enunciados normativos aplicáveis a todas as demais parcelas do mencionado diploma e, eventualmente, até mesmo a outras regiões do ordenamento jurídico. Eventual sistematização da Teoria Geral do Processo daria lugar a um livro de Filosofia do Processo, tese ou manual, produto da atividade científica, não da legislativa.

Nada impede, obviamente, que o Código de Processo Penal, a Lei de Processo Administrativo, o Código de Processo Coletivo etc. tenham a sua respectiva "Parte Geral". Essas Partes Gerais serão conjuntos de enunciados normativos diferentes, exatamente porque são diferentes os fatos que serão por eles regulados.

As peculiaridades do processo penal, do processo administrativo, do processo coletivo etc. recomendam, aliás, que os conteúdos normativos das suas normas sejam diversos. Pode haver tantas Partes Gerais quantos sejam os "processos" que precisam ser regulados.

Mas a Teoria Geral do Processo é única e, como sobrelinguagem, servirá à compreensão de qualquer dessas linguagens normativas.

Nada impede, e tudo recomenda, que a "Parte Geral" seja escrita em conformidade com a Teoria Geral do Processo. Não se deve esquecer que a Teoria Geral do Processo serve, também, à elaboração dos textos normativos.

Como se viu, Teoria Geral do Processo e "Parte Geral" de um código de processo são linguagens inconfundíveis.

---

influenciado por essa Exposição de Motivos, um livro de Comentários à Parte Geral do CPC brasileiro (arts. 1º a 317), cujo título é "Teoria Geral do Processo – comentários ao CPC de 2015" (GAJARDONI, Fernando da Fonseca; DELLORE, Luiz; ROQUE, André Vasconcelos; OLIVEIRA Jr., Zulmar Duarte. *Teoria Geral do Processo – Comentários ao CPC de 2015*. São Paulo: Método, 2015).

Boa parte das críticas dirigidas à Teoria Geral do Processo toma por pressuposto essa confusão; por isso mesmo, são infundadas. O exame delas será feito mais adiante.

5. A PRAGMÁTICA DA TEORIA GERAL DO PROCESSO – ANÁLISE DE OUTRAS CONTRIBUIÇÕES DOUTRINÁRIAS SOBRE A TEORIA GERAL DO PROCESSO.

5.1. Considerações iniciais

A Teoria Geral do Processo é um produto do pensamento jurídico. Examiná-la é, portanto, investigar a doutrina. Não se pode escrever sobre a Teoria Geral do Processo sem analisar o que de relevante já se disse sobre ela. Esta tese caracteriza-se, sobretudo, pelo viés crítico das reflexões apresentadas sobre o pensamento jurídico-processual.

É preciso, então, fazer uma *pragmática da Teoria Geral do Processo*: um estudo do modo como a Teoria Geral do Processo vem sendo compreendida pelos processualistas; mais propriamente, o estudo do modo como os processualistas lidam com a *metalinguagem* Teoria Geral do Processo.

Mas não basta identificar como a Teoria Geral do Processo vem sendo compreendida pelos usuários dessa linguagem; é preciso confrontar essa compreensão com aquela defendida nesta tese.

A pesquisa revelou que poucos foram os autores, daqui e de alhures, que se preocuparam em pôr a Teoria Geral do Processo como objeto de suas investigações. Como se verá, muito embora haja consenso em relação a alguns pontos, de um modo geral há muito dissenso em torno da sua existência e do seu conteúdo.

A escassez doutrinária não torna irrelevante o que foi produzido. Há excelentes trabalhos que merecem ser cuidadosamente examinados e, quando for o caso, criticados. Não serão apenas resenhados. A escolha dos textos observou os seguintes critérios, nem sempre cumulativos: relevância do autor, repercussão no pensamento jurídico-processual brasileiro e qualidade do trabalho. Os trabalhos serão examinados em uma ordem cronológica: os mais antigos precedem os mais recentes. Serão examinados os seguintes autores: Francesco Carnelutti, Niceto Alcalá-Zamora y Castillo,

Elio Fazzalari, Cândido Dinamarco, José de Albuquerque Rocha, Willis Santiago Guerra Filho, Rosemiro Pereira Leal, Omar Benabentos e Eduardo José da Fonseca Costa.

5.2. Francesco Carnelutti.

Francesco Carnelutti foi possivelmente o primeiro grande processualista a produzir ensaios doutrinários sobre a Teoria Geral do Processo.

Dois dos seus trabalhos são dignos de nota: *Sobre uma Teoria Geral do Processo*[57] e *Cenerentola*[58].

Carnelutti entende que a Teoria Geral do Processo não se encontra "ao lado", mas, sim, *sobre* as teorias particulares (teorias gerais dos processos civil, penal e administrativo[59]), que se unem nesta Teoria ainda mais geral, "despojada de todo adjetivo"[60].

A percepção de que o Direito Civil e o Direito Penal, e, *a fortiori*, o Direito Processual Civil e o Direito Processual Penal, embora distintos, se complementam, é, para ele, o primeiro pressuposto metodológico de uma Teoria Geral do Processo[61].

A relação de complementaridade a que se refere é, de acordo com a sua concepção, a seguinte: enquanto o direito penal combate a "guerra" (termo que utiliza para designar o delito), o Direito Civil estabelece as condições para que se possa viver sem ela. Por exemplo: não se pode proibir o furto de alimento, por quem dele necessita e não o possui, sem que se lhe permita comprá-lo; "contrato e delito aparecem, portanto, como a cara e a coroa de uma mesma moeda"[62].

---

57. "Sobre una Teoría General del Proceso". *Cuestiones sobre el proceso penal*. Buenos Aires: Ediciones Jurídicas Europa-América, 1961, p. 41-50.
58. "Cenerentola". *Rivista di Diritto Processuale*. Padova: Cedam, 1946, v. 1, p. 73-78. Esse ensaio foi publicado, em espanhol, em *Cuestiones sobre el proceso penal*. Santiago Sentís Melendo (trad.). Buenos Aires: Ediciones Jurídicas Europa-América, 1961, p. 13-21.
59. É importante registrar que, neste texto, CARNELUTTI refere-se ao contencioso jurisdicional administrativo, próprio da Itália, e não ao processo não-jurisdicional administrativo.
60. CARNELUTTI, Francesco. "Sobre una Teoría General del Proceso", cit., p. 41, tradução livre.
61. CARNELUTTI, Francesco. "Sobre una Teoría General del Proceso", cit., p. 46.
62. CARNELUTTI, Francesco. "Sobre una Teoría General del Proceso", cit., p. 45, tradução livre

Carnelutti entende que a primeira e mais indispensável tarefa da Teoria Geral do Processo é a identificação da distinção funcional entre o processo civil e o processo penal, que deve ser alcançada a partir da análise do conteúdo dos respectivos processos[63]. Uma vez estabelecida, ficarão mais claras as diferenças estruturais entre eles, seja quanto aos seus elementos ("estática processual"), seja quanto às suas relações ("cinemática processual"), seja, enfim, quanto aos seus atos ("mecânica processual")[64].

Apresenta, ainda, uma lúcida constatação: há uma insuficiência recíproca dos conhecimentos processuais civis e penais. Aponta, então, para o necessário diálogo entre os dois ramos do conhecimento jurídico. Cita como exemplo os estudos do negócio jurídico, desenvolvido pelos civilistas, e do delito, desenvolvido pelos penalistas, ambos por suas próprias contas, "reproduzindo o escândalo da torre de Babel"[65]. Exemplifica: os civilistas não perceberam a importância, para seus estudos sobre a ontologia do negócio jurídico, do que se escreveu, no âmbito da ciência penal, sobre ação e evento; os penalistas também não notaram as contribuições que a teoria da causa do negócio poderia fornecer à definição do delito[66].

O autor combate esse isolamento científico, que identifica como existente também entre a ciência do processo civil e a ciência do processo penal. A ciência processual civil não pode ter qualquer pretensão de superioridade ou autossuficiência, injustificada e injustificável[67]; não

---

63. CARNELUTTI, Francesco. "Sobre una Teoría General del Proceso", cit., p. 46-47.
64. CARNELUTTI, Francesco. "Sobre una Teoría General del Proceso", cit., p. 47.
65. CARNELUTTI, Francesco. "Sobre una Teoría General del Proceso", cit., p. 48-49.
66. CARNELUTTI, Francesco. "Sobre una Teoría General del Proceso", cit., p. 49. Não por acaso CARNELUTTI publicou a sua *Teoria Generale del Reato* (1933), em que, confessadamente, pretendeu aproximar o crime dos esquemas elaborados pelos civilistas para o negócio jurídico. O autor, depois, reconhece que superou o seu próprio entendimento na obra *Teoria Generale del Diritto*, e na segunda edição da sua teoria sobre o crime (vide, a propósito dessa confissão, CARNELUTTI, Francesco. "Cenerentola". *Rivista di Diritto Processuale*. Padova: Cedam, 1946, v. 1, p. 77).
67. CARNELUTTI, Francesco. "Sobre una Teoría General del Proceso", cit., p. 49. A transcrição de um trecho desse ensaio é oportuna: "Solamente una ilusión puede permitirnos creer que los penalistas *necesitan la ayuda de los civilistas más que éstos la ayuda de aquéllos. Ciertamente arraiga también sobre el terreno de la ciencia del derecho la mala semilla de la soberbia; pero la planta que nace de esta semilla se llama cizaña y no grano. De ser más modesta a ciencia del derecho civil, material o procesal, no puede más que ganar".* (CARNELUTTI, Francesco. "Sobre una Teoría General del Proceso", cit., p. 48).

pode querer atribuir-se as credenciais de representante da Teoria Geral do Processo, a despeito de possivelmente encontrar-se em estágio mais avançado no desenvolvimento científico[68]-[69], em uma inegável "*leading position*"[70].

O insulamento não é uma postura aconselhável para qualquer cientista, jurídico ou não-jurídico: "não há trabalhador, neste mundo, que não necessite do trabalho dos demais", afirma Carnelutti. A Teoria Geral do Processo não poderá construir-se sem a colaboração paritária de todos os "trabalhadores", sem qualquer pretensão de proeminência por qualquer dos ramos científicos.

A lição de Carnelutti é importantíssima. A doutrina processual civil não pode ignorar, apenas para exemplificar, as grandes contribuições da ciência e da filosofia do processo penal, de "*incomparabile fecondità*"[71], à compreensão do direito probatório[72] e das relações entre prova e verdade[73]. Não se pode olvidar, também, a contribuição da ciência do processo penal

---

68. CARNELUTTI, Francesco. "Sobre una Teoría General del Proceso", cit., p. 48 e p. 49.
69. CARNELUTTI, em outro texto, refere-se à ciência do processo penal como a Cinderela ("Cenerentola"), a irmã borralheira da ciência do processo civil e da ciência do direito penal (CARNELUTTI, Francesco. "Cenerentola", cit., p. 73).
70. CARNELUTTI, Francesco. "Cenerentola", cit., p. 75.
71. CARNELUTTI, Francesco. "Cenerentola", cit., p. 78.
72. Como, por exemplo, na afirmação histórica dos direitos fundamentais ao silêncio e a um processo sem provas obtidas ilicitamente. A bibliografia sobre o tema é vasta e conhecidíssima, sendo desnecessária a elaboração de qualquer listagem neste momento. Para uma análise geral, mas aprofundada, dessa contribuição, ver FERRAJOLI, Luigi. *Direito e razão – teoria do garantismo penal*. São Paulo: RT, 2002, p. 482-558
73. A contribuição monográfica da ciência processual penal sobre o tema é também imensa. Apenas para exemplificar: BATISTA, Francisco Neves. *O Mito da Verdade Real na Dogmática do Processo Penal*. Rio de Janeiro: Renovar, 2001; PIZZI, William T. *Juicios y Mentiras: crónica de la crisis del sistema procesal penal estadounidense*. Trad.: Carlos Fidalgo Gallardo. Madrid: Tecnos, 2004; DUCLERC, Elmir. *Prova penal e garantismo: uma investigação crítica sobre a verdade fática construída através do processo*. Rio de Janeiro: Lumen Juris, 2004; FIGUEIRA, Luiz. *Produção da Verdade nas Práticas Judiciárias Criminais Brasileiras: uma perspectiva antropológica de um processo criminal*. Rio de Janeiro: Lumen Juris, 2005; GUZMÁN, Nicolás. *La Verdad en el Proceso Penal: una contribuición a la epistemologia jurídica*. Buenos Aires: Puerto, 2006; KHALED JR, Salah. *Ambição de Verdade no Processo Penal*. Salvador: Editora Jus Podivm, 2008; GESU, Cristina di. *Prova Penal e Falsas Memórias*. Lumen Juris, 2010; BARROS, Marco Antonio de. *A Busca da Verdade no Processo Penal*. 2ª ed. São Paulo: RT, 2010; SAMPAIO, Denis. *A Verdade no Processo Penal*. Lumen Juris, 2010.

para a concretização da garantia do contraditório no âmbito do inquérito policial, importantíssima para a afirmação do contraditório no âmbito do inquérito civil[74].

A produção científica de ambos os ramos do pensamento jurídico é indispensável para o desenvolvimento da Teoria Geral do Processo[75].

Reconhecer as diferenças entre o direito processual penal e o direito processual civil, afirma Carnelutti, não é o mesmo que afirmar a incomparabilidade entre eles.

Embora não apareça expressamente no texto do autor italiano, é possível extrair a conclusão, a partir de sua lição, de que a Teoria Geral do Processo funcionaria como articuladora dos conhecimentos produzidos por ambos os ramos da ciência jurídica processual. Seria o fundamento metodológico que justificaria o incremento desse intercâmbio científico.

Nada obstante, é preciso atentar para a "comodidade tentadora" que surge quando um processualista civil ou penal se depara com as construções já muito bem desenvolvidas pela outra ciência processual (penal ou civil). Em situações assim, há o perigo de indevidas aplicações ao direito processual penal dos conceitos construídos para o direito processual civil – e vice-versa[76].

---

74. Sobre o contraditório no inquérito policial, apenas como exemplos, SAAD, Marta. *O direito de defesa no inquérito policial*. São Paulo: RT, 2004, p. 198-372; LOPES Jr., Aury. *Introdução crítica ao Processo Penal (fundamentos da instrumentalidade garantista)*. Rio de Janeiro: Lumen Juris, 2004, p. 240-245; _____. *Sistemas de investigação preliminar no processo penal*. 4ª ed. Rio de Janeiro: Lumen Juris, 2006, p. 293-294. Sobre o contraditório no âmbito do inquérito civil, DIDIER Jr., Fredie, ZANETI Jr., Hermes. *Curso de direito processual civil*. 6ª ed. Salvador: Editora Jus Podivm, 2011, v. 4, p. 231-234.

75. CARNELUTTI, Francesco. "Rinascita". *Rivista di Diritto Processuale*. Padova: Cedam, 1946, v. 1, p. 4. Trata-se este texto da apresentação de CARNELUTTI ao primeiro volume da segunda série da *Rivista di Diritto Processuale*, por ele fundada e dirigida. Em conformidade com o seu pensamento acerca da existência de uma Teoria Geral do Processo, CARNELUTTI trocou o nome da revista, em substituição a *Rivista di Diritto Processuale Civile*, cujo período de existência (1924-1943) passou a ser considerado como a primeira série desse periódico.

76. "Yo no dudo de que las incautas aplicaciones al proceso penal, que se han hecho hasta ahora, de los conceptos de parte, de acción, de jurisdicción, de ejecución y de muchos otros, tal como fueron moldeados por los civilistas, acaben por perjudicar el desarrollo de ambas ciencias gemelas". (CARNELUTTI, Francesco. "Sobre una Teoría General del Proceso", cit., p. 50.)

Como técnica para precaver-se contra tais imposturas, é preciso distinguir uma construção teórica de uma análise eminentemente dogmática. A primeira cabe à Teoria Geral do Processo; a segunda, à ciência processual particular. Esta tese é mais uma etapa dessa empresa.

5.3. Niceto Alcalá-Zamora y Castillo.

Para Niceto Alcalá-Zamora y Castillo, à Teoria Geral do Processo cabe a construção dos conceitos, exposição das teses e definição dos princípios comuns a todas as espécies de processo[77]. O autor restringe a sua abordagem aos processos jurisdicionais[78].

Niceto propõe a designação "Teoria Geral do Direito Processual", que reputa mais adequada, por evitar equívocos em razão da plurivocidade da palavra "processo"[79]. A proposta é boa, merece elogio, mas não vingou: Teoria Geral do Processo é denominação mais generalizada.

Alcalá-Zamora extrema a Teoria Geral do Processo da Filosofia do Processo. O autor parte da premissa de que a Teoria Geral do Direito não é disciplina filosófica, então a Teoria Geral do Processo também não o é;

---

77. CASTILLO, Niceto Alcalá-Zamora y. "Trayectoria y contenido de una Teoría General del Proceso". *Estudios de teoría general e Historia del proceso (1945-1972)*. Cidade do México: Universidad Nacional Autónoma de México, 1974, t. 1, p. 511; "La Teoría General del Proceso y la enseñanza del derecho procesal". *Estudios de teoría general e Historia del proceso (1945-1972)*. Cidade do México: Universidad Nacional Autónoma de México, 1974, t. 1, p. 533. Seguem esse entendimento TAMAYO, Luiz Dorantes. *Teoría del proceso*. 9ª ed. Cidade do México: Porrúa, 2004, p. 14; FAVELA, José Ovalle. *Teoría general del proceso*. 6ª ed. Cidade do México: Oxford, 2005, p. 49; DÁVALOS, José Vizcarra. *Teoría general del proceso*. 7ª ed. Cidade do México: Porrúa, 2004, p. 8-9; AZUELA, Héctor Santos. *Teoría general del proceso*. Cidade do México: McGraw-Hill, 2000, p. 30-31.

78. É, também, a concepção de JUAN GÁLVEZ, para quem a Teoria Geral do Processo é um "conjunto de conocimientos destinados a la comprensión de la disciplina jurídica que investiga la función de los órganos especializados del Estado, encargados de resolver los conflictos intersubjetivos de intereses, específicamente en lo referente al método utilizado para conducir el conflicto a su solución". (GÁLVEZ, Juan F. Monroy. *Teoría general del proceso*, cit., p. 129). Assim, também, HESPANHA, Benedito. *Tratado de Teoria do Processo*. Rio de Janeiro: Forense, 1986, v. 2, p. 1.254.

79. CASTILLO, Niceto Alcalá-Zamora y. "Trayectoria y contenido de una Teoría General del Proceso". *Estudios de teoría general e Historia del proceso (1945-1972)*. Cidade do México: Universidad Nacional Autónoma de México, 1974, t. 1, p. 509.

recomenda, então, que o ensino da Teoria Geral do Processo caiba ao processualista técnico, e não ao filósofo[80]. A premissa é diversa da que se adota nesta tese, que segue a linha de que a Teoria Geral do Direito (e, *a fortiori*, a Teoria Geral do Processo) é uma disciplina epistemológica e, pois, filosófica. Concorda-se, porém, em dois pontos: a) na ligação que se faz entre a Teoria Geral do Direito e a Teoria Geral do Processo; b) na recomendação de que o magistério dessa disciplina deva caber a processualistas, desde que com boa formação filosófica (ao menos, bons conhecimentos de Analítica Jurídica).

Para Niceto, a Teoria Geral do Processo e a Prática Forense são os dois polos do conjunto de disciplinas que têm o processo como objeto; uma é o reverso da outra[81].

A grande preocupação do autor é a fixação do conteúdo dessa disciplina. O seu ensaio é uma tentativa de apresentar um novo componente curricular para o curso de Doutorado em Direito.

Propõe, então, o seguinte conteúdo para essa disciplina: a) discussão sobre a *unidade* ou *diversidade* do direito processual: se o fenômeno processual é único, embora distintas as suas espécies, ou se cada umas delas, em verdade, formaria um gênero (processo civil, processo penal, processo administrativo etc.); b) discussão sobre a jurisdição voluntária, que, para o autor, nem é jurisdição nem é voluntária, e cuja consagração significaria quase a *eliminação do processo*; c) definição dos conceitos processuais fundamentais (Direito Processual, ação, jurisdição e processo); d) exposição de orientações metodológicas e didáticas para o ensino e estudo do direito processual; e) fontes do direito processual: estudo da norma jurídica processual; f) bibliografia a respeito do Direito Processual; g) noções sobre a organização judiciária; h) estudo dos *sujeitos processuais* (juiz e partes): definição e apresentação das principais situações jurídicas processuais; i) teoria geral da prova (funções da prova, ônus da prova, sistemas de apreciação da prova etc.); j) sentença e coisa julgada;

---

80. CASTILLO, Niceto Alcalá-Zamora y. "Trayectoria y contenido de una Teoría General del Proceso", cit., p. 509.

81. CASTILLO, Niceto Alcalá-Zamora y. "Trayectoria y contenido de una Teoría General del Proceso", cit., p. 507.

k) teoria da execução (título executivo, diferenças entre execução civil e execução penal etc.)[82].

Como se percebe com alguma facilidade, a Teoria Geral do Processo é, para o autor espanhol, uma enciclopédia de conhecimentos sobre o direito processual, composta por noções de Epistemologia do Processo (definição dos conceitos jurídicos fundamentais e discussão sobre a unidade do direito processual), Metodologia do Ensino, Direito Administrativo (organização judiciária) e Direito Processual Positivo[83]. O objetivo do autor parece ser o de afirmar a autonomia *didática* da Teoria Geral do Processo, sem maiores preocupações com a sua autonomia *científica*.

É inegável, porém, que essa proposta de conteúdo para o componente curricular "Teoria Geral do Processo", talvez por ter sido a primeira, foi muito influente. O livro Teoria Geral do Processo, de Cândido Dinamarco, Ada Pellegrini Grinover e Antônio Carlos de Araújo Cintra, um clássico da doutrina brasileira, segue em boa parte essa proposta[84]. No capítulo sobre o ensino da Teoria Geral do Processo, será apresentada a nossa visão (designação e conteúdo) sobre o tema.

5.4. Elio Fazzalari.

Fazzalari é, certamente, um dos principais expoentes dos estudos sobre a Teoria Geral do Processo. Suas reflexões produziram forte impacto na doutrina brasileira.

Bastante influenciado pela contribuição dos administrativistas[85], Fazzalari parte de duas importantes premissas, também adotadas e já expostas

---

82. CASTILLO, Niceto Alcalá-Zamora y. "Trayectoria y contenido de una Teoría General del Proceso", cit., p. 514-522.
83. A ponto de o autor dizer que o conteúdo e a existência da Teoria Geral do Processo estão fortemente condicionados por considerações de direito positivo (CASTILLO, Niceto Alcalá-Zamora y. "La Teoría General del Proceso y la enseñanza del derecho procesal". *Estudios de teoría general e Historia del proceso (1945-1972)*. Cidade do México: Universidad Nacional Autónoma de México, 1974, t. 1, p. 587).
84. CINTRA, Antonio Carlos de Araújo; GRINOVER, Ada Pellegrini; DINAMARCO, Cândido Rangel. *Teoria Geral do Processo*. 20ª ed. São Paulo: Malheiros Ed., 2004.
85. Sobre essa contribuição, cuja pesquisa escapa a esta tese, ver, na doutrina brasileira, MEDAUAR, Odete. *A processualidade no direito administrativo*, 2ª ed., cit., passim. Na doutrina

nesta tese: processo é um conceito que pertence à Teoria Geral do Direito e não se restringe ao exercício da função jurisdicional. Há processo jurisdicional e não jurisdicional[86].

A Teoria Geral do Processo somente pode existir, nos termos em que ora se propõe, se se partir da premissa de que o processo é um modelo de exercício de poder, encontrável, por isso, para além da atividade jurisdicional. Por isso "processo" é o conceito fundamental primário da Teoria Geral do Processo.

Fazzalari reconhece que as diversas modalidades de processo possuem particularidades decorrentes do respectivo regramento de direito positivo. Mas isso não impede que se percebam os elementos básicos ("principi") comuns a qualquer processo. O autor afirma ser possível identificar as noções e as regras fundamentais para o exercício do poder. A proposta de Fazzalari é desenvolver uma "teoria das atividades de direito público e de direito privado que se realizam mediante o processo"[87]. Esta teoria poderia ser designada como Teoria Geral do Processo, embora o autor não se valha dessa denominação. Note-se, porém, que, para Fazzalari, essa teoria abrangeria também o estudo das "regras jurídicas fundamentais"[88], ou seja, envolveria o estudo do direito positivo. Neste ponto, esta tese se distancia do pensamento de Fazzalari: a Teoria Geral do Processo não cuida de normas jurídicas, nem mesmo das normas jurídicas fundamentais para a estruturação do processo.

Embora não se tenha preocupado em examiná-la *diretamente*, Fazzalari deu grande contribuição ao desenvolvimento da Teoria Geral do Processo: pôs as pedras fundamentais para a construção desse repertório conceitual. Seu pensamento é indispensável a quem quer que se predisponha a estudar o tema.

---

estrangeira, MERKL. Adolf. *Teoría general del derecho administrativo*. s/ tradutor identificado. México: Editora Nacional, 1980, p. 278 e segs.

86. FAZZALARI, Elio. "Processo. Teoria generale". Novissimo Digesto Italiano. 3ª ed. Torino: Unione Tipografico Editrice Torinese, 1957, v. 13, p. 1.069; *Istituzioni di Diritto Processuale*. 8ª ed. Milano: CEDAM, 1996, p. 3-15.
87. FAZZALARI, Elio. *Istituzioni di Diritto Processuale*. 8ª ed., cit., p. 15-16; ver nota 39 para a explicação do que se deve entender por "principi" no pensamento do autor.
88. Como reconhece o autor em FAZZALARI, Elio. *Istituzioni di Diritto Processuale*. 8ª ed., cit., p. 18-19.

5.5. Cândido Dinamarco.

Cândido Dinamarco é, muito provavelmente, o jurista brasileiro que mais se preocupou em estudar a Teoria Geral do Processo. Dedicou a ela um capítulo inteiro de sua tese de titularidade, a conhecida obra *A instrumentalidade do processo*.

Para Dinamarco, a Teoria Geral do Processo é um "sistema de conceitos e princípios elevados ao grau máximo de generalização útil e condensados indutivamente a partir do confronto dos diversos ramos do direito processual"[89]. À Teoria Geral do Processo caberia definir os conceitos e traçar os métodos da Ciência do Processo, além de estabelecer o conteúdo das "grandes garantias" do direito processual. O autor, corretamente, deixa claro que, em sua visão, a Teoria Geral do Processo não se confunde com Política Legislativa em tema de Direito Processual; não cabe à Teoria Geral do Processo a formulação de normas de direito processual[90].

A Teoria Geral do Processo, para Dinamarco, é uma enciclopédia jurídica: fornece o repertório conceitual, propõe métodos para a ciência do processo, possui viés axiológico e exerce uma função *dogmática*.

Essa visão apresenta três pontos de convergência com aquela exposta nesta tese: a Teoria Geral do Processo é *i)* um sistema de conceitos *ii)* construídos por indução; *iii)* além disso, é uma disciplina epistemológica. As teses ainda se aproximam ao defenderem que a Teoria Geral do Processo: *a) serve* também à compreensão de processos não jurisdicionais e, até mesmo, não--estatais[91]; *b)* não se predispõe a propor soluções únicas para o processo penal

---

89. DINAMARCO, Cândido Rangel. *A instrumentalidade do processo*, 12ª ed., cit., p. 69. Também considerando a Teoria do Processo como um sistema de conceitos, princípios e institutos, HESPANHA, Benedito. *Tratado de Teoria do Processo*. Rio de Janeiro: Forense, 1986, v. 2, p. 1.254 e segs; ARENAL, María Amparo Renedo. "Conveniencia del estudio de le Teoría General del Derecho Procesal. Su aplicabilidad a las distintas ramas del mismo", cit., p. 634-640; SOARES, Ricardo Maurício Freire. "Fundamentos Epistemológicos para uma Teoria Geral do Processo". *Teoria do Processo – panorama doutrinário mundial*. Fredie Didier Jr. e Eduardo Jordão (coord.). Salvador: Editora Jus Podivm, 2008, p. 844; SCHMITZ, Leonard Ziesemer. "A Teoria Geral do Processo e a Parte Geral do Novo Código de Processo Civil". *Novo CPC - Doutrina selecionada*. Alexandre Freire, Lucas Buril de Macêdo e Ravi Peixoto (coord.). Salvador: Editora Jus Podivm, 2015, v. 1, p. 104.
90. DINAMARCO, Cândido Rangel. *A instrumentalidade do processo*. 12ª ed., cit., p. 69.
91. DINAMARCO, Cândido Rangel. *A instrumentalidade do processo*. 12ª ed., cit., p. 74-78.

e para o processo civil; *c)* nem se relaciona a uma tentativa de construção de uma "unidade legislativa" ou de um "direito processual unitário"[92].

É preciso, porém, apontar as diferenças entre o que se propõe aqui e o pensamento de Cândido Dinamarco.

Para esta tese, a Teoria Geral do Processo não diz respeito à análise dos métodos da ciência do processo nem possui qualquer caráter dogmático.

A inclusão dos "princípios" no conteúdo da Teoria do Processo dá margem a incompreensões, em razão da plurivocidade do termo "princípio". *Princípio* é palavra que assume, na linguagem das ciências jurídicas, acepção vária: ora é espécie de norma jurídica, ora significa um postulado metodológico. Como norma jurídica, não deve fazer parte da Teoria Geral do Processo, linguagem filosófica que se não confunde com a linguagem normativa. Como postulado metodológico, não parece conveniente a sua inclusão em um repertório conceitual, sob pena de misturar abordagens epistêmicas bem diferentes.

Admite-se a existência de uma *Epistemologia do Processo*, em cujo conteúdo haveria capítulos destinados à Teoria Geral do Processo, com a sua coletânea de conceitos, e aos métodos da Ciência do Direito Processual, em que seriam examinados postulados metodológicos como a instrumentalidade do processo[93]. A Epistemologia do Processo não se restringe à Teoria do Processo, que daquela é apenas um excerto.

Para Dinamarco, a jurisdição é o centro da *Teoria Geral do Processo*, conforme já examinado linhas atrás. Essa opção justifica-se pelo viés *axiológico* de sua abordagem. O processo teria de cumprir objetivos

---

92. DINAMARCO, Cândido Rangel. *A instrumentalidade do processo.* 12ª ed., cit., p. 68-69, nota 1.

93. A proposta de inclusão, na Teoria Geral do Processo, dos estudos sobre os métodos da ciência do processo revela-se mais claramente, na obra de DINAMARCO, quando ele afirma: "o que a teoria geral do processo postula, é, resumidamente, a *visão metodológica do direito processual.* Pelo método indutivo, ela chegou à *instrumentalidade* do processo como nota central de todo o sistema e tendência metodológica do direito processual contemporâneo como um todo; a visão instrumentalista, alimentada pela comprovação que a teoria geral fornece, é o vento mais profícuo da atualidade, em direito processual. (DINAMARCO, Cândido Rangel. *A instrumentalidade do processo.* 12ª ed., cit., p. 89, *grifos no original).*

jurídicos, sociais e *políticos* – seria preciso, então, deslocar a atenção do processualista para o *poder*, que concretizará esses objetivos e cujo exercício é disciplinado pelo processo. A abordagem axiológica do direito processual, embora importante, não deve ser feita em uma *Teoria Geral do Processo*. Ela é imprescindível, mas como ramo da Filosofia do Direito *auxiliar* de *Teorias Individuais do Processo*. Isso porque os valores naturalmente não são os mesmos em qualquer lugar, variam conforme o tempo e o espaço. Não é recomendável, pois, conceber uma *Axiologia Geral do Processo*, extrato de uma *Teoria Geral do Processo*.

A concepção de Dinamarco afasta-se desta tese, ainda, por considerar que a Teoria Geral do Processo possui, também, um papel *dogmático*. Para o autor, a Teoria Geral do Processo "identifica e define os grandes *princípios e garantias* que coordenam e tutelam as posições dos sujeitos do processo e o modo de ser dos atos que legitimamente realizam ou podem realizar"[94]. Caberia à Teoria Geral do Processo, também, a solução da questão a respeito do conflito de coisas julgadas[95].

A disciplina das *posições jurídicas processuais* é objeto do direito processual, cujo conteúdo é variável, como é cediço. A análise dessa disciplina é tarefa da *Ciência do Direito Processual*. Pouco importa que o conjunto desses *grandes princípios* e *garantias* sirva a qualquer modalidade de processo. A definição desses princípios e garantias, porque conceitos *jurídico-positivos*, de resto somente serviria a um dado ordenamento jurídico. O mesmo Dinamarco reconhece que, segundo o seu entendimento, a Teoria Geral do Processo indicaria o "significado jurídico-político" e a amplitude desses *princípios*[96] – ao introduzir-se o elemento político, o conceito deixa de ser *geral* e passa a ser *contingente*.

O conflito entre coisas julgadas é um problema que cabe ao Direito positivo resolver. Não é tarefa da Teoria Geral do Processo propor soluções para problemas dogmáticos. É claro que a Filosofia do Processo poderia indagar se a solução que o Direito der a esse problema é justa ou não.

---

94. DINAMARCO, Cândido Rangel. *A instrumentalidade do processo*. 12ª ed., cit., p. 73.
95. DINAMARCO, Cândido Rangel. *A instrumentalidade do processo*. 12ª ed., cit., p. 89, nota 43.
96. DINAMARCO, Cândido Rangel. *A instrumentalidade do processo*. 12ª ed., cit., p. 89.

Mas é à Ciência Dogmática do Processo que cabe a função de propor a solução para este problema *jurídico-positivo*.

Não é papel da Teoria Geral do Processo identificar e definir quais são as normas jurídicas fundamentais do Direito Processual de um dado ordenamento jurídico. O Direito Processual não é objeto *imediato* da Teoria Geral do Processo, que não se confunde com a Ciência Dogmática do Direito Processual[97]. A sistematização de conceitos *jurídico-positivos* é função de uma Teoria Individual do Processo, ou seja: uma Teoria do Processo para a compreensão de um determinado Direito positivo.

5.6. José de Albuquerque Rocha.

José de Albuquerque Rocha dedica um capítulo do seu livro à apresentação da sua visão sobre o que é a Teoria Geral do Processo. Trata-se de uma excelente contribuição da doutrina brasileira ao estudo dessa disciplina epistemológica.

Para o autor, a Teoria Geral do Processo é um conjunto de conceitos organizados, que servem aos juristas como instrumento de conhecimento dos diversos ramos do direito processual[98-99]: jurisdicional, administrativo, legislativo e negocial[100].

---

97. Assim, parece um tanto contraditória e, por isso, incompreensível, a seguinte afirmação de CÂNDIDO DINAMARCO: "Toma-se o cuidado, porém, de distinguir o *direito processual constitucional*, que, como sistema normativo não existe (existem os diversos ramos, no ordenamento positivo), da *teoria geral do processo*, que é a condensação de conceitos e princípios colhidos na teoria de cada ramo processual em particular". (DINAMARCO, Cândido Rangel. *A instrumentalidade do processo*. 12ª ed., cit., p. 83, nota 29, grifos no original).

98. ROCHA, José de Albuquerque. *Teoria Geral do Processo*. 5ª ed., cit., p. 18-19. Segue essa concepção, expressamente, GIORGIS, José Carlos Teixeira. *A lide como categoria comum do processo*. Porto Alegre: Sérgio Antonio Fabris, 1991, p. 62-63.

99. A concepção é bem parecida com a de FERNANDO DE LA RÚA, que, porém, se refere apenas ao processo jurisdicional: "La teoría general del proceso es aquella parte del derecho procesal, que se ocupa de estudiar y resumir los conceptos fundamentales, válidos para cualquiera de sus ramas, y compararlos en sus aplicaciones específicas, sistematizando su conocimiento". (RÚA, Fernando de La. *Teoría general del proceso*. Buenos Aires: Depalma, 1991, p. 1).

100. ROCHA, José de Albuquerque. *Teoria Geral do Processo*. 5ª ed., cit., p. 23.

Nesses dois aspectos, a proposta de José de Albuquerque Rocha assemelha-se com a que se propõe nesta tese: a Teoria Geral do Processo é um conjunto de conceitos organizados e serve à compreensão de qualquer direito processual, não apenas ao direito processual jurisdicional.

O autor, porém, não esclarece quais os conceitos que compõem o conteúdo da Teoria Geral do Processo. Limita-se a afirmar que são os "conceitos mais gerais do direito processual", sem maiores especificações. Para esta tese, a Teoria Geral do Processo propõe-se a construir, organizar e articular os conceitos *lógico-jurídicos* processuais.

5.7. Willis Santiago Guerra Filho

Willis Santiago Guerra Filho é um conhecido jusfilósofo brasileiro. Ele possui muito boa formação em direito processual. Possivelmente por conta dessa circunstância, o autor ofereceu uma importante contribuição ao desenvolvimento da Teoria Geral do Processo.

Guerra Filho aponta a contemporaneidade das origens da Teoria Geral do Direito e Teoria Geral do Processo, que daquela é uma derivação: final do século XIX, por obra do Pandectismo alemão[101].

Para o autor, uma teoria verdadeiramente geral do processo é obra "extremamente difícil", pois pressupõe a comparabilidade entre "os mais diversos tipos de processo dentro de um mesmo ordenamento jurídico (comparação intrassistemática), e também a comparação com os processos de ordenamentos jurídicos estrangeiros (comparação intersistemática)"[102]. Entende que, em razão disso, a disciplina não pode ser ministrada para alunos que não têm conhecimento prévio de direito processual. Sugere, embora não expressamente, que se trata de disciplina para estudos pós-graduados, já que exigiria "experiência no trato com a matéria processual"[103] – neste ponto, distancia-se desta tese, conforme será visto no capítulo dedicado ao ensino da Teoria Geral do Processo.

---

101. GUERRA Filho, Willis Santiago. "Teoria Geral do Processo: em que sentido?", cit., p. 212-214.
102. GUERRA Filho, Willis Santiago. "Teoria Geral do Processo: em que sentido?", cit., p. 216.
103. GUERRA Filho, Willis Santiago. "Teoria Geral do Processo: em que sentido?", cit., p. 217.

A consolidação da Teoria Geral do Processo, para Willis, depende de três fatores: *a)* construção de uma doutrina unitária sobre processo de conhecimento e de execução; *b)* desenvolvimento de um arcabouço conceitual aplicável a todas as espécies de processo (estatais e não-estatais, jurisdicionais ou não); *c)* direito processual comparado[104]. Esses são, segundo o autor, os três eixos do conteúdo da Teoria Geral do Processo.

Aqui, cabe uma ponderação, que serve como contraponto ao pensamento de Willis Santiago Guerra Filho: o direito comparado é ciência-irmã da Teoria Geral do Processo, e não deve ser confundida com ela. A elaboração de conceitos jurídicos fundamentais não prescinde de uma comparação dos ordenamentos jurídicos, até mesmo para que se possa distinguir o que é *lógico-jurídico* do que é *jurídico-positivo*. De outro lado, a ciência jurídica comparatística necessita dos conceitos jurídicos fundamentais para que possa identificar as aproximações entre os sistemas jurídicos. Elas não se confundem; muito menos uma contém a outra. Há entre elas simbiose.

O autor distingue a Teoria Geral do Processo da Teoria do Processo. Para ele, a Teoria do Processo "representa um intento de carrear para os estudos de índole estritamente jurídica, dogmáticos, resultados de ciências sociais e humanas, como a sociologia, antropologia, psicologia, bem como a aproximação a modelos teóricos desenvolvidos em disciplinas fundadas recentemente, tais como a semiótica, cibernética, teoria dos sistemas, teoria da comunicação, teoria da organização, ou ainda de reflexões filosóficas, em que o processo se destaca como uma categoria central", a exemplo do pensamento de Habermas[105].

A Teoria Geral do Processo, em sua visão, seria, portanto, uma enciclopédia jurídica, aproximando-se daquilo que esta tese considera como uma *Introdução ao Estudo do Direito Processual*, disciplina propedêutica de cujo conteúdo a Teoria *Geral* do Processo faria parte. O tema voltará a ser examinado no quarto capítulo desta tese.

---

104. GUERRA Filho, Willis Santiago. "Teoria Geral do Processo: em que sentido?", cit., p. 217.
105. GUERRA Filho, Willis Santiago. "Teoria Geral do Processo: em que sentido?", cit., p. 218. Em sentido semelhante, CADIET, Loïc. "Prolégomènes à une Théorie Générale Du Procès em Droit Français". *Teoria do Processo – panorama doutrinário mundial*. Fredie Didier Jr. e Eduardo Jordão (coord.). Salvador: Editora Jus Podivm, 2008, p. 481-482.

O mesmo autor propõe exatamente que a Teoria Geral do Processo seja ensinada, no curso de graduação em Direito, como uma *Introdução ao Direito Processual*, disciplina complementar à Introdução ao Estudo do Direito, de caráter epistemológico e propedêutico, cuja missão é familiarizar o aluno com os conceitos jurídicos processuais fundamentais e com a história do pensamento jurídico-processual. O foco deveria ser o processo jurisdicional, nada obstante a referência às demais modalidades de processo, adotando-se o paradigma do processo civil de conhecimento[106].

Convém, ainda, anotar que o autor distingue muito bem a Teoria Geral do Processo e Direito Processual Constitucional, a quem caberia o exame da organização judiciária, da distribuição das competências legislativas, da jurisdição constitucional e dos direitos fundamentais processuais[107].

A lucidez do pensamento de Willis Guerra Filho merece realce. O autor não confunde a reflexão teórica com a dogmática jurídico-positiva. A sua formação filosófica certamente contribuiu para isso. Separa ainda, com precisão, o que pode vir a ser conteúdo da Teoria Geral do Processo daquilo que se poderia denominar de uma Ciência do Direito Processual Constitucional. Além disso, vislumbra a utilidade de uma introdução enciclopédica ao direito processual. Trata-se, enfim, de contribuição que não pode ser minimizada.

5.8. Rosemiro Pereira Leal.

Rosemiro Pereira Leal tem uma concepção muito peculiar sobre a *Teoria Geral do Processo*. Para o autor, a Teoria Geral do Processo é um "conjunto de conhecimentos recolhidos e propedeuticamente organizados (*um programa de estudos*) para a compreensão dos elementos teóricos configuradores do PROCESSO no vasto campo do Direito"[108].

Trata-se de uma *Introdução ao Estudo do Processo*, que tem por objetivo expor "didaticamente o pensamento dos juristas sobre a temática

---

106. GUERRA Filho, Willis Santiago. "Teoria Geral do Processo: em que sentido?", cit., p. 226-227.
107. GUERRA, FILHO, Willis Santiago. "Teoria Geral do Processo: em que sentido?", cit., p. 222-224
108. LEAL, Rosemiro Pereira. *Teoria Geral do Processo – primeiros estudos*. 9ª ed. Rio de Janeiro: Forense, 2010, p. 71, os textos grifados e em caixa alta são do original.

das múltiplas *teorias* que influíram na produção das leis processuais e a interpretação (...) da leitura que os estudiosos do Direito fizeram do discurso processual positivo (Códigos e leis) surgido no correr da história"[109].

A Teoria Geral do Processo buscaria dar uma "visão geral dos institutos jurídicos, que se articulam na esfera de esclarecimento dos elementos conceituais e de atuação do PROCESSO"[110]. Mais à frente, Pereira Leal defende que cabe à Teoria Geral do Processo apresentar uma "amostragem geral" da morfologia do processo, tendo em vista os princípios da ampla defesa, do contraditório e da igualdade, garantidos constitucionalmente[111]. Em verdade, para essa concepção, a existência de um conjunto comum de princípios constitucionais aplicáveis a qualquer espécie de processo é o que justifica a existência de uma Teoria Geral do Processo[112].

Não fica claro o posicionamento do processualista, para quem a Teoria Geral do Processo seria uma *enciclopédia jurídica*, com nítida função propedêutica. Seu pensamento quanto ao conteúdo dessa disciplina é um tanto vago. Ao que parece, a Teoria Geral do Processo abrangeria a: *a)* história das ideias jurídicas sobre o processo e o direito processual, *b)* apresentação dos institutos jurídicos fundamentais (jurisdição e procedimento, p. ex.); *c)* identificação da morfologia básica do processo, a partir das normas jurídicas processuais fundamentais previstas na Constituição.

Não é a existência de normas jurídicas processuais aplicáveis indistintamente a qualquer espécie de processo que justifica a Teoria Geral do Processo, a quem, de resto, não cabe o exame dogmático dessas mesmas normas. Não se deve confundir, repita-se, a Teoria Geral do Processo com a Ciência do Direito Processual constitucionalmente consagrado. Uma teoria do processo construída a partir do exame de normas jurídicas de

---

109. LEAL, Rosemiro Pereira. *Teoria Geral do Processo – primeiros estudos*, cit., p. 72, os textos grifados e em caixa alta são do original.
110. LEAL, Rosemiro Pereira. *Teoria Geral do Processo – primeiros estudos*, cit., p. 72, o texto em caixa alta consta do original.
111. LEAL, Rosemiro Pereira. *Teoria Geral do Processo – primeiros estudos*, cit., p. 72. Nesta linha, NUNES, Dierle; BAHIA, Alexandre; CÂMARA, Bernardo Ribeiro; SOARES, Carlos Henrique. *Curso de direito processual civil – fundamentação e aplicação*, cit., p. 69 e segs.
112. LEAL, Rosemiro Pereira. *Teoria Geral do Processo – primeiros estudos*, cit., p. 73-75.

um determinado ordenamento é uma teoria *individual*. Essa *teoria* não se torna *geral* porque serve a diversas espécies de processo naquela ordem jurídica. Reafirma-se, assim, o que se vem dizendo ao longo de toda a tese: a Teoria Geral do Processo é um repertório de conceitos jurídicos fundamentais para a compreensão de qualquer processo ou de qualquer direito processual, pouco importando a sua respectiva "morfologia".

5.9. Omar Abel Benabentos

Omar Abel Benabentos escreveu uma longa monografia em que apresenta sua visão sobre a Teoria Geral Unitária do Direito Processual. O autor restringe sua análise ao processo jurisdicional – neste ponto, distancia-se da tese ora defendida.

Para Benabentos, uma Teoria Unitária[113] do Direito Processual justifica-se em três fundamentos – os três "postulados científicos" comuns a todos os ramos de direito processual.

a) Segundo entende, há identidade entre o objeto do processo civil e o objeto do processo penal. Em ambos há a afirmação de um conflito intersubjetivo de transcendência jurídica; é irrelevante a natureza deste conflito, se penal, trabalhista ou cível[114].

Todo processo possui um objeto, realmente. Não há processo oco. Essa circunstância reforça a tese de que o processo é uma categoria geral, que pode reproduzir-se para além do campo de atuação jurisdicional.

A afirmação de que o objeto do processo é sempre um conflito é, porém, no mínimo, duvidosa. Um processo em que se pleiteia a alteração do nome civil não veicula qualquer conflito intersubjetivo – e não será lícito afirmar que, em razão disso, esse processo não possui objeto.

---

113. O autor explica as razões pelas quais optou por acrescentar o adjetivo "unitária": "La inclusión del adjetivo 'unitaria' – adicionado al término 'general' – hace 'gráfica' la aspiración que persigo: fijar los postulados científicos comunes y compatibiles a todas las ramas del derecho procesal. (...) El uso de esa denominación 'reducida' – incluyendo solo el término 'general' y omitidiendo la palabra 'unitaria' – nos proporciona un indicio muy claro sobre la tendencia autoral de *rehuir* – directamente – al tratamiento de la 'unidad' procesal". (BENABENTOS, Omar A. *Teoría General Unitaria del Derecho Procesal*. Rosario: Editorial Juris, 2001, p. 24).

114. BENABENTOS, Omar A. *Teoría General Unitaria del Derecho Procesal*, cit., p. 77.

b) Os conceitos jurídicos de processo, ação e jurisdição são conceitos gerais; servem à explicação do fenômeno processual, independentemente do conteúdo do respectivo processo[115].

A afirmação é correta. Trata-se, de fato, de conceitos jurídicos fundamentais processuais. Uma Teoria do Processo Jurisdicional não pode prescindir deles – jurisdição é conceito que somente serve ao processo jurisdicional.

Nada disso impede que a ação, o processo e a jurisdição assumam características diversas conforme a natureza da situação a ser decidida. As regras sobre a ação penal não devem ser idênticas às da ação civil, por exemplo. Essas peculiaridades não tornam os conceitos gerais inúteis; não custa lembrar que a elaboração dos conceitos *jurídico-positivos* parte dos conceitos jurídicos fundamentais[116].

c) O terceiro fundamento da Teoria Unitária do Direito Processual é a identidade de valores perseguidos no processo civil e no processo penal. Em qualquer processo, devem ser respeitados os valores constitucionais protegidos pelos direitos fundamentais processuais, notadamente o *devido processo legal*. O autor pugna pela construção de uma teoria do processo garantista, em que se respeite o modelo constitucional do processo[117]. O próprio autor reconhece que se trata do fundamento *axiológico* da Teoria Geral do Processo – haveria uma uniformidade dos valores que devem ser realizados pelo processo[118].

Confunde o autor, como se vê, Teoria Geral do Processo com Direito Processual Unitário. O conteúdo do Direito Processual variará conforme o respectivo ordenamento jurídico. É o exame de cada direito positivo que revelará quais são as normas jurídicas fundamentais processuais. Não

---

115. BENABENTOS, Omar A. *Teoría General Unitaria del Derecho Procesal*, cit., p. 77.
116. O autor deixa isso claro ao afirmar que "uma cosa es que se abogue por ideas comunes en torno a la acción, la jurisdicción y el proceso y otra, muy distinta, es pretender unificar la normativa procesal. (...) más allá de mantener códigos procesales civiles y penales diferentes, la utilidad de la teoría unitaria igual no sería enervada". (BENABENTOS, Omar A. *Teoría General Unitaria del Derecho Procesal*, cit., p. 219).
117. BENABENTOS, Omar A. *Teoría General Unitaria del Derecho Procesal*, cit., p. 77.
118. BENABENTOS, Omar A. *Teoría General Unitaria del Derecho Procesal*, cit., p. 220-224.

há um "direito processual natural" (invariável, portanto), aplicável em qualquer nação, em qualquer época. A Teoria Geral do Processo não se ocupa do Direito Processual, ao menos não diretamente. Esse aspecto já foi abordado em diversos momentos desta tese – não há necessidade de mais uma vez examiná-lo.

Nada impede e tudo recomenda que se desenvolva uma *Axiologia do Processo*, vertente da Filosofia do Processo dedicada ao estudo dos valores que orientam a atividade processual. Ela não se confunde com a Epistemologia do Processo, também Filosofia, de que a Teoria Geral do Processo é um excerto. Convém, porém, separar essas diversas formas de abordagem do processo.

5.10. Eduardo José da Fonseca Costa

Eduardo José da Fonseca Costa escreveu sobre a Teoria Geral do Processo, muito embora não se tenha valido dessa denominação[119]. Trata-se da única contribuição de relevo encontrada na doutrina dos processualistas brasileiros de uma geração mais recente – somente por isso, já seria digna de registro.

O autor entende que a *dogmática*[120] processual deve ser subdividida em *Analítica Processual, Hermenêutica Processual* e *Pragmática Processual*[121]. O autor busca aplicar à ciência jurídica processual a classificação proposta por Tércio Sampaio Ferraz Jr. para a dogmática jurídica em geral[122].

---

119. Curioso é que, em outro texto, o autor se refere diretamente à Teoria Geral do Processo, mas no sentido de "Parte Geral", que, como visto, não é o sentido adotado por esta tese (COSTA, Eduardo José da Fonseca. "Sentença cautelar, cognição e coisa julgada – reflexões em homenagem à memória de Ovídio Baptista". *Revista de Processo*. São Paulo: RT, 2011, n. 191, p. 358.)

120. O autor se vale do termo dogmático no sentido em que foi empregado por TÉRCIO SAMPAIO FERRAZ JR., para quem cabe à dogmática analítica a fixação dos conceitos jurídicos fundamentais (FERRAZ Jr., Tércio Sampaio. *Introdução ao estudo do direito – técnica, decisão, dominação*. 2ª ed. São Paulo: Atlas, 1994, p. 95 e segs).

121. COSTA, Eduardo José da Fonseca. "Uma arqueologia das ciências dogmáticas do processo". *Teoria do Processo – panorama doutrinário mundial*. Fredie Didier Jr. (coord.). Salvador: Editora Jus Podivm, 2010, v. 2, p. 216.

122. FERRAZ Jr., Tércio Sampaio. *Introdução ao estudo do direito – técnica, decisão, dominação*. 2ª ed., cit., p. 92 e segs.

A sua compreensão sobre a Analítica Jurídica Processual é a que nos interessa neste momento. Embora em sua abordagem o autor sempre faça menção ao processo civil, suas considerações são, inegavelmente, *gerais* e fornecem pistas interessantes para o desenvolvimento de uma *Teoria Geral do Processo*.

Já se viu que a elaboração e a organização dos conceitos jurídicos fundamentais são atribuições da Analítica Jurídica[123], que, nesse sentido, é sinônimo de Teoria Geral do Direito. Uma Analítica Jurídica Processual seria, assim, outra designação possível para a *Teoria Geral do Processo*.

Para Costa, a Analítica Jurídica Processual seria uma *abordagem* "que procura explicar ou elucidar os termos, os conceitos e as estruturas do Direito Processual"[124]. A Analítica Processual não teria por objeto o exame das normas processuais; ela cuidaria dos *institutos processuais* e dos seus respectivos *conceitos* (processo, procedimento, ação, exceção, jurisdição, competência etc.), que, em última análise, surgem após uma análise das normas processuais[125].

O autor divide a Analítica Jurídica Processual em cinco *teorias parciais: a) teoria das situações jurídico-processuais* (competência, exceção, jurisdição, relação jurídica processual, ônus processual, capacidade processual, capacidade de ser parte, capacidade postulatória, dever processual): para o autor, trata-se da teoria que se mais desenvolveu e que funcionou como o "principal esteio epistemológico" da ciência processual; *b) teoria da norma jurídico-processual,* em que seria estudado, p. ex., o tema da *sanção* a ilícitos processuais; *c) teoria do ordenamento jurídico-processual,* em que seriam examinados temas como, por exemplo, o direito processual intertemporal; *d) teoria das fontes do direito processual; e) teoria dos fatos jurídicos processuais*[126].

---

123. Sobre esse sentido da designação Analítica Jurídica, MacCORMICK, Neil. "Analítica (abordagem do direito)", cit., p. 25.

124. COSTA, Eduardo José da Fonseca. "Uma arqueologia das ciências dogmáticas do processo", cit., p. 218, nota 3.

125. COSTA, Eduardo José da Fonseca. "Uma arqueologia das ciências dogmáticas do processo", cit., p. 218.

126. COSTA, Eduardo José da Fonseca. "Uma arqueologia das ciências dogmáticas do processo", cit., p. 218-219.

Finalmente, para o autor, a Analítica Processual tem "baixo potencial rejuvenescedor do direito positivo, porquanto se limita, antes, a bem assentar os pontos de compreensão do sistema"[127].

O pensamento de Eduardo Costa aproxima-se da tese, à medida que reconhece como tarefa da *Analítica Jurídica Processual (Teoria Geral do Processo)* a elaboração e a organização dos conceitos jurídicos processuais fundamentais.

O autor, porém, não distingue os conceitos que serão produzidos e organizados pela Analítica Jurídica Processual. Indistintamente, a ela caberia a formulação de conceitos *lógico-jurídicos*, como os de exceção, capacidade processual, ato processual, competência etc., e de *conceitos jurídico-positivos*, extraídos da observação de um dado ordenamento jurídico processual – o estudo das fontes do direito processual e da sanção aos ilícitos processuais pressupõe a análise de uma determinada ordem jurídica. A Analítica Jurídica Processual seria o repertório de todos os conceitos jurídicos processuais, os *gerais* e os *individuais*. Não por acaso, o autor, em seu trabalho, sempre se refere à *Analítica Processual Civil* e, ainda, faz considerações sobre o direito positivo.

A grande contribuição de Eduardo Costa é a sua proposta de *organização* das *teorias parciais* do processo. Essa sistematização aponta caminhos interessantes para o desenvolvimento de uma *Teoria Geral do Processo* (teoria das situações jurídicas processuais, teoria da norma processual, teoria dos fatos jurídicos processuais) e de *Teorias Individuais do Processo*, cujas *teorias parciais* seriam derivações das *teorias parciais gerais* (teoria da norma processual penal brasileira, teoria dos fatos processuais civis no direito italiano, teoria das sanções processuais no direito inglês etc.).

6. A TEORIA GERAL DO PROCESSO E O PROCESSO PENAL.

6.1. Generalidades.

Os processualistas penais brasileiros preocupam-se muito com a Teoria Geral do Processo. Muito mais do que os processualistas civis. Raros[128]

---

127. COSTA, Eduardo José da Fonseca. "Uma arqueologia das ciências dogmáticas do processo", cit., p. 221.
128. Dentre os quais, p. ex., MARQUES, José Frederico. *Elementos de Direito Processual Penal.* Campinas: Bookseller, 1997, v. 1, p. 29-30; JARDIM, Afrânio Silva. *Direito Processual Penal.*

são os que aceitam a Teoria Geral do Processo[129-130]. Essa constatação foi certamente uma das grandes causas da elaboração desta tese. Foram selecionados dois posicionamentos, que bem ilustram a generalizada opinião sobre o assunto na processualística penal brasileira – sendo essa a razão para o destaque que se deu nesta tese a essa discussão.

Rogério Lauria Tucci, processualista talentoso em ambas as áreas, também é um dos principais expoentes da concepção refratária a uma Teoria Geral do Processo.

Há, também, as considerações feitas por Aury Lopes Jr., que, na linha traçada por Lauria Tucci, se manifesta, bem ao seu estilo, incisivamente contra a existência da Teoria Geral do Processo.

A posição desta tese já foi apresentada: a Teoria Geral do Processo serve à compreensão de qualquer processo, inclusive do processo penal. Como afirma Afrânio da Silva Jardim, conhecido processualista penal brasileiro: "mais do que uma necessidade metodológica para o estudo dos vários ramos do Direito Processual, a teoria geral do processo é uma consequência inarredável do estudo sistemático das diversas categorias processuais"[131].

Este item dedica-se à análise dessas duas importantes contribuições doutrinárias, demonstrando em que medida elas não se sustentam.

10ª ed. Rio de Janeiro: Forense, 2001, p. 19-20; MACHADO, Antônio Alberto. *Teoria geral do processo penal*. São Paulo: Atlas, 2002, p. 69-72 e p. 85-99; POLASTRI, Marcellus. *Curso de Processo Penal*. 5ª ed. Rio de Janeiro: Lumen Juris, 2010, v. 1, p. 10-14 e p. 62. Destacam-se as análises de Afrânio da Silva Jardim e de Antônio Alberto Machado, sobretudo pela lucidez e pela serenidade com que examinaram o tema.

129. Parece ilusória, assim, a afirmação de BENEDITO HESPANHA de que a existência de uma Teoria do Processo é "ponto pacífico" na doutrina. (HESPANHA, Benedito. *Tratado de Teoria do Processo*, v. 2, cit., p. 1.272).

130. Nada obstante o pensamento de GIOVANNI LEONE, processualista penal italiano bastante influente na doutrina brasileira. Para LEONE, jurisdição, sujeitos processuais, partes, atos processuais etc. são temas sobre os quais se pode construir uma Teoria Geral do Processo legítima e útil. Isso nada tem a ver, afirma o autor, com as claras diferenças que existem entre os regramentos do processo civil e do processo penal (p. ex.: as disciplinas diferentes dos poderes dos sujeitos processuais). (LEONE, Giovanni. *Tratado de derecho procesal penal*. Santiago Sentís Melendo (trad.). Buenos Aires: Ediciones Jurídicas Europa-América, 1963, v. 1, p. 15-16.)

131. JARDIM, Afrânio Silva. *Direito Processual Penal*. 10ª ed. Rio de Janeiro: Forense, 2001, p. 19-20.

Os críticos incorrem em *aberratio ictus*: miram a Teoria Geral do Processo e acertam o direito processual unitário (civil e penal); quando investem, "armas em riste", contra a Teoria Geral do Processo, atacam o "quartel vizinho" àquele que deveriam atacar[132]. Há erro sobre o objeto criticado: Teoria Geral do Processo não é Direito Processual Unitário. A argumentação rui por causa da falha na fundação.

É o momento de examinar esses posicionamentos.

6.2. Análise de posicionamentos contrários a uma Teoria Geral do Processo que sirva ao processo penal.

6.2.1. Rogério Lauria Tucci.

Rogério Lauria Tucci é, possivelmente, a principal referência doutrinária brasileira, quando se pretende examinar o posicionamento contrário à existência de uma Teoria Geral do Processo, que sirva igualmente aos processos civil e penal.

A premissa do autor é a seguinte: é "inadmissível a absorção, pelo processo penal, de diversificados regramentos e institutos, próprios do civil"[133]. Lauria Tucci entende inaplicáveis ao processo penal os conceitos de lide e de processo e ação cautelar, bem como as regras relativas à revelia no processo civil.

A lição é correta: não se pode pretender transpor regras do direito processual civil ao direito processual penal, sem que se percebam as diferenças que há entre os seus respectivos objetos. Desconhece-se quem proponha, seriamente, no Brasil, um Direito Processual único[134]. O princípio da adequação do processo, corolário do devido processo legal, impõe

---

132. A metáfora é de PONTES DE MIRANDA, que, muito embora elaborada para outra discussão (sobre a natureza negocial da arrematação judicial), serve como uma luva para este momento (MIRANDA, Francisco Cavalcanti Pontes de. *Comentários ao Código de Processo Civil*. 2ª ed. Rio de Janeiro: Forense, 2002, t. 10, p. 270-271).

133. TUCCI, Rogério Lauria. "Considerações acerca da inadmissibilidade de uma Teoria Geral do Processo". *Revista Jurídica*. Porto Alegre, 2001, n. 281, p. 49.

134. Não se desconhece, porém, a experiência estrangeira de códigos unitários, como, por exemplo, o da Suécia (1942). A propósito, CASTILLO, Niceto Alcalá-Zamora y. "La Teoría General del Proceso y la enseñanza del derecho procesal", t. 1, cit., p. 562-563.

que as normas processuais sejam adequadas ao objeto do processo[135]. Os objetos do processo civil e do processo penal são bem diversos; diversos hão de ser os seus regramentos[136].

Mas a Teoria Geral do Processo não é Direito Processual único, nem cabe a ela a função de discutir a respeito disso. A discussão sobre a unidade do direito processual pode e deve ser feita no âmbito da Filosofia do Direito Processual. Mas a Teoria Geral do Processo nada tem a ver com isso. Lauria Tucci erra o alvo em sua crítica.

O conceito de tutela cautelar, que é *lógico-jurídico processual* e, portanto, da Teoria Geral do Processo, é fundamental para que se chegue à conclusão de que a tutela cautelar é inaplicável ao processo penal; tese, aliás, defendida pelo próprio autor.

O processo penal, como qualquer processo, tem o seu objeto de decisão: a questão que deverá ser resolvida *principaliter* pelo órgão jurisdicional. Lide é conceito que se relaciona com o objeto de decisão do processo (exatamente por isso, muita vez chamado de objeto litigioso do processo). Mas a lide não é o único objeto de decisão do processo. Em um processo em que se pede a alteração de um nome, não há sequer a afirmação de lide. O conceito de lide é útil para identificar um dos possíveis objetos do processo, mas não é sinônimo de objeto de decisão. Percebe-se que a identificação da lide com o objeto do processo é postura inadequada até mesmo para o processo civil. Além disso, e sem querer avançar nessa discussão, que extrapolaria os limites da tese[137], se é certo que a existência de lide não é pressuposto do processo penal, também é

---

135. A propósito, convém registrar a lição de GALENO LACERDA: "O princípio de adequação, nestes termos, funciona, pois, como princípio unitário e básico, a justificar, mesmo, a autonomia científica de uma *teoria geral do processo*" (LACERDA, Galeno. "O código como sistema legal de adequação do processo". *Revista do Instituto dos Advogados do Rio Grande do Sul – Comemorativa do Cinquentenário*. Porto Alegre, 1976, p. 164, grifos do original).

136. Assim, também, HESPANHA, Benedito. *Tratado de Teoria do Processo*. Rio de Janeiro: Forense, 1986, v. 2, p. 1.271.

137. Sobre o assunto, com visões distintas, GIORGIS, José Carlos Teixeira. *A lide como categoria comum do processo*, cit., p. 89-114; COUTINHO, Jacinto Nelson de Miranda. *A lide e o conteúdo do processo penal*, cit., p. 121 e segs. Para uma crítica da crítica de Lauria Tucci, SICA, Heitor. "Perspectivas atuais da 'Teoria Geral do Processo'", p. 6. Disponível em https://www.academia.edu/17570953/2008_-_Perspectivas_da_teoria_geral_do_processo.

certo afirmar que, em alguns casos, haverá um conflito entre a pretensão acusatória deduzida na denúncia e o interesse do denunciado, que não pretende ser punido. Pode-se até dar outro nome a essa situação, mas não deixará de ser, por isso, um conflito de pretensões (lide).

Enfim, a inexistência de regras jurídicas únicas para o direito processual civil e o direito processual penal e a impossibilidade de transposição, para o processo penal, de institutos construídos para o processo civil não são bons argumentos para infirmar a existência de uma Teoria Geral do Processo.

6.2.2. Aury Lopes Jr.

Aury Lopes Jr. é incisivamente contrário à Teoria Geral do Processo. O autor vale-se muito da metáfora da Cinderela, elaborada por Carnelutti e mencionada linhas atrás. Preocupa-se, sobretudo, como se vê ao longo de todo o seu texto, com a equiparação do processo penal ao processo civil, engessando-o às estruturas daquele, e com o possível aviltamento da ciência processual penal em face da ciência processual civil – preocupações idênticas às de Carnelutti, no texto examinado linhas atrás[138].

Aponta, inicialmente, um problema pedagógico: a disciplina Teoria Geral do Processo costuma ser ministrada por processualistas civis, "que pouco sabem e pouco falam do processo penal, e, quando o fazem, é com um olhar e discurso completamente viciado"[139].

O argumento do autor não veio acompanhado de qualquer dado estatístico ou de alguma pesquisa de campo que indicasse essa situação de descalabro. Não ficou claro, na exposição, ainda, que espécie de "vício" contamina o olhar e o discurso dos professores. Não há como refutar a argumentação, portanto. Assim, tomando a premissa como verdadeira,

---

138. Nesse mesmo sentido, COUTINHO, Jacinto Nelson de Miranda. *A lide e o conteúdo do processo penal*. Curitiba: Juruá, 1998, p. 122-123; _____. "O núcleo do problema no sistema processual penal brasileiro". São Paulo: Boletim IBCCRIM, 2007, n. 175, p. 11-13; DUCLERC, Elmir. *Direito processual penal*. 2ª ed. Rio de Janeiro: Lumen Juris, 2009, p. 4; MOREIRA, Rômulo de Andrade. *Uma crítica à Teoria Geral do Processo*. Porto Alegre: Lex Magister, 2013.

139. LOPES Jr., Aury. *Direito processual penal e sua conformidade constitucional*. 5ª ed. Rio de Janeiro: Lumen Juris, 2010, v. 1, p. 34.

nada obstante a gravidade do fato de que professores de Teoria Geral do Processo pouco ou nada sabem sobre o direito processual penal, o certo é que isso nada tem a ver com a existência de uma Teoria do Processo. É como se, pela suposta e idêntica baixa qualidade dos professores, a disciplina Teoria Geral do Direito também devesse ser extinta. Elimina-se a construção teórica não por seus defeitos, mas pela péssima qualidade dos seus divulgadores. Apaga-se a mensagem pela má qualidade do mensageiro.

Entende o autor, ainda, que os conceitos de lide, jurisdição voluntária e jurisdição contenciosa, produzidos para o Direito Processual Civil, são irrelevantes e inaplicáveis ao Processo Penal. Defende, então, à semelhança do que fez Lauria Tucci[140], a necessidade de desenvolvimento do conceito de *jurisdição penal*, específico para o processo penal[141].

Admita-se, apenas para facilitar a exposição, o argumento de que é necessário construir um conceito de jurisdição penal, distinto dos conceitos de jurisdição contenciosa e de jurisdição voluntária. Esse conceito seria construído pela Ciência (dogmática) do Processo Penal. Para tanto, será preciso saber a que gênero próximo pertence esse conceito e, em seguida, esclarecer as suas peculiaridades. A coerência do raciocínio impõe considerar a jurisdição penal, a jurisdição contenciosa e a jurisdição voluntária espécies do mesmo gênero: *jurisdição*, conceito *lógico-jurídico* construído pela Teoria Geral do Processo.

O cerne da crítica do processualista gaúcho concentra-se na tentativa de transplantação, para o processo penal, de "categorias" próprias do processo civil[142].

A preocupação do autor é correta – vale aqui o quanto se disse sobre o pensamento de Lauria Tucci. Processo civil e processo penal não se confundem. Trata-se de processos com objetos distintos. Distintos, pois,

---

140. TUCCI, Rogério Lauria. "Considerações acerca da inadmissibilidade de uma Teoria Geral do Processo", cit., p. 61-62.

141. LOPES Jr., Aury. *Direito processual penal e sua conformidade constitucional*. 5ª ed., v. 1, cit., p. 34.

142. LOPES Jr., Aury. *Direito processual penal e sua conformidade constitucional*. 5ª ed., v. 1, cit., p. 34.

devem ser os respectivos direitos processuais. Aury Lopes Jr., neste ponto, ao arrematar o seu raciocínio, está correto: "há uma diferença insuperável entre o processo civil e o processo penal"[143].

O regime jurídico da produção de provas por iniciativa oficial, uma das principais preocupações do autor, por exemplo, certamente não pode ser o mesmo: se há presunção de inocência do réu, no processo penal, a produção de provas por iniciativa do órgão jurisdicional deve ser vista com muito mais cautela do que se costuma ter no processo civil. A coisa julgada penal também se submete a regime jurídico distinto: decisão penal condenatória não fica imutável pela coisa julgada material, que pode ser controlada, a qualquer tempo, pela revisão criminal (art.s 621-622 do Código de Processo Penal brasileiro[144]). Também idênticos não são os regimes jurídicos das preclusões, das invalidades processuais, da competência etc.

Nenhum desses temas, porém, tem a ver com a Teoria Geral do Processo, que nada diz a respeito do conteúdo do Direito Processual. Até porque composta por conceitos, não por normas, ela não prescreve a existência de regimes jurídicos comuns ao processo penal e ao processo civil. Qualquer sugestão nesse sentido, de resto, seria muito ruim. A Teoria Geral do Processo é uma teoria formal, que serve aos cientistas do processo, qualquer que seja o tipo de processo investigado. A crítica de Aury Lopes Jr. "acerta o quartel vizinho" àquele que pretendia acertar: mirando a Teoria Geral do Processo, alvejou o direito processual jurisdicional único.

O próprio autor reforça a necessidade da Teoria Geral do Processo, nos termos aqui propostos, quando se propõe a estudar as peculiaridades do processo penal.

---

143. LOPES Jr., Aury. *Direito processual penal e sua conformidade constitucional*. 5ª ed., v. 1, cit., p. 36.

144. Art. 621 do Código de Processo Penal Brasileiro: "A revisão dos processos findos será admitida: I – quando a sentença condenatória for contrária ao texto expresso da lei penal ou à evidência dos autos; II – quando a sentença condenatória se fundar em depoimentos, exames ou documentos comprovadamente falso; III – quando, após a sentença, se descobrirem novas provas de inocência do condenado ou de circunstância que determine ou autorize diminuição especial da pena". Art. 622 do Código de Processo Penal brasileiro: "A revisão poderá ser requerida em qualquer tempo, antes da extinção da pena ou após".

Para saber qual é o objeto do processo penal[145], e notar as diferenças em relação ao objeto do processo civil, é preciso saber o que se entende por "objeto do processo", conceito *lógico-jurídico* processual.

Para evitar o indevido transporte dos pressupostos das medidas cautelares civis para a concessão das prisões provisórias[146], é preciso conhecer, antes, as noções de *cognição sumária, tutela cautelar, tutela antecipada* e *tutela provisória* fornecidas pela Teoria Geral do Processo.

A análise do direito probatório processual penal, bem diverso do direito probatório civil, não prescinde do conhecimento do que seja prova, presunção, cognição, convencimento etc., todos eles conceitos construídos pela Teoria Geral do Processo.

Enfim, para que se saiba o que é o "processo penal"[147], é preciso saber, antes, o que é *processo*[148].

A autonomia da ciência processual penal justifica-se pela individualização do objeto investigado (o processo penal). A qualidade da ciência processual penal dependerá do seu rigor metodológico, que, dentre outros atributos, deve zelar pela correta compreensão e aplicação dos conceitos jurídicos fundamentais, especialmente daqueles mais proximamente relacionados ao direito processual – enfim, dos conceitos da Teoria Geral do Processo.

6.3. Um exemplo: discussão sobre a natureza da sentença que reconhece a extinção da punibilidade do réu com base em falso atestado de óbito.

A importância da Teoria Geral do Processo para o desenvolvimento da ciência do processo penal pode ser demonstrada, ainda, com um exemplo prático.

---

145. Objeto da análise do autor comentado em LOPES Jr., Aury. *Direito processual penal e sua conformidade constitucional*. 5ª ed., v. 1, cit., p. 85-115.

146. Preocupação do autor analisado em LOPES Jr., Aury. *Direito processual penal e sua conformidade constitucional*. 5ª ed., v. 1, cit., p. 35.

147. Objeto das preocupações do autor comentado em LOPES Jr., Aury. *Direito processual penal e sua conformidade constitucional*. 5ª ed., v. 1, cit., p. 37-56.

148. Como afirma Niceto Alcalá-Zamora y Castillo: simplesmente, o Direito Processual Penal, assim como o Direito Processual Civil, é, antes de tudo e sobretudo, Direito Processual". (CASTILLO, Niceto Alcalá-Zamora y. "Trayectoria y contenido de una Teoría General del Proceso". *Estudios de teoría general e Historia del proceso (1945-1972)*, t. 1, cit., p. 515).

Discute-se, na ciência do processo penal e nos tribunais, qual a natureza da decisão que extingue a punibilidade com base em falso atestado de óbito do réu. A discussão justifica-se, porque a coisa julgada penal, no Direito brasileiro, somente pode ser revista em favor do réu – não há, ao menos no texto expresso do direito processual penal brasileiro, qualquer indicativo de uma possível revisão da decisão penal transitada em julgado "em favor da sociedade".

A jurisprudência dos tribunais superiores brasileiros firmou-se no sentido de que é possível rever a decisão, que não poderia prevalecer diante da demonstração da falsidade do atestado de óbito utilizado como único fundamento da decisão que reconhece extinta a punibilidade do acusado.

Decisão fundada em prova falsa é decisão existente, válida, eficaz, porém injusta. Há *error in iudicando*, causado pela falsidade da prova, que levou o órgão jurisdicional a uma falsa percepção acerca dos fatos relevantes para o julgamento da causa. No direito processual civil brasileiro, decisão fundada em prova falsa, e apenas nela, é *rescindível*, em razão da sua injustiça.

Não há regra semelhante no direito processual penal brasileiro. Eis o problema. Para justificar a possibilidade de revisão da coisa julgada penal, os tribunais brasileiros tiveram de construir a tese de que a decisão fundada em falso atestado de óbito é inexistente; e, nessa condição, não produz efeitos, não se torna imune pela coisa julgada material e, portanto, não gera qualquer impedimento a que se renove a demanda penal, uma vez demonstrada a falsidade da prova.

A confusão é evidente. Prova falsa é prova viciada e, assim, prova existente – só o que existe pode ter defeito. Não é elemento de existência da sentença a idoneidade da prova em que se funda; para que uma sentença exista, é preciso que preexista processo e que o agente da sentença seja um órgão investido de jurisdição. O caso é de decisão injusta. Há baralhamento de conceitos jurídicos processuais fundamentais: *error in iudicando, decisão inexistente, decisão nula* etc.

Símbolo dessa confusão é o julgamento do Supremo Tribunal Federal no Habeas Corpus n. 60.095/RJ, em que se afirma: "Ora, uma decisão proferida em tais circunstâncias, fundada exclusivamente em fato insubsistente, é juridicamente inexistente, não produz efeitos (...). Por essa mesma razão, essas decisões, embora tenham efeito preclusivo para as partes, se decorrido *in albis*, o prazo para o recurso, não fazem coisa julgada no seu sentido estrito, e, ocorrendo nulidade absoluta, como no caso sob exame, pode o juiz decretá-la *ex officio*"[149].

O STF disse que a decisão que se funda em falso atestado de óbito, ao mesmo tempo: a) é "inexistente"; b) não "produz efeitos"; c) se não for recorrida, gera "efeito preclusivo para as partes"; d) "não faz coisa julgada em sentido estrito"; e) está contaminada com "nulidade absoluta", que pode ser decretada de ofício. É muito difícil compreender como uma decisão que não existe gera efeito preclusivo para as partes; tão incompreensível quanto é a afirmação de que uma decisão inexistente é nula. No particular, parece insuperável a lição de Pontes de Miranda: o "fato jurídico, primeiro, *é*; se é, e somente se é, pode ser *válido, nulo, anulável, rescindível, resolúvel* etc."[150]. O ato jurídico inválido *não é ato inexistente*, não é zero-ato jurídico, é ato jurídico menor que um (< 1) e maior que zero[151]. *Ato inexistente* não tem defeito; ele não é[152].

Os tribunais negam-se a dar ao fenômeno o nome adequado: trata-se de uma hipótese de relativização atípica da coisa julgada penal em favor da sociedade, construída jurisdicionalmente. As teses favoráveis e contrárias a esse entendimento devem ser postas à mesa com clareza, sem tergiversações ou indevidas manipulações da tecnologia jurídica. Justa ou injusta, legítima ou ilegítima, enfim, a opção jurisprudencial deve ser discutida e avaliada. Mas o alvo do debate tem de ser precisamente identificado.

---

149. STF, 1ª T., Habeas Corpus n. 60.095/ RJ, rel. Min. Rafael Mayer, j. em 30.11.1982. A orientação, embora antiga, ainda hoje prevalece nos tribunais superiores brasileiros. Assim, por exemplo, mais recentemente, STJ, 6ª T., HC n. 143.474/SP, rel. Min. Celso Limongi, j. em 06.05.2010, acórdão publicado no DJe de 24.05.2010.

150. MIRANDA, Francisco Cavalcanti Pontes de. *Tratado de direito privado*. 4ª ed. São Paulo: RT, 1983, t. 1, introdução, n. 9, p. XX.

151. MIRANDA, Francisco Cavalcanti Pontes de. *Tratado de Direito Privado*, t. 4, cit., p. 21.

152. "Defeito não é falta. O que falta não foi feito. O que foi feito, mas tem defeito, existe. O que não foi feito não existe, e, pois, não pode ter defeito. O que foi feito, para que falte, há, primeiro, de ser desfeito. Toda afirmação de falta contém enunciado existencial negativo: não há, não é, não existe; ou afirmação de ser falso o enunciado existencial positivo: é falso que haja, ou que seja, ou que exista. Faltar é derivado de *fallere*, como falso; ao passo que defeito vem de *deficio* (*facio*) e sugere estar mal feito". (MIRANDA, Francisco Cavalcanti Pontes de. *Tratado de Direito Privado*, t. 4, cit., p. 13-14.)

7. A UTILIDADE DA TEORIA GERAL DO PROCESSO.

7.1. Introdução.

A Teoria Geral do Direito e, por consequência, a Teoria Geral do Processo atendem a "necessidades práticas ao tentar, entre outros, aperfeiçoar a metodologia da técnica e da prática do direito, ou seja, a metodologia da interpretação, a técnica da legislação, as noções e as construções jurídicas, desenvolvidas e utilizadas na dogmática jurídica etc."[153]

A utilidade da Teoria Geral do Processo tem, ainda, a mesma utilidade dos *conceitos lógico-jurídicos*.

Os conceitos *lógico-jurídicos* processuais servem de base à elaboração dos conceitos *jurídico-positivos* processuais. Não se pode, por exemplo, definir o que são os embargos à execução (art. 914 e segs., CPC brasileiro) sem que se conheçam, previamente, os conceitos fundamentais de ato postulatório, de demanda e de defesa.

Além disso, o repertório fornecido pela Teoria Geral do Processo serve, principalmente, para a devida compreensão e aplicação do direito processual. É instrumento indispensável ao êxito da Ciência Dogmática do Processo[154].

É o caso de examinar o tema em itens avulsos, até para se conjurar o perigo de o jurista "perder-se no 'genérico' e no 'abstrato', bem distante das experiências concretas dos processos realmente existentes"[155].

7.2. Função bloqueadora da Teoria Geral do Processo. Controle da fundamentação das decisões judiciais.

7.2.1. Generalidades.

Porque estabelece o compêndio dos conceitos jurídicos indispensáveis à compreensão do fenômeno processual, a Teoria Geral do Processo tem uma função bloqueadora: a solução jurídica que se der

---

153. VAN HOECKE, Mark; OST, François. "Teoria geral do direito", cit., p. 784.
154. Encampou essa ideia SCHMITZ, Leonard Ziesemer. "A Teoria Geral do Processo e a Parte Geral do Novo Código de Processo Civil". *Novo CPC - Doutrina selecionada*. Alexandre Freire, Lucas Buril de Macêdo e Ravi Peixoto (coord.). Salvador: Editora Jus Podivm, 2015, v. 1, p. 128.
155. LIEBMAN, Enrico Tullio. "Recensione – Elio Fazzalari – Istituzioni di diritto processuale". *Rivista di Diritto Processuale*. Padova: CEDAM, 1975, p. 464 (tradução livre).

a um problema de direito processual somente será aceitável se estiver em conformidade com a pauta conceitual por ela fornecida[156-157]. Uma das funções do saber dogmático (o conhecimento indispensável à solução dos problemas jurídicos) é, exatamente, *institucionalizar a tradição jurídica*, "gerando segurança e uma base comum para os técnicos do direito"[158]. À doutrina cabe a função de apontar "critérios precisos, que permitam processos discursivos transparentes e controles intersubjetivos"[159] das decisões.

Em suma: "não é qualquer interpretação que vale, mas apenas aquelas que resultam de uma argumentação conforme os padrões dogmáticos"[160].

A força persuasiva da doutrina no exercício da função jurisdicional será maior ou menor conforme a tradição jurídica de cada país; mas não é razoável supor que o órgão julgador simplesmente ignore a produção da ciência jurídica[161], mesmo em países do *common law*.

Sem o manancial teórico fornecido pela Teoria Geral do Processo, a interpretação justa do direito processual torna-se, rigorosamente, impossível[162]. Como se disse no primeiro capítulo desta tese, os conceitos jurídicos

---

156. Não se pode fazer dogmática ignorando esses conceitos jurídicos fundamentais. Diz TÉRCIO SAMPAIO FERRAZ JR., "O sentido atribuído a essas noções [direito subjetivo, obrigação jurídica, capacidade, competência, sujeito, pessoa jurídica e física, relação jurídica etc.] é disputadíssimo na teoria jurídica. (...) Estes conceitos são elaborados com a finalidade de cumprir certas tarefas; do nosso ponto de vista, criar condições para a decidibilidade de conflitos, dentro de um contexto geral. A decidibilidade é, porém, uma finalidade demasiado abstrata, mas pode explicar certa ordem na elaboração e diferenciação das figuras". (FERRAZ Jr., Tércio Sampaio. *A ciência do direito*. 2ª ed. São Paulo: Atlas, 1980, p. 62.)
157. Com exemplos de decisões judiciais equivocadas em razão do mau uso de conceitos jurídicos processuais fundamentais, na Alemanha, LÜKE, Gerhard. "Von der Notwendigkeit einer Allgemeinen Prozeßrechtslehre". *Zeitschrift für Zivilprozess*, 1994, n. 107, Heft 2, p. 146-148.
158. FERRAZ JR., Tércio Sampaio. *Introdução ao estudo do direito – Técnica, decisão e dominação*. São Paulo: Atlas, 1994, p. 88.
159. ÁVILA, Humberto. "A doutrina e o Direito Tributário", cit., p. 230.
160. FERRAZ JR., Tércio Sampaio. *Introdução ao estudo do direito – Técnica, decisão e dominação*, 2ª ed., cit., p. 51.
161. PECZENIK, Aleksander. *Scientia juris – legal doctrine as knowledge of law and as a source of law*. Dordrecht: Springer, 2005, p. 7.
162. "Nenhuma tentativa séria de elucidar a natureza do direito ou das leis, ou de uma parte ou ramo de estudo jurídico, poderá deixar de incluir alguma análise de termos ou de conceitos". (MacCORMICK, Neil. "Analítica (abordagem do direito)", cit., p. 25.)

fundamentais são o pressuposto do conhecimento jurídico; os conceitos jurídicos fundamentais processuais são, pois, pressuposto do conhecimento do direito processual.

Pode-se aplicar à Teoria Geral do Processo o que disse Dimoulis[163] sobre a principal utilidade da Teoria Geral do Direito: todas as formas de discurso e argumentação na área do direito processual pressupõem a aceitação de uma Teoria Geral do Processo que possibilite o uso coerente e racional[164] dos inúmeros conceitos jurídicos fundamentais processuais (processo, norma processual, direito processual, competência, demanda, ato processual etc.).

Decisão judicial cuja fundamentação não esteja em conformidade com os conceitos jurídicos fundamentais ou é injusta, ou é inválida por vício na motivação, ou é obscura.

7.2.2. Injustiça da decisão.

O mau uso dos conceitos *lógico-jurídicos* processuais pode acarretar decisões injustas.

Um exemplo é útil à comprovação desta assertiva.

O STJ já decidiu no sentido de que o recurso interposto apenas pelo assistente simples não pode ser conhecido, tendo em vista a circunstância de a atuação do assistente simples estar subordinada à vontade do assistido (art. 122 do CPC brasileiro). O fundamento foi o seguinte: o recurso do assistente simples não poderia seguir autonomamente, pois seria "contrariar" a vontade do assistido, que não recorrera[165].

---

163. DIMOULIS, Dimitri. *O positivismo jurídico*, cit., p. 42.

164. "The doctrine plays an important role because it aims at *rationality*". "A teoria exerce um importante papel porque visa à racionalidade", em tradução livre. (PECZENIK, Alexsander. *On law and reason*. Lexington: Springer, 2009, p. 295.)

165. Assim, por exemplo, STJ, 2ª. T., REsp n. 535.937/SP, Rel. Min. Humberto Martins, j. em 26.09.2006, publicado no DJ de 10.10.2006, p. 293: "1. É nítido o caráter secundário do assistente que não propõe nova demanda tampouco modifica o objeto do litígio. O direito em litígio pertence ao assistido e não ao interveniente. 2. Não se conhece do recurso especial interposto, tão-somente, pelo assistente simples. Ausente o recurso especial da assistida".

A decisão é injusta. O direito processual civil brasileiro foi mal aplicado. A incompreensão sobre os conceitos fundamentais de *ato-fato* e *negócio jurídico processuais* é a causa do equívoco.

É possível que apenas o assistente simples recorra. Na verdade, eis o seu papel: ajudar o assistido. Pode acontecer de o assistido perder o prazo do recurso; o recurso do assistente evitará a preclusão. É essa, aliás, a orientação do próprio CPC, que expressamente diz que, revel, ou de qualquer outro modo omisso o assistido, atuará o assistente como seu legitimado extraordinário (art. 121, par. ún., CPC).

Agora, se o assistido expressamente tiver manifestado a vontade de não recorrer, renunciando ao recurso ou desistindo de recurso já interposto, o recurso do assistente não poderá, efetivamente, ser conhecido, pois a atuação do assistente simples fica vinculada à vontade do assistido (art. 122 do CPC)[166].

Assim, quando houver manifestação de vontade do assistido no sentido de não impugnar ou de não mais impugnar a decisão (praticar negócios jurídicos processuais como a renúncia, a desistência etc.), o recurso do assistente simples será anódino. Quando não houver manifestação de vontade do assistido, que praticou *atos-fatos processuais*, como a perda de um prazo, a atuação do assistente será eficaz e, caso tenha recorrido, o recurso deve ser conhecido, salvo expressa manifestação contrária do assistido. Exatamente porque se trata de um ato-fato processual, em que a vontade é irrelevante para a configuração da hipótese normativa, não se pode avaliar o contraste entre a vontade do assistente simples e a vontade do assistido; é apenas esse contraste que não é permitido, na forma do art. 122 do CPC. Por isso que, quando houver ato negocial dispositivo praticado pelo assistido, a vontade do assistente simples não poderá dirigir-se em sentido contrário[167].

---

166. Este posicionamento já foi defendido em DIDIER Jr., Fredie, CUNHA, Leonardo Carneiro da. *Curso de direito processual civil*. 9ª ed. Salvador: Editora Jus Podivm, 2011, v. 3, p. 49. Nesse sentido, o posicionamento atual do STJ, que corrigiu o rumo: 4ª. T., AgRg n. 1.217.004/SC, rel. Min. Antonio Carlos Ferreira, j. em 28.08.2012.

167. Embora com uma fundamentação confusa, pois mistura situações muito díspares (não interposição do recurso e desistência do recurso pelo assistido, ato-fato e negócio jurídico processual, respectivamente), é correta a orientação do STJ de que não é possível o conhecimento do recurso do assistente simples, quando o contraste entre a vontade do

7.2.3. Invalidade da decisão por vício na motivação.

A manipulação indevida de conceitos jurídicos fundamentais pode comprometer toda a fundamentação, a ponto de se poder considerar a decisão como não motivada e, pois, inválida.

Para ilustrar o quanto se afirma, basta examinar o acórdão proferido pela 1ª T. do Superior Tribunal de Justiça, ao julgar o REsp n. 23.748-SP, em 23.06.1993, cuja ementa é a seguinte: "Processo civil. Câmara Municipal. Personalidade jurídica. Personalidade judiciária. Legitimidade *ad causam*. No processo civil brasileiro, a legitimidade *ad causam* reserva-se, em regra, às pessoas (físicas ou jurídicas)". A leitura da ementa é suficiente para que se perceba a confusão entre os conceitos de personalidade judiciária e legitimidade *ad causam*.

O caso é o seguinte: funcionários da Câmara Municipal vão a juízo pleitear verbas remuneratórias. O Município demandado alega que a legitimidade passiva é da Câmara de Vereadores e não do Município. O recurso especial julgado versou sobre essa questão.

O relator disse que a pretensão do município não poderia ser acolhida, pois o art. 7º do CPC-1973 "não deixa margem a dúvida quando estabelece a coincidência entre a personalidade jurídica e a 'personalidade judiciária'". Arremata o julgador, afirmando que "as hipóteses em que se concede o status de parte a entidades carentes de personalidade jurídica constituem exceções que confirmam a regra".

A barafunda conceitual impressiona.

O objeto do recurso é a questão sobre quem possui a legitimidade para a demanda em que se pleiteiam verbas remuneratórias. O art. 7º do CPC-1973[168] (correspondente ao art. 70 do CPC-2015), utilizado como fundamento da decisão, não cuida da personalidade judiciária (capacidade

---

assistido e a vontade do assistente se "verifica porque a União manifestou expressamente o seu desinteresse em recorrer, enquanto o Estado do Rio de Janeiro interpõe o presente recurso especial" (no caso, o Estado do Rio era assistente simples da União; STJ, 2ª. T., REsp n. 105.6127/RJ, Rel. Min. Mauro Campbell Marques, j. em 19.08.2008, publicado no DJe de 16.09.2008).

168. Art. 7º do CPC-1973: "Toda pessoa que se acha no exercício dos seus direitos tem capacidade para estar em juízo".

de ser parte, aptidão para ser sujeito de uma relação jurídica processual), mas, sim, de capacidade processual (aptidão para a prática de atos processuais independentemente de representação). De todo modo, nada tem a ver com a legitimidade *ad causam*, que é determinada pelas regras de direito material que prescrevem quem deve responder por uma determinada obrigação.

Como se não bastasse, jamais houve a coincidência entre a personalidade jurídica e a personalidade judiciária, que contém a primeira. Tem personalidade judiciária quem é sujeito de direito; são sujeitos de direito as pessoas (físicas e jurídicas) e os entes despersonalizados, como o condomínio, massa falida, comunidades indígenas etc. Por isso o conjunto dos que têm capacidade de ser parte contém o conjunto dos que têm personalidade jurídica (pessoas físicas e pessoas jurídicas). O fundamento trazido pelo STJ, além de claramente equivocado, nada tem a ver com o que se discute.

A capacidade de ser parte é um atributo absoluto: ou se tem ou não se tem. A concessão do *status* de poder ser parte não é casuística; a atribuição de *legitimidade ad causam*, sim. A legitimidade *ad causam* é uma capacidade específica: pode-se tê-la para a prática de um ato e não a ter para a prática de outro ato. Por isso que uma parte pode ser legítima para cobrar um crédito que afirma ter e não ser legítima para pretender a efetivação de um direito que não lhe pertence. O que o julgado parece querer afirmar é que os casos em que entes despersonalizados respondem (tem legitimação *ad causam* passiva) por obrigações são excepcionais, o que é correto. Mas essa análise deve ser feita sempre à luz da situação jurídica concretamente deduzida na demanda, e não abstratamente. Capacidade de ser parte e legitimação *ad causam* são inconfundíveis, pois[169].

Enfim, em uma fundamentação de uma lauda, o STJ conseguiu misturar as noções de personalidade jurídica, personalidade judiciária, capacidade processual e legitimidade *ad causam* – os três últimos são conceitos da Teoria Geral do Processo. Nada obstante, não apresentou um fundamento

---

169. Sobre a distinção, DIDIER Jr., Fredie. *Pressupostos processuais e condições da ação*. São Paulo: Saraiva, 2005, p. 115-125.

que sustentasse a decisão. A desconformidade da fundamentação com os postulados da Teoria Geral do Processo tornou a decisão viciada, pela inadequada motivação.

7.2.4. Obscuridade da decisão.

Examine-se, agora, um caso de obscuridade da decisão, em razão do mau-uso de conceitos jurídicos processuais fundamentais.

O STJ entende que "se o órgão julgador se omitir em estabelecer honorários advocatícios e a sentença transitar em julgado (julgamento final), estes não podem ser cobrados em ação própria"[170]. O entendimento foi consolidado no n. 453 da súmula do STJ: "Os honorários sucumbenciais, quando omitidos em decisão transitada em julgado, não podem ser cobrados em execução ou em ação própria".

O Superior Tribunal de Justiça entendeu, então, que uma não-decisão (não manifestação sobre o pedido implícito de condenação ao pagamento de honorários sucumbenciais) pode transitar em julgado; ou seja, pode haver coisa julgada sem que nada tenha sido julgado. No voto do relator do acórdão proferido no julgamento do recurso especial n. 886.178/RS, afirmou-se, ainda, que seria possível o ajuizamento de ação rescisória, sem, porém, qualquer esclarecimento sobre o que seria objeto da rescisão, já que não houve decisão a respeito dos honorários advocatícios de sucumbência.

Ou seja, após a leitura da decisão, não se sabe *o que* se tornou indiscutível pela coisa julgada e o que poderá ser alvo de uma ação rescisória, exatamente porque não se sabe o que foi decidido. A obscuridade vem acompanhada, neste caso, de uma injustiça: impede-se que se formule o pedido de fixação de honorários de sucumbência, por força do efeito negativo da coisa julgada, sem que tenha havido qualquer decisão prévia a respeito desta questão.

---

170. Corte Especial, REsp. n. 886.178/RS, rel. Min. Luiz Fux, j. em 02.12.2009, julgamento pelo procedimento dos recursos especiais repetitivos; Corte Especial, EREsp n. 462.742/SC, rel. Min. Barros Monteiro, rel. p/ ac. Min. Humberto Gomes de Barros, j. em 15.08.2007, publicado no DJe de 24.03.2008; 1ª T., REsp n. 710.789/RS, rel. Min. Luiz Fux, j. em 09.09.2008, publicado no DJe de 08.10.2008.

Os problemas dessa orientação jurisprudencial decorrem, sobretudo, da má utilização de alguns conceitos *lógico-jurídicos* gerais (*ato inexistente e ato inválido*) e processuais (decisão, preclusão e decisão *citra petita*) e de conceitos *jurídico-positivos processuais* (pressupostos da coisa julgada e ação rescisória).

Esses problemas se revelam com alguma facilidade.

Há dois tipos de decisão omissa (*citra petita*): a) aquela que não examinou um pedido (*questão principal*); b) a que não examinou algum fundamento, argumento ou questão que tem aptidão de influenciar no julgamento do pedido (*questão incidente*), que efetivamente ocorreu[171].

No primeiro caso, a decisão sequer existe; como não há decisão, não se pode dizer que ela tem um vício. Não há vício naquilo que não existe. Só tem defeito aquilo que foi feito[172]. Se um pedido não foi examinado, não houve decisão em relação a esse pedido e, portanto, não se pode falar de vício[173]. Do mesmo modo, a solução dos demais pedidos, efetivamente resolvidos, não fica comprometida ou viciada pelo fato de um dos pedidos não ter sido examinado. Nesses casos, a decisão precisa ser *integrada* e não invalidada; *integrar* a decisão é torná-la inteira, completa, perfeita; *integrar* a decisão não é invalidá--la. O não-exame do pedido é uma não-decisão; tanto que é possível a reproposituras de demanda que contenha pedido já formulado, porém não examinado, já que não se pode falar de coisa julgada em relação ao que não foi decidido (e, pois, não existe). Não pode ficar

---

171. DIDIER Jr., Fredie, OLIVEIRA, Rafael, BRAGA, Paula Sarno. *Curso de direito processual civil*. 6ª ed. Salvador: Editora Jus Podivm, 2010, v. 2, p. 321-323.

172. MIRANDA, Francisco Cavalcanti Pontes de. *Tratado de Direito Privado*. 3ª ed. São Paulo: RT, 1983, t. 4, p. 13-14.

173. "Se o todo é inexistente quando nenhum dos itens que compunham o *thema decidendum* foi objeto de pronunciamento na conclusão, por igualdade de razão será inexistente a parte ou capítulo relativo a algum item específico, sobre o qual haja deixado o juiz de pronunciar-se no dispositivo. Em outras palavras: a inexistência da sentença pode ser *total* ou *parcial*, mas em ambos os casos rege-se pelas mesmas normas". (MOREIRA, José Carlos Barbosa. "Item do pedido sobre o qual não houve decisão. Possibilidade de reiteração noutro processo". *Temas de direito processual – segunda série*. 2ª ed. São Paulo: Saraiva, 1988, p. 247.)

imutável e indiscutível aquilo que não se sabe o que é, porque *não é* (não existe)[174].

Situação diversa é a da decisão que, examinando um pedido, deixa de examinar uma questão indispensável à sua solução, que tenha sido suscitada ou que seja questão cognoscível *ex officio*. Nesse caso, há decisão com defeitos que comprometem a sua validade: *a)* ofensa ao aspecto substancial da garantia do contraditório (foi possível alegar a questão, mas, em razão da omissão judicial, a alegação revelou-se inútil); *b)* ofensa ao direito fundamental de acesso aos tribunais (o órgão judicial deixou de examinar uma questão que foi suscitada, conduta que caracteriza denegação de justiça); *c)* desrespeito à exigência de motivação das decisões judiciais (art. 93, IX, CF/88).

Ambas as espécies de omissão podem ser sanadas com a oposição dos embargos de declaração (art. 1.022 e segs. do CPC brasileiro). A não-oposição dos embargos de declaração contra uma decisão omissa gera preclusão apenas para os próprios embargos, exatamente porque a preclusão, além de produzir efeitos dentro do processo, restringe-se ao ato não praticado. Em outras palavras, preclusa a possibilidade de opor embargos de declaração, apenas esse ato não poderia mais ser praticado. Além disso, no primeiro caso, não haveria sequer a possibilidade teórica de alegar qualquer espécie de preclusão ou coisa julgada: se não houve decisão, a coisa julgada recairia sobre o quê? Imaginar-se-ia uma possível solução, tornando-a indiscutível? Qual: procedência, procedência parcial ou improcedência? "É ocioso salientar o que há de óbvio na asserção: *coisa julgada* não pode deixar de ser a coisa (*res*) que se julgou. Aquilo que não se julgou... não se converte, à evidência, em coisa julgada!" [175]

---

174. Sobre o tema, amplamente, MOREIRA, José Carlos Barbosa. "Item do pedido sobre o qual não houve decisão. Possibilidade de reiteração noutro processo", cit., p. 241-252.

175. MOREIRA, José Carlos Barbosa. "Item do pedido sobre o qual não houve decisão. Possibilidade de reiteração noutro processo.", cit., p. 243. E arremata o mesmo autor: "... caso falte conclusão sobre *algum* item, não haverá sentença *nessa parte*, nem, pois, quanto a ela, *res iudicata*. Se a sentença inexistente não produz coisa julgada – proposição que ninguém questionará –, tampouco a produz, logicamente, qualquer parte ou capítulo inexistente de uma sentença". (MOREIRA, José Carlos Barbosa. "Item do pedido sobre o qual não houve decisão. Possibilidade de reiteração noutro processo.", cit., p. 247.)

O CPC brasileiro de 2015 parece ter corrigido, expressamente, esse equívoco do STJ, no art. 85, § 18, cujo texto diz o contrário do que previsto no enunciado 453 da súmula do STJ, e no art. 502, que põe como pressuposto da coisa julgada a existência de decisão "expressa" sobre a questão.

7.3. A Teoria Geral do Processo e a interpretação da jurisprudência. A redação dos enunciados da súmula da jurisprudência predominante do tribunal.

7.3.1. *Generalidades.*

A Teoria Geral do Processo fornece os subsídios para a justa interpretação do direito processual, como se disse linhas atrás. Mas não é apenas ao direito processual legislado que essa assertiva se refere.

Considerada fonte do direito[176], também a jurisprudência relativa ao direito processual somente será bem compreendida se o intérprete conhecer e fizer bom uso dos conceitos *lógico-jurídicos* processuais.

No Brasil, o sistema de precedentes judiciais possui algumas singularidades. À luz das circunstâncias específicas envolvidas na causa, interpretam-se os textos legais (*lato sensu*), identificando a norma geral do caso concreto, isto é, a *ratio decidendi*, que constitui o elemento mais importante do precedente. Um precedente, quando reiteradamente aplicado, se transforma em jurisprudência, que, se predominar em tribunal, pode dar ensejo à edição de um enunciado na súmula da jurisprudência deste tribunal. Assim, a súmula é o enunciado normativo (texto) da *ratio decidendi*

---

[176]. Considerando a jurisprudência como fonte do direito, p. ex., na doutrina brasileira, TUCCI, José Rogério Cruz e. *Precedente judicial como fonte do direito.* São Paulo: RT, 2004, p. 18; 26; STRECK, Lenio Luiz. *Súmulas no direito brasileiro: eficácia, poder e função.* Porto Alegre: Livraria do Advogado, 1998, p. 86; SOUZA, José Guilherme de. *A criação judicial do Direito.* Porto Alegre: Sergio Antonio Fabris Editor, 1991, p. 37; SIFUENTES, Mônica. *Súmula vinculante: um estudo sobre o poder normativo dos tribunais.* São Paulo: Saraiva, 2005, p. 147-162; ZANETI JR., Hermes. *Processo Constitucional.* Rio de Janeiro: Lumen Juris, 2007, p. 260-261; DIDIER Jr., Fredie; OLIVEIRA, Rafael; BRAGA, Paula Sarno. *Curso de direito processual civil.* 6ª ed. Salvador: Editora Jus Podivm, 2010, v. 2, p. 390-391; MARINONI, Luiz Guilherme. *Precedentes obrigatórios.* São Paulo: RT, 2010, *passim.* Em sentido diverso, considerando a jurisprudência apenas fonte complementar, GRECO, Leonardo. *Instituições de Processo Civil.* 2ª ed. Rio de Janeiro: Forense, 2010, v. 1, p. 51.

(norma geral) de uma jurisprudência dominante, que é a reiteração de um precedente. Há, pois, uma evolução: precedente → jurisprudência → súmula. São conceitos bem ligados, os dois primeiros *lógico-jurídicos*, o terceiro, *jurídico-positivo*. O enunciado da súmula deve reproduzir a *ratio decidendi* que está sendo reiteradamente aplicada. Dá-se forma escrita a uma norma jurídica construída jurisdicionalmente[177].

Vê-se, então, que o enunciado da súmula é, por assim dizer, o *texto* que cristaliza a *norma geral* normalmente extraída, a partir de casos concretos, de outro *texto* (o texto legal, em sentido amplo). A súmula, como texto, terá de ser reinterpretada, daí a necessidade de ela ser escrita com termos precisos, tanto quanto isso seja possível.

Há casos em que o tribunal, por não compreender corretamente a jurisprudência que ele mesmo produziu (*norma processual* criada jurisdicionalmente), redige enunciados da súmula imprecisos. A imprecisão dos enunciados produz os efeitos difusos e deletérios que toda falha na comunicação produz. Mas, aqui, em proporções muito maiores. O próprio tribunal que redigiu o verbete da súmula, os demais tribunais (a ele vinculados ou não) e os juízes singulares são conduzidos a uma interpretação equivocada do direito processual, estimulada pela má redação do texto sumulado. Multiplica-se a má aplicação do direito indefinidamente.

Dois exemplos bastam para a demonstração do quanto se afirma.

7.3.2. Exemplos.

a) O enunciado n. 381 da súmula do Superior Tribunal de Justiça está assim redigido: "Nos contratos bancários, é vedado ao julgador conhecer, de ofício, da abusividade das cláusulas". Cuida-se de consolidar, em texto, o entendimento sobre regras do direito processual brasileiro aplicável a causas de consumo.

Para que se possa perceber a imprecisão do enunciado, algumas observações prévias se impõem.

---

177. Assim, com mais vagar, em DIDIER Jr., Fredie; OLIVEIRA, Rafael; BRAGA, Paula Sarno. *Curso de direito processual civil*. 6ª ed., v. 2, cit., p. 400-401.

Há questões que são postas como fundamento para a solução de outras e há aquelas que são colocadas para que sobre elas haja decisão judicial. Em relação a todas haverá cognição; em relação às últimas, haverá também *decisão*. Todas compõem o objeto de conhecimento do magistrado, mas somente as últimas compõem o objeto de julgamento (*thema decidendum*). As primeiras são as questões resolvidas *incidenter tantum*; essa forma de resolução não se presta a ficar imune pela coisa julgada, ressalvada a hipótese do art. 503, CPC. O magistrado tem de resolvê-las como etapa necessária do seu julgamento, mas não as decidirá. São as questões cuja solução comporá a fundamentação da decisão. Sobre essa resolução, não recairá, como regra, a imutabilidade da coisa julgada. Os incisos do art. 504 do CPC elucidam muito bem o problema: não fazem coisa julgada os motivos e a verdade dos fatos[178].

Algumas questões *incidentes* podem ser examinadas *independentemente* da provocação da parte interessada. É o que acontece, por exemplo, com a inconstitucionalidade de lei, a falta de legitimidade *ad causam* e, o que nos interessa mais de perto, o defeito que gera nulidade de ato jurídico (art. 51 do CDC brasileiro). Há questões, no entanto, que devem ser decididas, não somente conhecidas. São as questões postas para uma solução *principaliter*: compõem o objeto do juízo, o objeto litigioso do processo. Em relação a essas é possível falar-se de coisa julgada. É o que se retira do art. 503 do CPC: a decisão judicial tem força de lei, nos limites da questão principal expressamente decidida.

A questão *principal* é delimitada pela provocação da parte interessada; a decisão judicial há de ser congruente com a demanda (arts. 141 e 492 do CPC). Em raras hipóteses, admite-se que o objeto litigioso seja composto por questão que não foi suscitada pela parte interessada; os casos de pedidos implícitos servem de exemplo. Uma questão pode ser *incidente* em um processo e *principal* em outro. A inconstitucionalidade da lei federal, cuja aplicação *in concreto* se discute judicialmente, é questão prejudicial que pode ser examinada por qualquer órgão julgador do Poder Judiciário, no controle difuso. Nesse caso, trata-se de uma questão prejudicial incidente: o magistrado a resolverá *incidenter tantum*. O controle

---

178. Tratou-se do tema, com mais tempo, em DIDIER Jr., Fredie. *Curso de direito processual civil*. 13ª ed. Salvador: Editora Jus Podivm, 2011, v. 1, p. 312-313.

difuso da constitucionalidade das leis caracteriza-se exatamente por essa peculiaridade: qualquer magistrado, em qualquer processo, pode identificar a inconstitucionalidade e examiná-la como fundamento de sua decisão. No entanto, a constitucionalidade da lei pode ser objeto de um processo; pode ser a questão principal, compondo o *thema decidendum*. É o que ocorre nos processos objetivos de controle concentrado da constitucionalidade das leis (ação direta de inconstitucionalidade e ação declaratória de constitucionalidade). Quando figurar como questão principal, a constitucionalidade da lei somente pode ser examinada pelo Supremo Tribunal Federal, que tem competência exclusiva para "decidir" sobre a questão. Note-se: enquanto todos os juízes podem "conhecer" desta questão (*incidenter tantum*; simples fundamento), somente o STF pode "decidir" sobre ela (*principaliter*; *thema decidendum*; objeto de julgamento). É por isso que não cabe ação declaratória incidental para decidir a "prejudicial de inconstitucionalidade": o magistrado não teria competência para tanto.

Estabelecidas as premissas teóricas, é possível partir para o exame do enunciado n. 381 da súmula do Superior Tribunal de Justiça.

A redação é ruim.

Rigorosamente, o que se pretende afirmar é que, em processos em que se discuta um contrato bancário, veda-se ao juiz decidir *ex officio* sobre a abusividade de cláusulas contratuais[179].

É preciso perceber a sutileza das questões envolvidas.

Se o consumidor vai a juízo, pleiteando a invalidação de cláusula contratual de contrato bancário, não pode o órgão jurisdicional, sem pedido, invalidar outra cláusula. Se o fizesse, violaria o princípio do contraditório, concretizado pela regra que impõe a congruência entre a sentença e a demanda[180]. Sem que tenha havido pedido a respeito, não pode o órgão

---

179. A orientação n. 5, que consta do acórdão do recurso especial representativo da controvérsia n. 1.061.530/RS, o principal precedente do verbete da súmula, é muito mais clara: "É vedado aos juízes de primeiro e segundo graus de jurisdição julgar, com fundamento no art. 51 do CDC, sem pedido expresso, a abusividade de cláusulas nos contratos bancários".

180. Assim, corretamente, seguindo essa argumentação, GAGLIANO, Pablo Stolze; VIANA, Salomão. "É sempre vedado ao julgador conhecer, de ofício, da abusividade de cláusulas em contrato bancário?". Jus Navigandi, Teresina, ano 14, n. 2154, 25 maio 2009. Disponível em: <http://jus.uol.com.br/revista/texto/12913>. Acesso em: 16 fev. 2011.

jurisdicional decidir sobre a invalidade de uma cláusula contratual como *questão principal*. *Os precedentes que fundamentam a redação do enunciado da súmula acompanham esse entendimento.*

A jurisprudência do STJ *não* impede, porém, que se examine *ex officio*, como questão *incidente*, a validade da cláusula contratual abusiva. Esse poder judicial, tradicional no Direito brasileiro (veja-se o caso das vetustas hipóteses de nulidade de negócio jurídico previstas no Código Civil, por exemplo) não deixou de existir em relação aos contratos bancários abusivos.

Assim, por exemplo, ainda poderá o órgão jurisdicional aplicar o § 3º do art. 63 do CPC em relação aos contratos bancários: proposta uma demanda em foro contratual abusivo, o juiz poderá reconhecer *ex officio* o defeito da cláusula contratual e remeter os autos ao domicílio do réu. Não há coisa julgada a respeito do assunto nem a cláusula contratual é desfeita por essa decisão. Naquele caso concreto, incidentemente, a eficácia da cláusula é retirada pelo juiz.

Do mesmo modo, executado um contrato bancário, poderá o órgão jurisdicional, de ofício, negar eficácia a uma cláusula abusiva.

Não é inédita a possibilidade de o juiz conhecer de ofício de graves defeitos de atos jurídicos, retirando-lhes a eficácia. O art. 51 do CDC, que torna nulos os contratos de consumo abusivos, é mais um exemplo disso. Contudo jamais foi permitido ao órgão jurisdicional decidir *principaliter* sobre tais questões sem que houvesse pedido a respeito do tema. O n. 381 da súmula do STJ, não obstante a péssima redação, corretamente reprime essa prática equivocada. Mas reprime apenas essa prática. O art. 51 do CDC *não* foi revogado em relação a contratos bancários, como se poderia supor após uma leitura desavisada do texto sumulado; o art. 63, § 3º, CPC, idem; mantém-se o respeito ao princípio do contraditório, enfim.

Questão, questão incidental, questão principal, objeto litigioso são conceitos *lógico-jurídicos* processuais A incompreensão desses conceitos pode levar, sucessivamente, à incorreta interpretação da jurisprudência do STJ, à redação de um enunciado impreciso e, finalmente, a indevidas concretizações do direito processual civil brasileiro.

b) O n. 301 da súmula da jurisprudência predominante do STJ tem a seguinte redação: "Em ação investigatória, a recusa do suposto pai a submeter-se ao exame de DNA induz presunção *juris tantum* de paternidade".

O enunciado não corresponde à jurisprudência que o precedeu. O STJ, ao redigir o texto, confundiu presunção judicial, que existira nos precedentes, com *presunção legal relativa*.

Para que se possa entender essa incompreensão, cabem algumas considerações prévias.

A Lei n. 12.004/2009, que é posterior à edição do verbete jurisprudencial analisado, acrescentou o art. 2º-A à Lei n. 8.560/1992. Esse novo dispositivo cuida da produção de provas na ação de investigação de paternidade. O parágrafo único desse artigo determina que "a recusa do réu em se submeter ao exame de código genético – DNA gerará a presunção da paternidade, a ser apreciada em conjunto com o contexto probatório."

Antes da edição da Lei n. 12.004/2009, *não havia presunção legal relativa de paternidade para o caso de recusa do suposto pai a submeter-se ao exame*. O art. 232 do Código Civil[181] apenas autoriza o órgão jurisdicional a considerar a recusa como indício que leva à presunção judicial[182].

A jurisprudência, então, corretamente, considerava a recusa a submeter-se ao exame pericial como indício suficiente para presumir judicialmente a paternidade biológica. Esse entendimento consolidara-se antes mesmo da edição do Código Civil de 2002, que, de resto, o consagrou legislativamente no seu art. 232. A Lei n. 12.004/2009 trouxe, então, realmente, uma grande novidade.

---

181. Art. 232 do Código Civil brasileiro: "A recusa à perícia médica ordenada pelo juiz poderá suprir a prova que se pretendia obter com o exame"

182. Nesse sentido, MOREIRA, José Carlos Barbosa. La negativa de la parte a someterse a una pericia médica (según el nuevo Código Civil Brasileño). *Reflexos do novo Código Civil no direito processual*. Fredie Didier Jr. e Rodrigo Mazzei (coord.). Salvador: Jus Podivm, 2006, p. 224-225; DIDIER Jr., Fredie; BRAGA, Paula Sarno; OLIVEIRA, Rafael. *Curso de direito processual civil*. 6ª ed. Salvador: Editora Jus Podivm, 2010, v. 2, p. 64-66; GÓES, Gisele. O art. 232 do CC e a súmula 301 do STJ – presunção legal ou judicial ou ficção legal? *Reflexos do novo Código Civil no direito processual*. Fredie Didier Jr. e Rodrigo Mazzei (coord.). Salvador: Jus Podivm, 2006, p. 236. Em sentido diverso, considerando se tratar de presunção legal relativa, GAGLIANO, Pablo Stolze, PAMPLONA FILHO, Rodolfo. *Novo curso de direito civil*: parte geral. São Paulo: Saraiva, 2002, v. 1, p. 456.

Não obstante isso, o STJ, bem antes da edição desta nova lei, publicou o enunciado n. 301 da súmula da sua jurisprudência predominante, ora examinado.

Esse enunciado tem dois problemas.

Em primeiro lugar, trata-se de texto que não está em conformidade com os precedentes do STJ, pois todos cuidam de presunções judiciais[183], que não podem ser absolutas nem relativas, atributos exclusivos das presunções legais[184].

Em segundo lugar, não havia, à época da edição do enunciado da súmula, a mencionada presunção legal relativa, não prevista na legislação civil codificada; tanto não existia essa presunção, que houve necessidade de edição de uma nova lei para determiná-la.

O enunciado da súmula do STJ estava, portanto, em desconformidade com os próprios precedentes do tribunal e com o texto do Código Civil,

---

183. Assim, também, GÓES, Gisele. "O art. 232 do CC e a súmula 301 do STJ – presunção legal ou judicial ou ficção legal?", cit., p. 236.

184. Assim, por exemplo, LESSONA, Carlos. *Teoría General de la Prueba en Derecho Civil*. D. Enrique Aguilera de Paz (trad.). Madrid: Hijos de Reus, 1911, v. 4, p. 110-111; SANTOS, Moacyr Amaral. *Prova Judiciária no Cível e Comercial*. 2ª ed. São Paulo: Max Limonad, 1955, v. 5, p. 367; NONATO. Orosimbo. "Presunções e ficções de direito". *Repertório Enciclopédico do Direito Brasileiro*. Carvalho Santos (org.). Rio de Janeiro: Borsoi, s/d., v. 39, p. 130-139; MOREIRA, José Carlos Barbosa. "As presunções e a prova". *Temas de Direito Processual (Primeira Série)*. São Paulo: Saraiva, 1977, p. 55; ECHANDÍA, Hernando Devis. *Teoría General de la Prueba Judicial*. Tomo segundo. Bogotá: Temis, 2002, p. 677-678; LEGUISAMÓN, Héctor Eduardo. *Las Presunciones Judiciales y los Indicios*. 2ª ed. Buenos Aires: Rubinzal – Culzoni, 2006, p. 16; COVELLO, Sergio Carlos. *A Presunção em Matéria Civil*. São Paulo: Saraiva, 1993, p. 29-31; MOVELLÁN, Pedro Álvarez Sánchez de. *La Prueba por Presunciones: particular referencia a su aplicación en supuestos de responsabilidad extracontractual*. Granada: Comares, 2007, p. 33-39; DOMÍNGUEZ, Manuel Serra. *Estudios de Derecho Probatorio*. Lima: Communitas, 2009, p. 590; ANDRIOLI, Virgilio. *Studi sulle Prove Civili*. Milano: Giuffrè, 2008, p. 109-126 (reprodução do verbete "Presunzioni", publicado no *Novissimo Digesto Italiano*, vol. 13, 1966); COMOGLIO, Luigi Paolo. *Le Prove Civili*. 2ª ed. Torino: UTET, 2004, p. 472-476; TARUFFO, Michele. *La Prueba*. Laura Manríquez e Jordi Ferrer Beltrán (trad.). Madrid: Marcial Pons, 2008, p. 152-153; GARNELO, Jesús Martínez. *La Prueba Indiciaria Presuncional o Circunstancial en el Nuevo Sistema Penal Acusatorio*. Ciudad de México: Porrúa, 2010, p. 557-558; MIRANDA, Francisco Cavalcanti Pontes de. *Comentários ao Código de Processo Civil*. 3ª ed. Rio de Janeiro: Forense, 2001, t. 4, p. 277-279; GRECO, Leonardo. *Instituições de processo civil*. Rio de Janeiro: Forense, 2010, v. 2, p. 294; OLIVEIRA, Carlos Alberto Alvaro de. "Presunções e ficções no direito probatório". *Revista de Processo*. São Paulo: RT, 2011, n. 196, p. 16.

que cuidava da matéria. Note-se a gravidade da situação. A jurisprudência estava certa ao reconhecer a possibilidade de presunção judicial no caso de recusa da parte a submeter-se ao exame pericial. O baralhamento dos conceitos processuais fundamentais de presunção judicial e de presunção legal levou à redação de um texto sumulado que consolidava o que não fora determinado pela jurisprudência e que, como não bastasse, contrariava o direito vigente à época.

7.4. A Teoria Geral do Processo e a construção, pela Ciência Dogmática do Processo, dos conceitos processuais jurídico-positivos.

Cabe à ciência do direito processual a elaboração dos conceitos *jurídico-positivos*. Esses conceitos são formulados a partir dos conceitos jurídicos fundamentais. São, por isso, concretizações dos conceitos *lógico-jurídicos*.

A Teoria Geral do Processo fornece à dogmática do direito processual a coletânea de conceitos sem os quais não será possível construir os conceitos *jurídico-positivos*.

Alguns exemplos, extraídos do direito processual brasileiro, servem à demonstração do quanto se afirma.

O conceito de sentença é *jurídico-positivo* (art. 203, § 1º, CPC brasileiro). É espécie de decisão judicial. Para que se possa definir o que seja uma sentença, é necessário saber o que é um ato decisório; só assim será possível distingui-la de um ato não decisório. Decisão é conceito jurídico fundamental processual.

O conceito do incidente de conflito de competência é *jurídico-positivo* (art. 66 do CPC brasileiro). Para que se possa definir corretamente esse incidente, é preciso que se conheçam os conceitos *lógico-jurídicos* processuais de *incidente processual* e de *competência*.

Exceção da verdade, típica de processos penais em que se afirma o cometimento de crime contra a honra, é conceito construído a partir da observação de um determinado direito positivo[185]. Para que se compreenda

---

185. Art. 523 do Código de Processo Penal brasileiro: "Quando for oferecida a exceção da verdade ou da notoriedade do fato imputado, o querelante poderá contestar a exceção no prazo de

corretamente o que ela significa, é preciso saber o que seja uma *exceção*, conceito *jurídico fundamental* processual.

7.5. A Teoria Geral do Processo e a equivocidade terminológica.

A Teoria Geral do Processo é, ainda, bom antídoto contra a equivocidade terminológica[186], terrível moléstia de que a ciência em geral pode ser vítima. A ciência do processo, em particular, parece ter sido acometida deste mal.

Dois exemplos bastam para a demonstração do que ora se afirma.

a) Competência territorial e *competência funcional* são conceitos da Teoria Geral do Processo úteis para a compreensão das regras jurídicas de distribuição de competência.

No Direito brasileiro, as regras de competência territorial submetem-se, normalmente, a um regime jurídico dispositivo, de modo que a incompetência territorial é considerada como um defeito que somente pode ser invocado pelo réu, que deve fazê-lo no primeiro momento possível, sob pena de preclusão. Já a incompetência funcional é considerada como *absoluta*, portanto pode ser conhecida de ofício pelo órgão jurisdicional, enquanto o processo estiver pendente.

Há, porém, regras de competência *territorial*, cujo descumprimento se submete ao regime jurídico da incompetência absoluta (art. 47, §§ 1º e 2º, do CPC, p. ex.). Não há qualquer problema nisso: o regime jurídico é determinado pelo direito positivo e não interfere no conceito de competência territorial, que é *lógico-jurídico*.

---

    dois dias, podendo ser inquiridas as testemunhas arroladas na queixa, ou outras indicadas naquele prazo, em substituição às primeiras, ou para completar o máximo legal".

186. "A ciência não deve empregar termos sem uma cunhagem lógica inequívoca. A equivocidade terminológica é a fonte de muitos conflitos doutrinários, indetermináveis porque falta o mínimo de coincidência de onde se deve partir, isto é, o estabelecimento de uma linguagem científica em que os conceitos fundamentais sejam grandezas lógicas com a ideal precisão dos números. A confluência de vários conceitos para um só termo (plurivocidade) é freqüente no domínio das ciências sociais. Sua causa, antes aludida, é a complexidade do objeto do conhecimento e a interferência da equação pessoal valorativa do sujeito do conhecimento". (VILANOVA, Lourival. "O problema do objeto da Teoria Geral do Estado", cit., p. 86).

Sucede que há quem entenda que, quando fixada para que o órgão jurisdicional possa mais bem exercer as suas funções, a competência territorial é funcional[187]. Baralham-se, injustificadamente, conceitos que não se identificam. Equivocidade terminológica que se não pode tolerar[188].

O art. 2º da Lei n. 7.347/1985 é um belo exemplo dessa confusão: "As ações previstas nesta Lei serão propostas no foro do local onde ocorrer o dano, cujo juízo terá competência funcional para processar e julgar a causa". Trata-se de regra de competência territorial ("foro do local do dano") para a ação civil pública. Ao prescrever que o juízo do foro do local do dano terá "competência funcional" para processar e julgar a causa, o legislador pretendeu impor a essa regra de competência o regime jurídico da incompetência absoluta. A confusão terminológica é tão evidente, que leis posteriores, percebendo o equívoco, trouxeram redação tecnicamente mais apurada (art. 209 da Lei n. 8.069/1990[189]; art. 80 da Lei n. 10.741/2003[190]).

Demais disso, a criação de outro conceito fundamental (competência territorial-funcional) também não se justifica: existe alguma regra de competência criada com a consciência de que o magistrado não exercerá da melhor maneira possível as suas funções? Por acaso, é possível dizer que, quando se estabelece o foro do domicílio do réu como o genericamente competente (art. 46 do CPC), não se objetiva que nesse local possa o

---

187. CHIOVENDA, Giuseppe. *Instituições de Direito Processual Civil*. J. Guimarães Menegale (trad.). São Paulo: Saraiva, 1969, v. 2, p. 187-195. Também assim LIEBMAN, Enrico Tullio. *Manual de Direito Processual Civil*. Cândido Dinamarco (trad). 2ª ed. Rio de Janeiro: Forense, 1986, v. 1, p. 65; NERY Jr., Nelson e NERY, Rosa. *Código de Processo Civil Comentado e legislação processual civil extravagante*. 11ª ed. São Paulo: RT, 2010, p. 1.439.

188. Sobre essa confusão terminológica, MOREIRA, José Carlos Barbosa. "A expressão "competência funcional" no art. 2º da Lei da Ação Civil Pública". *A ação civil pública após 20 anos: efetividade e desafios*. Édis Milaré (coord.). São Paulo: RT, 2005, p. 247-255.

189. Art. 209 da Lei n. 8.069/1990: "As ações previstas neste Capítulo serão propostas no foro do local onde ocorreu ou deva ocorrer a ação ou omissão, cujo juízo terá competência absoluta para processar a causa, ressalvadas a competência da Justiça Federal e a competência originária dos tribunais superiores".

190. Art. 80 da Lei n. 10.741/2003: "As ações previstas neste Capítulo serão propostas no foro do domicílio do idoso, cujo juízo terá competência absoluta para processar a causa, ressalvadas as competências da Justiça Federal e a competência originária dos Tribunais Superiores".

magistrado mais bem exercer as suas funções? A dimensão substancial do devido processo legal, norma jurídica processual fundamental, impõe que as regras de competência jurisdicional sejam adequadas ao bom exercício da jurisdição.

Registre-se que doutrina mais recente, percebendo essa confusão, opta por considerar a competência da ação civil pública como exemplo de competência territorial absoluta[191].

b) Legitimação ad causam ordinária e legitimação ad causam extraordinária são conceitos *lógico-jurídicos* processuais. Há legitimação ordinária quando se atribui a um ente o poder de conduzir validamente um processo em que se discute uma situação jurídica de que se afirma titular. Há legitimação extraordinária quando se atribui a um ente o poder de conduzir validamente um processo em que se discute situação jurídica cuja titularidade afirmada é de outro sujeito. Na *legitimação ordinária*, age-se em nome próprio na defesa dos próprios interesses; na *legitimação extraordinária*, age-se em nome próprio na defesa de interesse alheio.

Trata-se de dois conceitos jurídicos muito bem amadurecidos e amplamente difundidos.

Com o desenvolvimento do processo coletivo, surgiu a necessidade de enquadramento da *legitimação ad causam coletiva* em uma das categorias mencionadas.

Como a legitimação extraordinária pressupunha, ao tempo do CPC-1973, a autorização legal (art. 6º, CPC-1973),[192] houve quem defendesse que a legitimação para o processo coletivo era ordinária: a associação

---

191. MOREIRA, José Carlos Barbosa. "Interesses difusos e coletivos". *Revista trimestral de direito público*. São Paulo: Malheiros, 1993, n. 3, p. 193; MENDES, Aluísio Gonçalves. *Competência cível da justiça federal*. São Paulo: Saraiva, 1998, p. 19; VINCENZI, Brunela Vieira de. Competência funcional – distorções. *Revista de Processo*. São Paulo: RT, 2002, n. 105, p.277-278; RODRIGUES, Marcelo Abelha. *Ação civil pública e meio ambiente*. São Paulo: Forense Universitária, 2003, p. 120-121.

192 No CPC-2015, essa exigência não mais existe. Agora, a autorização para legitimação extraordinária pode advir de qualquer norma do ordenamento jurídico, o que inclui, até mesmo, os negócios jurídicos (DIDIER Jr., Fredie. *Curso de Direito Processual Civil*. 17ª ed. Salvador: Editora Jus Podivm, 2015, v. 1, p. 351-356).

civil iria a juízo defender seus interesses institucionais[193]. Essa tese justificava-se historicamente, em um tempo em que não se consagrara *de lege lata* o extenso rol de legitimados coletivos atualmente existente (art. 5º, Lei n. 7.347/1985, p. ex.)[194]. Defendia-se a legitimação ordinária como uma estratégia de ampliação do acesso à tutela jurisdicional coletiva. Atualmente, não faz mais sentido defender essa tese[195], que de resto não é tecnicamente correta: o legitimado à demanda coletiva não vai a juízo na defesa de interesse próprio; o objeto litigioso do processo coletivo é uma situação jurídica de que é titular uma coletividade, que não é legitimada para defendê-la em juízo; o interesse institucional não é o objeto do processo coletivo; ele é apenas a causa da atribuição da legitimação coletiva a determinado ente.

A legitimação ao processo coletivo é extraordinária: autoriza-se um ente a defender, em juízo, situação jurídica de que é titular um grupo ou uma coletividade. Não há coincidência entre o *legitimado* e o *titular* da situação jurídica discutida. Quando não há essa coincidência, há legitimação extraordinária.

A dicotomia *legitimação ordinária-legitimação extraordinária* é apta a explicar qualquer espécie de legitimação, até mesmo por um imperativo lógico: ou se vai a juízo defender situação jurídica de que se afirma titular, ou se vai a juízo defender situação jurídica cuja titularidade é imputada a terceiro – entre os opostos contraditórios não há meio termo, *tertium non datur*.

---

193. GRINOVER, Ada Pellegrini. "Mandado de segurança coletivo: legitimação e objeto". *Revista de Processo*. São Paulo: RT, 1990, n. 57, p. 98. Também, VIGORITI, Vincenzo. *Interessi collettivi e processo – la legittimazione ad agire*. Milão: Giuffrè, 1979, p. 150; WATANABE, Kazuo. "Tutela jurisdicional dos interesses difusos: a legitimação para agir". *A tutela dos interesses difusos*. Ada Pellegrini Grinover (coord.). São Paulo: Max Limonad, 1984, p. 85-97.

194. Art. 5º da Lei n. 7.347/1985: "A ação principal e a cautelar poderão ser propostas pelo Ministério Público, pela União, pelos Estados e Municípios. Poderão também ser propostas por autarquia, empresa pública, fundação, sociedade de economia mista ou por associação que: I – esteja constituída há pelo menos um ano, nos termos da lei civil; II – inclua entre suas finalidades institucionais a proteção ao meio ambiente ao consumidor, à ordem econômica, à livre concorrência, ou ao patrimônio artístico, estético, histórico, turístico e paisagístico".

195. Como reconhece um dos antigos adeptos deste posicionamento, WATANABE, Kazuo. "Processo civil de interesse público: introdução". *Processo civil e interesse público – o processo como instrumento de defesa social*. Carlos Alberto de Salles (org.) São Paulo: RT, 2003, p. 18.

Não obstante, houve quem reputasse imprescindível a criação de uma *terceira* espécie de *legitimação ad causam*, apta a explicar o que ocorre no âmbito da tutela coletiva. Propôs-se, então, a designação *legitimação autônoma para a condução do processo* – tratar-se-ia de tradução de uma categoria desenvolvida pela doutrina alemã: *selbständige Prozeßführungsbefugnis*. A proposta justificava-se da seguinte maneira: o legitimado não vai a juízo na defesa do próprio interesse, portanto não é legitimado ordinário, nem vai a juízo na defesa de interesse alheio, pois não é possível identificar o titular do direito discutido[196]. A ideia angariou adeptos[197].

A nova categoria é prenhe de equivocidades.

i) Toda legitimação *ad causam* é um poder *para a condução do processo*. Nada há de especial, portanto, que justifique acrescer à designação da categoria esse qualificativo, cujo enunciado passa a ser tautológico (algo como *"legitimação para ser legitimado"*).

ii) Legitimação autônoma é conceito *lógico-jurídico* útil à visualização das espécies de legitimação extraordinária. Há legitimação extraordinária *autônoma* quando o legitimado extraordinário está autorizado a conduzir o processo independentemente da participação do titular do direito litigioso. "O contraditório tem-se como regularmente instaurado com a só presença, no processo, do legitimado extraordinário"[198]. Reputá-la *autônoma* é inútil

---

196. "A dicotomia clássica legitimação ordinária-extraordinária só tem cabimento para a explicação de fenômenos envolvendo direito individual. Quando a lei legitima alguma entidade a defender direito não individual (coletivo ou difuso), o legitimado não estará defendendo direito alheio em nome próprio, porque não se pode identificar o titular do direito" (...) "a legitimidade para a defesa de direitos difusos e coletivos em juízo não é extraordinária (substituição processual), mas sim legitimação autônoma para a condução do processo (...): a lei elegeu alguém para a defesa de direitos porque seus titulares não podem individualmente fazê-lo" (NERY JR., Nelson, e NERY, Rosa. *Código de Processo Civil comentado e legislação extravagante*. 7ª ed. São Paulo: RT, 2003, p. 1.885).

197. LEONEL, Ricardo de Barros. *Manual do Processo Coletivo*. São Paulo: RT, 2002, p. 159; RODRIGUES, Marcelo Abelha. *Ação civil pública e meio ambiente*. São Paulo: Forense Universitária, 2003, p. 58-59; VIGLIAR, José Marcelo. *Interesses difusos, coletivos e individuais homogêneos*. Salvador: Editora Jus Podivm, 2005, p. 65-66; FREIRE Jr., Américo Bedê. "Pontos nervosos da tutela coletiva: legitimação, competência e coisa julgada". *Processo civil coletivo*. Rodrigo Mazzei e Rita Nolasco (coord.). São Paulo: Quartier Latin, 2005, p. 67.

198. MOREIRA, José Carlos Barbosa. "Apontamentos para um estudo sistemático da legitimação extraordinária". *Revista dos Tribunais*. São Paulo: RT, 1969, n. 404, p. 10.

para distingui-la da *legitimação extraordinária*. Ao contrário, a *legitimação autônoma* é espécie de *legitimação extraordinária*.

Legitimação autônoma para a condução do processo é designação que poderia ser reduzida a, simplesmente, legitimação autônoma. E, assim, espécie de legitimação extraordinária. Tudo o que pode ser dito pode ser dito de maneira simples (Wittgenstein). A linguagem científica deve ser simples, clara e modesta[199]. *Legitimação autônoma para a condução do processo* é "jargão altissonante" (expressão de Karl Popper) que nada diz.

iii) A categoria desenvolvida pela doutrina alemã e citada como espécie de *tertium genus* é, na verdade, uma espécie de legitimação extraordinária (substituição processual). Percebeu o ponto Márcio Mafra Leal, que explica: "no caso específico da doutrina apontada por Nery, baseada na concepção de Hadding, a legitimação autônoma... decorre do seguinte: a substituição processual (*Prozessstandschaft*), em tese, ocorre por autorização do substituído ou em decorrência de um direito específico violado que permite a substituição. No caso da ação coletiva, a substituição se dá sem que se leve em conta o interesse concreto do grupo de indivíduos substituído e, por isso, tratar-se-ia de uma substituição processual distinta"[200].

A proposta não se justifica, portanto. Cria-se uma categoria desnecessária e equivocada. Misturam-se conceitos *lógico-jurídicos* processuais, comprometendo a qualidade e a inteligibilidade da argumentação jurídica[201].

A confusão é tão clara que, em edição mais recente, Nelson Nery Jr. e Rosa Nery, embora mantenham a referência à *legitimação autônoma para a condução do processo*, deixam de fazer críticas à "dicotomia clássica" e concluem que a legitimação em questão é espécie de legitimação ordinária[202]. Não há qualquer explicação em relação à mudança terminológica,

---

199. POPPER, Karl. *Lógica das ciências sociais*. Estevão de Rezende Martins (trad.) Brasília: Editora UNB, 1978, p. 46-47.

200. LEAL, Márcio Mafra. *Ações coletivas: história, teoria e prática*. Porto Alegre: Sergio Antonio Fabris Editor, 1998, p. 126, nota 233.

201. A "autoridade" da teoria depende da qualidade da argumentação; a teoria será tão mais persuasiva quanto mais bem formada, coerente e justa for (PECZENIK, Aleksander. *Scientia juris – legal doctrine as knowledge of law and as a source of law*, p. 17).

202. NERY JR., Nelson, e NERY, Rosa. *Código de Processo Civil comentado e legislação extravagante*. 11ª ed. São Paulo: RT, 2010, p. 1.443. No mesmo sentido, SHIMURA, Sérgio. *Tutela Coletiva e sua efetividade*. São Paulo: Método, 2006, p. 52-53.

muito menos em relação à surpreendente caracterização dessa legitimação como espécie de legitimação ordinária.

A proposta de terceira via parece ter-se revelado uma espécie de falsa polêmica doutrinária; uma tentativa de tornar hermética uma linguagem até então muito bem compreendida.

Enfim, a confusão conceitual gerou apenas logomaquia; tudo o quanto não se espera de um discurso científico.

7.6. A Teoria Geral do Processo e o aperfeiçoamento profissional.

A Teoria Geral do Processo serve ainda ao aperfeiçoamento profissional. É intuitivo que o profissional do Direito, por ter uma formação teórica sólida, tenha mais facilidade em compreender juridicamente os fatos e buscar soluções dogmaticamente mais adequadas[203].

Não é raro, ainda, que, na prática jurídica, o operador do direito recorra a conceitos *lógico-jurídicos* como argumento para fundamentar a tese defendida[204]. O domínio da Teoria Geral do Processo será indispensável quando se fizer uso de um conceito *lógico-jurídico* processual como argumento, seja para bem desenvolvê-lo, seja para bem compreendê-lo.

Se é certo que o sucesso profissional não se deve necessariamente ao conhecimento aprofundado de Teoria do Direito[205], não é menos certo que esse conhecimento é um importante fator que não pode ser desconsiderado.

7.7. A Teoria Geral do Processo e a Legística.

7.7.1. *Generalidades.*

A Legística é o conjunto de técnicas desenvolvidas para a elaboração e o aprimoramento das leis.

Um dos atributos de uma boa lei é a correção da sua linguagem. Não basta que a lei seja escrita com respeito ao vernáculo; a lei precisa respeitar

---

203. MCLEOD, Ian. *Legal theory.* 5ª ed. Houndmills: Palgrave, 2010, p. 14.
204. DIMOULIS, Dimitri. *Positivismo jurídico*, cit., p. 41.
205. Como lembra DIMOULIS, Dimitri. *Positivismo jurídico*, cit., p. 42.

também outros níveis de linguagem. Uma lei sobre biotecnologia tem de observar os conceitos da Biologia; uma lei sobre comércio eletrônico, a linguagem das comunicações cibernéticas etc.

Em qualquer caso, porém, a lei deve observar os conceitos construídos pela Teoria Geral do Direito e, consequentemente, pela Teoria Geral do Processo[206-207].

Dois exemplos serão apresentados para demonstrar o quanto se diz.

7.7.2. Exemplos.

a) O parágrafo único do art. 37 do CPC-1973 estava assim redigido: "os atos, não ratificados no prazo, serão havidos por inexistentes, respondendo o advogado por despesas e perdas e danos". Em sua literalidade, determina que a não-ratificação dos atos praticados por advogado sem procuração importará considerá-los como inexistentes.

Esse texto normativo é emblemático, pois há equívocos de toda sorte. Há problema lógico (como algo ratificável pode ser inexistente?) e há problema técnico (não se trata de inexistência, mas de ineficácia relativa).

A situação não é de inexistência, mas, sim, de ineficácia do processo ou do ato em relação àquele que supostamente seria a parte, mas que não outorgou o instrumento de representação[208]. "A falta de poderes não

---

206. No Brasil, a Legística desenvolveu-se bem, a ponto de produzir uma lei complementar (n. 95/1998) que consolida as suas técnicas. A propósito do quanto se disse no texto, eis a redação do Art. 11 da Lei Complementar n. 95/1998: "As disposições normativas serão redigidas com clareza, precisão e ordem lógica, observadas, para esse propósito, as seguintes normas: I – para a obtenção de clareza: a) usar as palavras e as expressões em seu sentido comum, salvo quando a norma versar sobre assunto técnico, hipótese em que se empregará a nomenclatura própria da área em que se esteja legislando; (...) II – para a obtenção de precisão: a) articular a linguagem, técnica ou comum, de modo a ensejar perfeita compreensão do objetivo da lei e a permitir que seu texto evidencie com clareza o conteúdo e o alcance que o legislador pretende dar à norma".

207. Mais recentemente, percebendo a relação entre a Teoria Geral do Processo e a elaboração de leis processuais, SCHMITZ, Leonard Ziesemer. "A Teoria Geral do Processo e a Parte Geral do Novo Código de Processo Civil". *Novo CPC - Doutrina selecionada*. Alexandre Freire, Lucas Buril de Macêdo e Ravi Peixoto (coord.). Salvador: Editora Jus Podivm, 2015, v. 1, p. 109-110.

208. Corretamente identificando a questão como atinente ao plano da eficácia, DEMARCHI, Juliana. "Ato processual juridicamente inexistente – mecanismos predispostos pelo sistema

determina nulidade, nem existência"[209]. Trata-se de ato cuja eficácia em relação ao suposto representado submete-se a uma condição legal suspensiva: a ratificação. O caso é de aplicação direta do quanto disposto no art. 662 do Código Civil[210], que, inclusive, por regular a mesma hipótese fática e ser lei posterior ao CPC-1973, é norma que o revogou, no particular.

Não falta à parte capacidade postulatória, pois o ato foi praticado por um advogado, que a tem; o problema está na representação, que não restou comprovada.

O advogado será responsabilizado pelas perdas e danos, em razão da extinção do processo instaurado sem que lhe tenha sido outorgada a procuração: se o processo não existisse juridicamente, seria inconcebível e ilógico colocar o "nada jurídico" como suporte fático do dever de indenizar. A situação é similar àquela do processo instaurado por uma parte ilegítima: é como se o advogado, que não foi autorizado a demandar, estivesse pleiteando em juízo direito alheio, sem que tivesse legitimação extraordinária para tanto; é como se o autor fosse o advogado, não o seu pretenso representado. Admitir ratificação de ato inexistente é, no mínimo,

---

para a declaração da inexistência jurídica". *Revista Dialética de Direito Processual*. São Paulo: Dialética, 2004, n. 13, p. 52. Também assim JOSÉ MARIA TESHEINER: "... a sentença acaso proferida será ineficaz com relação a quem podia ter ratificado a inicial, mas não o fez. Ineficácia declarável a qualquer tempo, independentemente de ação rescisória" (*Pressupostos processuais e nulidades no processo civil*. São Paulo: Saraiva, 2000, p. 284); ASSIS, Araken de. "Suprimento da incapacidade processual e da incapacidade postulatória". *Doutrina e prática do processo civil contemporâneo*. São Paulo: RT, 2001, p. 144; CAHALI, Yussef Said. *Honorários advocatícios*. 3ª ed. São Paulo: RT, 1997, p. 220; GOUVEIA FILHO, Roberto P. Campos. *As capacidades processuais sob a égide da capacidade jurídica e como "pressupostos processuais"*. Monografia apresentada ao curso de Direito da Universidade Católica de Pernambuco. Recife, 2006, p. 121-126; MITIDIERO, Daniel. *Comentários ao Código de Processo Civil*. São Paulo: Memória Jurídica, 2004, t. 1, p. 241-242. Para JOSÉ ROBERTO DOS SANTOS BEDAQUE, sentença proferida em processo conduzido por advogado sem procuração é "eficaz, embora nula". Entende, ainda, que se a decisão for favorável à parte não representada, considera-se sanado o vício; se desfavorável, poderá ser impugnada pelo suposto representado a qualquer tempo e por qualquer forma, pois se trata de terceiro não sujeito à coisa julgada (BEDAQUE, José Roberto dos Santos. *Efetividade do processo e técnica processual*. 3ª ed. São Paulo: Malheiros, 2010, p. 205, nota 34.).

209. MIRANDA, Francisco Cavalcanti Pontes de. *Tratado de direito privado*. 3ª ed. São Paulo: RT, 1983, t. 4, p. 27.

210. Art. 662 do Código Civil brasileiro: "Os atos praticados por quem não tenha mandato, ou o tenha sem poderes suficientes, são ineficazes em relação àquele em cujo nome foram praticados, salvo se este os ratificar".

uma contradição lógica[211]. Tudo aquilo que se coloca posteriormente à prática do ato, como exigência para a produção dos seus efeitos jurídicos, somente pode ser considerado como condição (em sentido amplo), fato que opera no plano da eficácia; o ato processual, no caso, produz efeitos imediatamente em relação ao advogado, mas sua eficácia, em relação ao suposto representado, fica subordinada a condição suspensiva,

Como se vê, a compreensão do texto normativo exige do intérprete domínio dos conceitos de fato jurídico, ratificação, plano da eficácia do fato jurídico, ineficácia relativa, condição, plano da validade do ato jurídico, capacidade, entre outros. Muitos desses conceitos foram desprezados pelo legislador, que, ainda, nem cuidou de observar a Lógica[212].

Tendo em vista o texto legal, havia quem defendesse que, no Direito brasileiro, a capacidade postulatória seria pressuposto processual de existência[213]. O Superior Tribunal de Justiça, inclusive, acolheu a terminologia

---

211. Também neste sentido, DEMARCHI, Juliana. "Ato processual juridicamente inexistente – mecanismos predispostos pelo sistema para a declaração da inexistência jurídica", cit., p. 52.

212. "Das regras da lógica, por exemplo, outrora se diria que elas são constitutivas do que se chama pensar: é indispensável começar por respeitá-las caso se queira exprimir um conteúdo mental qualquer. (...) não se pode pensar contra a lógica, porque um pensamento ilógico simplesmente não é um pensamento". (BOUVERESSE, Jacques. *Prodígios e vertigens da analogia – o abuso das belas-letras no pensamento*. Cláudia Berliner (trad.). São Paulo: Martins Fontes, 2005, p. 118.)

213. NERY JR., Nelson e NERY, Rosa Maria de Andrade. *Código de Processo Civil comentado e legislação extravagante*. 11ª ed. São Paulo: RT, 2010, p. 258; WAMBIER, Teresa Arruda Alvim. *Nulidades do processo e da sentença*. 4ª ed. São Paulo: RT, 1998, p. 284-285; ALVIM, José Manoel de Arruda. *Manual de Direito Processual Civil*. 10ª ed. São Paulo: RT, 2006, v. 1, p. 478; WAMBIER, Luiz Rodrigues; ALMEIDA, Flávio Renato Correia de; TALAMINI, Eduardo. *Curso avançado de processo civil*. 8ª ed. São Paulo: RT, 2006, v. 1, p. 201; ALVIM, Eduardo Arruda. *Curso de direito processual civil*. São Paulo: RT, 1999, v. 1, p. 172-173; FORNACIARI JR., Clito. *Da reconvenção no direito processual civil brasileiro*. 2ª ed. São Paulo: Saraiva, 1983, p. 104-105; GONÇALVES. Marcus Vinicius Rios. *Novo curso de direito processual civil*. 4ª ed. São Paulo: Saraiva, 2007, v. 1, p. 108-109; GUERRA, Marcelo Lima. *Execução forçada*: controle de admissibilidade. 2ª ed. São Paulo: RT, 1998, p. 123; MOREIRA, Alberto Camiña. *Defesa sem embargos de executado*: exceção de pré-executividade. 2ª ed. São Paulo: Saraiva, 2000, p. 79-80; DANTAS, Marcelo Navarro Ribeiro. *Mandado de segurança coletivo*: legitimação ativa. São Paulo: Saraiva, 2000, p. 64; MONTENEGRO FILHO, Misael. *Curso de direito processual civil*: teoria geral do processo e processo de conhecimento. 6ª ed. São Paulo: Atlas, 2010, v. 1, p. 257; LOPES, João Batista. *Curso de direito processual civil*. São Paulo: Atlas, 2005, p. 103; PIZZOL, Patrícia Miranda. *A competência no processo civil*. São Paulo: RT, 2003, p. 125; PEREIRA, Rosalina P. C. Rodrigues. *Ações prejudiciais à*

no enunciado 115 da súmula da sua jurisprudência predominante: "Na instância especial é inexistente recurso interposto por advogado sem procuração nos autos".

Sucede que o problema de que cuida o parágrafo único do art. 37 do CPC-1973 nem dizia respeito à capacidade postulatória[214] nem estava relacionado ao plano de existência dos atos processuais.

Não bastasse uma lei mal escrita, a dogmática que se fez a partir dela não observou conceitos fundamentais da Teoria do Direito. O resultado não poderia ser bom, e o posicionamento do STJ, que não reflexionou sobre o tema, até por não encontrar suporte doutrinário, confirma essa conclusão.

O CPC brasileiro de 2015 corrigiu o problema: eliminou o terrível dispositivo e, em seu lugar, reproduziu, no §2º do art. 104, a disposição do art. 662 do Código Civil brasileiro.

b) O projeto de Código de Processo Civil brasileiro de 2015 é outro bom exemplo. Pegue-se o parágrafo único do art. 477 do projeto, na versão que saiu do Senado Federal em 2010[215]. Tratava-se de dispositivo que tinha por objetivo regular o modo pelo qual se deve apresentar a fundamentação de uma decisão judicial, nos casos de interpretação de textos normativos abertos.

Tinha o inegável mérito pedagógico de despertar os aplicadores do direito para o necessário aprimoramento da fundamentação das decisões, em tempo de textos normativos tão indeterminados e de reconhecimento da força normativa dos princípios.

---

execução. São Paulo: Saraiva, 2001, p. 171-172; CARPENA, Márcio Louzada. *Do processo cautelar moderno*. 2ª ed. Rio de Janeiro: Forense, 2005, p. 125. Afirmando ser a capacidade postulatória um requisito pré-processual, anterior, inclusive, aos pressupostos de existência do processo, ALVIM, Thereza. *O direito processual de estar em juízo*. São Paulo: RT, 1996, p. 72.

214. Como, aliás, corretamente percebeu BEDAQUE, José Roberto dos Santos. *Código de Processo Civil Interpretado*. Antonio Carlos Marcato (coord.). São Paulo: Atlas, 2004, p. 136.

215. Parágrafo único do art. 477 do Projeto de Lei Substitutivo apresentado pelo Senador Valter Pereira: "Fundamentando-se a sentença em regras que contiverem conceitos juridicamente indeterminados, cláusulas gerais ou princípios jurídicos, o juiz deve expor, analiticamente, o sentido em que as normas foram compreendidas".

Sucede que a proposta de redação continha várias imprecisões, todas relacionadas a incompreensões de conceitos jurídicos fundamentais.

Convém examinar alguns trechos da proposta.

i) "Fundamentando-se a sentença em regras que contiverem conceitos juridicamente indeterminados". Confunde-se texto jurídico com uma das espécies normativas (*regra*). Texto normativo e norma jurídica não se confundem. Princípios e regras são espécies normativas distintas. A norma é o resultado da interpretação de um enunciado normativo. De um mesmo enunciado, várias normas jurídicas podem ser extraídas; uma norma jurídica pode ser extraída da conjugação de vários enunciados; há normas que não possuem um texto a ela diretamente relacionado; há textos dos quais não se consegue extrair norma alguma. Enfim, interpretam-se textos jurídicos, para que deles se extraia o comando normativo.

ii) "Fundamentando-se a sentença em regras que contiverem (...) cláusulas gerais". *Regras* (espécies de normas) não *contêm* cláusulas gerais. *Cláusula geral* é uma espécie de texto normativo, cujo antecedente (hipótese fática) é composto por termos vagos e o consequente (efeito jurídico) é indeterminado. Há, portanto, uma indeterminação legislativa em ambos os extremos da estrutura lógica normativa. Devido processo legal, função social do contrato, função social da propriedade, boa-fé etc. são exemplos de cláusulas gerais. *Cláusula geral é texto jurídico do qual se pode extrair uma norma jurídica (regra ou princípio).*

iii) "Fundamentando-se a sentença em regras que contiverem (...) princípios". *Regras* não *contem* princípios. *Regras* e *princípios* são espécies normativas diversas, que podem ser resultado da interpretação dos enunciados normativos.

A produção legislativa de boa qualidade, enfim, também não prescinde do repertório conceitual fornecido pela Teoria Geral do Direito e, consequentemente, pela Teoria Geral do Processo.

As críticas feitas desde a primeira edição deste livro repercutiram no processo legislativo. A proposta de enunciado normativo acabou não vingando no texto final do CPC-2015, mas ainda serve como bom exemplo do que não deve ser feito.

Capítulo 3

A RECONSTRUÇÃO DA TEORIA GERAL DO PROCESSO

SUMÁRIO • 1. Consideração inicial – 2. O neopositivismo (neoconstitucionalismo); 2.1. Generalidades; 2.2. Crítica ao neopositivismo – 3. A Teoria Geral do Processo e as transformações havidas na Teoria das Fontes do Direito; 3.1. Generalidades; 3.2. Repercussões na Teoria Geral do Processo.

1. CONSIDERAÇÃO INICIAL.

A metodologia jurídica transformou-se sensivelmente a partir da segunda metade do século XX.

Boa parte dessas transformações recaiu sobre a Teoria Geral do Direito. A Teoria Geral do Processo, como parcela da Teoria Geral do Direito, não poderia ficar imune a essas mudanças.

Se se aceitar a premissa de que a Teoria Geral do Direito foi reconstruída nos últimos cinquenta ou sessenta anos, por coerência haverá de ser constatada a necessidade de reconstrução da Teoria Geral do Processo. A reconstrução da Teoria Geral do Processo levará, a reboque, consequentemente, a Ciência Dogmática do Processo, que também há de ser reestruturada.

Este capítulo tem o objetivo de demonstrar as razões pelas quais se entende como indispensável a reconstrução da Teoria Geral do Processo.

2. O NEOPOSITIVISMO (NEOCONSTITUCIONALISMO).

2.1. Generalidades.

São inúmeras as mudanças havidas no pensamento jurídico nos últimos anos. Elas podem ser reunidas em três grupos, conforme a área do conhecimento jurídico em que ocorreram[1]: a) ciência do direito constitucional; b) teoria da norma jurídica; c) hermenêutica jurídica.

Em relação à ciência do direito constitucional, houve três mudanças mais significativas.

i) Reconhecimento da força normativa da Constituição, que passa a ser encarada como principal veículo normativo do sistema jurídico, com eficácia imediata e independente, em muitos casos, de intermediação legislativa. A afirmação atualmente parece ser um truísmo. Mas nem sempre foi assim. Foi apenas muito recentemente – no Brasil, após 1988, ano que a atual Constituição foi promulgada – que a doutrina passou a defender a tese de que a Constituição, como norma jurídica, deveria ser aplicada pelo órgão jurisdicional.

Passa-se, então, de um modelo de Estado fundado na lei (Estado legislativo) para um modelo de Estado fundado na Constituição (Estado Constitucional)[2].

ii) Expansão e consagração dos *direitos fundamentais*, que impõem ao Direito positivo um conteúdo ético mínimo que respeite a dignidade da pessoa humana e cuja teoria jurídica se vem desenvolvendo a passos largos. Os direitos fundamentais passam a ser encarados não apenas como situações jurídicas de vantagem (dimensão subjetiva dos direitos fundamentais), mas também, e, sobretudo, como normas que orientam a produção de outras normas jurídicas (dimensão objetiva dos direitos fundamentais).

---

1. Para uma sistematização mais exaustiva, SARMENTO, Daniel. "O neoconstitucionalismo no Brasil: riscos e possibilidades". *Leituras complementares de Direito Constitucional – Teoria da Constituição.* Marcelo Novelino (org.) Salvador: Editora Jus Podivm, 2009, p. 31-32.
2. Sobre o tema, de um modo geral, ZAGREBELSKY, Gustavo. *Il diritto mite.* Torino: Einaudi, 1992, p. 20-56. Sobre o tema e a sua relação com o processo, MITIDIERO, Daniel. *Processo civil e estado constitucional.* Porto Alegre: Livraria do advogado, 2007.

iii) Expansão e desenvolvimento da jurisdição constitucional. Instrumentos processuais foram desenvolvidos especificamente para (arguição de descumprimento de preceito fundamental, no Brasil) ou em função (exigência de repercussão geral no recurso extraordinário brasileiro) da jurisdição constitucional. Técnicas de controle de constitucionalidade foram desenvolvidas, como a interpretação conforme a Constituição. Não bastasse isso, estimulou-se o exercício do controle de constitucionalidade, com a ampliação, no Direito brasileiro, dos legitimados à propositura das ações de controle concentrado de constitucionalidade (art. 103, CF/88).

A transformação da Ciência do Direito Constitucional repercutiu, sensivelmente, na Ciência do Direito Processual. A Constituição Federal passa a ser examinada como o *mais* importante capítulo do Direito Processual, fundamento para que todo o Direito Processual seja construído. A consagração do *devido processo legal* na Constituição brasileira de 1988, novidade histórica, é, então, sintomática.

Fala-se, então, em uma constitucionalização do direito processual, que se revela em duas dimensões.

Primeiramente, há a incorporação aos textos constitucionais de normas processuais, inclusive como direitos fundamentais. Praticamente todas as constituições ocidentais posteriores à Segunda Grande Guerra consagram expressamente direitos fundamentais processuais. Os tratados internacionais de direitos humanos também o fazem (art. 6º, 1, da Convenção Europeia de Direitos do Homem e os arts. 8º, 10 e 25 do Pacto de São José da Costa Rica são exemplos paradigmáticos).

De outro lado, a doutrina passa a examinar as normas processuais infraconstitucionais como concretizadoras das disposições constitucionais, valendo-se, para tanto, do repertório teórico desenvolvido pelos constitucionalistas. Intensifica-se cada vez mais o diálogo entre processualistas e constitucionalistas, com avanços recíprocos. O aprimoramento da jurisdição constitucional, em cujo processo se permite a intervenção do *amicus curiae* e a realização de audiências públicas[3], talvez seja o exemplo mais conhecido[4].

---

3. SARMENTO, Daniel. "O neoconstitucionalismo no Brasil: riscos e possibilidades", cit., p. 50.
4. Sobre essas duas dimensões da constitucionalização do Direito Processual, MITIDIERO, Daniel. *Colaboração no processo civil*. São Paulo: RT, 2009, p. 42; DIDIER Jr., Fredie. *Fundamentos*

Tudo isso decorreu de alterações no próprio Direito constitucional (linguagem normativa) positivo ou no modo como se compreende o direito constitucional positivo (linguagem da ciência do Direito Constitucional). Não repercutem, assim, na Teoria do Direito e, consequentemente, na Teoria Geral do Processo. Por conta disso, não serão investigadas nesta tese.

Na hermenêutica jurídica, quatro são as mutações que merecem registro:

a) estabelece-se a distinção teórica entre *texto* e *norma*, sendo essa o produto da interpretação daquele[5];

b) consagram-se as máximas (postulados, princípios ou regras, conforme a teoria que se adote) da proporcionalidade e da razoabilidade na aplicação das normas jurídicas;

c) identifica-se o método da *concretização* dos textos normativos, que passa a conviver com o método da *subsunção*;

d) reconhece-se o caráter criativo da interpretação: quem interpreta atribui sentido, não apenas reconhece um sentido já existente.

As mutações do pensamento jurídico que diretamente repercutem na Teoria Geral do Processo são aquelas havidas na Teoria das Fontes do Direito.

Na Teoria das Fontes, três grandes alterações:

i) o reconhecimento da *força normativa dos princípios jurídicos*;

ii) desenvolvimento da técnica legislativa das cláusulas gerais;

iii) redefinição do papel da jurisprudência como fonte do direito.

A transformação da Teoria das Fontes está diretamente relacionada às transformações havidas na hermenêutica jurídica, como, aliás, não poderia ser diferente. Exatamente porque se alterou a forma de encarar a interpretação do direito, princípios passaram a ser vistos como normas, à jurisprudência se reconheceu função normativa e as cláusulas gerais se expandiram. Por isso, as características da nova hermenêutica jurídica

---

do princípio da cooperação no direito processual civil português. Coimbra: Coimbra Editora, 2010, p. 72-74.

5. GUASTINI, Riccardo. *Das fontes às normas*. Edson Bini (trad.). São Paulo: Quartier Latin, 2005, p. 131.

serão examinadas *incidentalmente* ao exame das mudanças ocorridas na Teoria das Fontes.

A elas serão dedicados os próximos itens. Antes, porém, cabem algumas considerações sobre o momento histórico em que tudo isso aconteceu.

2.2. Crítica ao neopositivismo.

Examinadas isoladamente, essas características podem parecer não ser grande novidade: em países diversos, em momentos históricos diversos, uma ou outra aparecia na ciência e ou na prática jurídicas[6]. Talvez o que marque *este* momento histórico seja a conjunção de todas elas, que vêm inspirando doutrinadores em inúmeros países.

A essa atual fase do pensamento jurídico deu-se o nome de *Neoconstitucionalismo*[7].

A designação não é das melhores, em razão da sua vagueza[8], mas indiscutivelmente é um bom *slogan*, razão pela qual se tem difundido com

---

6. Demonstrando que a força normativa da constituição e a interpretação flexível dos textos normativos não são novidades históricas, DIMOULIS, Dimitri. "Uma visão crítica do neoconstitucionalismo". *Constituição e efetividade constitucional.* George Salomão Leite e Glauco Salomão Leite (coord.). Salvador: Editora Jus Podivm, 2008, p. 43-53.

7. Termo cunhado por POZZOLO, Susanna. "Neoconstitucionalismo y la especificidad de la interpretación constitucional. *Doxa,* v. 210II, 1998, p. 339, disponível em http://www.cervantesvirtual.com/servlet/SirveObras /2358284432257074008789l/cuaderno21/volII/DOXA-21Vo.II_25.pdf., acesso em 21.10.2009, 15h30. A bibliografia sobre o assunto é muito vasta. Apenas para exemplificar, além dos textos citados ao longo deste capítulo: CARBONNEL, Miguel (org.). Neoconstitucionalismo(s). Madrid: Editorial Trotta, 2003; _____. (org.). *Teoria del neoconstitucionalismo.* Madrid: Editorial Trotta, 2007; DUARTE, Écio Oto Ramos, POZZOLO, Susanna. *Neoconstitucionalismo e positivismo jurídico.* São Paulo: Landy Editora, 2006; MATIAS, João Luis Nogueira (coord.). *Neoconstitucionalismo e direitos fundamentais.* São Paulo: Atlas, 2009; QUARESMA, Regina, OLIVEIRA, Maria Lúcia de Paula, OLIVEIRA, Farlei Martins Riccio de (coord.). *Neoconstitucionalismo.* Rio de Janeiro: Forense, 2009; MOREIRA, Eduardo Ribeiro. *Neoconstitucionalismo – a invasão da Constituição.* São Paulo: Método, 2008; BARROSO, Luís Roberto. Neoconstitucionalismo e constitucionalização do Direito. O triunfo tardio do Direito Constitucional no Brasil. Jus Navigandi, Teresina, ano 9, n. 851, 1 nov. 2005. Disponível em: <http://jus2.uol.com.br/doutrina/texto.asp?id=7547>. Acesso em: 23 dez. 2007; _____. "Fundamentos teóricos e filosóficos do Novo Direito Constitucional Brasileiro". *A nova interpretação constitucional.* Rio de Janeiro: Renovar, 2003; DIMOULIS, Dimitri, DUARTE, Écio Oto (coord.). *Teoria do direito neoconstitucional.* São Paulo: Método, 2008.

8. Não é por outra razão que os autores falam que há vários "neoconstitucionalismos". É como afirma Daniel Sarmento: "Os adeptos do neoconstitucionalismo buscam embasamento no

muita facilidade, principalmente nos países latinos. Há quem denomine esta fase de "pós-positivismo", o que também não quer dizer muita coisa, a não ser o fato de que é um estágio posterior ao "positivismo" jurídico característico da segunda metade do século XIX e primeira metade do século XX. Talvez fosse mais adequado referir a um *"positivismo jurídico reconstruído"* ou *neopositivismo*[9].

Há muitas críticas ao *Neoconstitucionalismo*. Esta tese não é o local adequado para se fazer uma resenha das polêmicas sobre o tema.

Pode-se afirmar, porém, que *não há* dissenso em torno das características gerais desta atual fase da metodologia jurídica, apontadas acima[10].

As discussões têm por alvo a terminologia[11], aspecto que se reputa secundário, e os *abusos* e *incompreensões* que o "oba-oba"[12] em torno dessas transformações têm causado.

---

pensamento de juristas que se filiam a linhas bastante heterogêneas, como Ronald Dworkin, Robert Alexy, Peter Häberle, Gustavo Zagrebelsky, Luigi Ferrajoli e Carlos Santiago Nino, e nenhum destes se define hoje, ou já se definiu, no passado, como neoconstitucionalista. Tanto dentre os referidos autores, como entre aqueles que se apresentam como neoconstitucionalistas, constata-se uma ampla diversidade de posições jusfilosóficas e de filosofia política: há positivistas e não-positivistas, defensores da necessidade do uso do método na aplicação do Direito e ferrenhos opositores do emprego de qualquer metodologia na hermenêutica jurídica, adeptos do liberalismo político, comunitaristas e procedimentalistas. Neste quadro, não é tarefa singela definir o neoconstitucionalismo, talvez porque, como já revela o bem escolhido título da obra organizada por Carbonell, não exista um único neoconstitucionalismo, que corresponda a uma concepção teórica clara e coesa, mas diversas visões sobre o fenômeno jurídico na contemporaneidade, que guardam entre si alguns denominadores comuns relevantes, o que justifica que sejam agrupadas sob um mesmo rótulo, mas compromete a possibilidade de uma conceituação mais precisa". (SARMENTO, Daniel. "O neoconstitucionalismo no Brasil: riscos e possibilidades", cit., p. 33-34.)

9. CAMBI, Eduardo. *Neoconstitucionalismo e neoprocessualismo – direitos fundamentais, políticas públicas e protagonismo judiciário*. São Paulo: RT, 2010, p. 78 e segs.
10. Sobre esse consenso, SARMENTO, Daniel. "O neoconstitucionalismo no Brasil: riscos e possibilidades", cit., p. 49.
11. Sobre a crítica à terminologia, DIMOULIS, Dimitri. "Uma visão crítica do neoconstitucionalismo", cit., p. 53. O autor entende que o chamado "neoconstitucionalismo" é apenas uma "designação alternativa da corrente da teoria do direito conhecida como *moralismo jurídico* em razão de sua adesão à tese da vinculação (ou junção) entre direito e moral" (p. 56). Assim, entende que a nova designação é "inútil", pois ou se trata de *moralismo jurídico* ou é sinônimo do bicentenário movimento *constitucionalista* (p. 57).
12. SARMENTO, Daniel. "O neoconstitucionalismo no Brasil: riscos e possibilidades", cit., p. 60.

Os abusos e incompreensões revelam-se basicamente em uma postura de supervalorização dessas ditas "novidades": *a)* supervalorizam-se as normas-princípio em detrimento das normas-regra, como se aquelas sempre devessem preponderar em relação a essas e como se o sistema devesse ter mais normas-princípio do que normas-regra, ignorando o importantíssimo papel que as regras exercem no sistema jurídico: reduzir a complexidade do sistema e garantir segurança jurídica; *b)* supervaloriza-se o Poder Judiciário em detrimento do Poder Legislativo, em grave prejuízo à democracia e à separação de poderes; *c)* supervaloriza-se a *ponderação* em detrimento da *subsunção*, olvidando que a subsunção é método bem adequado à aplicação das normas-regra[13], de resto as espécies normativas mais abundantes no sistema.

As críticas são indispensáveis. A história do pensamento jurídico costuma desenvolver-se em movimento pendular: essas transformações puxam para um lado; as críticas, para o outro. No final do "cabo de guerra", chega-se ao equilíbrio.

Há, porém, um consenso no sentido que houve profundas transformações no pensamento jurídico. Em razão disso, cabe investigar de que modo a Teoria Geral do Processo recebeu os influxos do *neopositivismo*.

3. A TEORIA GERAL DO PROCESSO E AS TRANSFORMAÇÕES HAVIDAS NA TEORIA DAS FONTES DO DIREITO.

3.1. Generalidades.

Em relação à Teoria das Fontes do Direito, importante capítulo da Teoria Geral do Direito, há três transformações recentes que merecem atenção especial: *a)* a teoria dos princípios; *b)* a consagração da jurisprudência como fonte normativa; *c)* e a expansão da técnica legislativa das cláusulas gerais.

---

13. Com críticas severas ao neoconstitucionalismo, ÁVILA, Humberto. "Neoconstitucionalismo: entre a 'ciência do direito' e o 'direito da ciência'". *Revista Eletrônica de Direito do Estado (REDE)*. Salvador, Instituto Brasileiro de Direito Público, n. 17, 2009. Disponível na internet: http://www.direitodoestado.com.br/rede.asp, acesso em 21.02.2011, 14h02. Também a propósito o excelente ensaio SARMENTO, Daniel. "O neoconstitucionalismo no Brasil: riscos e possibilidades", cit., p. 52 e segs.

a) Desenvolvimento da *teoria dos princípios*, de modo a reconhecer-lhes eficácia normativa: o princípio deixa de ser técnica de integração do Direito e passa a ser uma espécie de norma jurídica.

Princípio é espécie normativa que estabelece um fim a ser atingido[14]. Se essa espécie normativa visa a um determinado "estado de coisas", e esse fim somente pode ser alcançado com determinados comportamentos, "esses comportamentos passam a constituir necessidades práticas sem cujos efeitos a progressiva promoção do fim não se realiza"[15]. Enfim, ainda com base no pensamento de Humberto Ávila: "os princípios instituem o dever de adotar comportamentos necessários à realização de um estado de coisas ou, inversamente, instituem o dever de efetivação de um estado de coisas pela adoção de comportamentos a ele necessários".

O princípio pode atuar sobre outras normas de forma *direta* ou *indireta*[16]. A eficácia *direta* de um princípio "traduz-se na atuação sem intermediação ou interposição de um outro (sub-)princípio ou regra"[17]. Nesse plano, os princípios exercem uma função *integrativa*: permitem-se agregar elementos não previstos em subprincípios ou regras. *A despeito da ausência de previsão normativa expressa de um comportamento necessário à obtenção do estado de coisas almejado,* o princípio irá garanti-lo.

Há, porém, normas que servem à concretização dos princípios. Os meios para alcançar esse "estado de coisas", que o princípio busca promover, podem ser típicos, determinados por *subprincípios* ou por *regras jurídicas*, que servem para delimitar o exercício do poder e, assim, conter a arbitrariedade da autoridade jurisdicional, na construção da solução do caso que lhe for submetido. Quando atuam com a "intermediação" de outras normas, fala-se que os princípios têm uma eficácia *indireta*[18].

O certo é que de um princípio podem ser extraídas consequências jurídicas. O princípio pode ser o fundamento normativo de uma demanda

---

14. ÁVILA, Humberto. *Teoria dos princípios*. 5ª ed. São Paulo: Malheiros Ed., 2006, p. 78-79.
15. ÁVILA, Humberto. *Teoria dos princípios*. 5ª ed., cit., p. 80.
16. ÁVILA, Humberto. *Teoria dos princípios*. 5ª ed., cit., p. 97.
17. ÁVILA, Humberto. *Teoria dos princípios*. 5ª ed., cit., p. 97.
18. ÁVILA, Humberto. *Teoria dos princípios*. 5ª ed., cit., p. 98.

ou de uma decisão. O princípio deixa de ser uma técnica de integração de lacuna ou simples fundamento de uma norma jurídica. Ao menos no Brasil, não parece haver oposição séria a essa conclusão.

b) A jurisprudência passa a ser reconhecida como fonte do Direito. Essa conclusão, já apresentada linhas atrás, é atualmente bem aceita. Certamente, o intercâmbio entre as tradições jurídicas do *civil law* e do *common law* é uma das principais causas desta transformação.

A decisão judicial, além da norma jurídica do caso concreto, produz norma jurídica geral a ser aplicada a casos semelhantes. O aspecto normativo da decisão judicial, antes restrito ao seu dispositivo, revela-se também na sua *fundamentação*, de onde se extrai o precedente, que, a depender do caso, pode ter eficácia vinculativa.

No Brasil, que costuma ser vinculado à tradição jurídica do *civil law*, a eficácia jurídica do precedente judicial é bem variada.

Há precedentes vinculativos: *i)* a "súmula vinculante" em matéria constitucional, editada pelo Supremo Tribunal Federal na forma do art. 103-A, da Constituição Federal, e da Lei Federal n. 11.417/2006, tem eficácia vinculativa em relação ao próprio STF, a todos os demais órgãos jurisdicionais do país e à administração pública direta e indireta, nas esferas federal, estadual e municipal; *ii)* o entendimento consolidado na súmula de cada um dos tribunais tem força vinculante *em relação ao próprio tribunal*; *iii)* decisão que fixa a tese no julgamento de casos repetitivos e no incidente de assunção de competência (art. 927, III, CPC) etc..

Há precedentes que têm o condão de obstar a apreciação de recursos ou de obstar a remessa necessária. O efeito obstativo não deixa de ser, em última análise, um desdobramento do efeito vinculante de certos precedentes. Em algumas situações, o legislador autoriza que o órgão jurisdicional negue seguimento a determinados recursos ou dispense a remessa necessária quando estiverem eles em confronto com precedentes judiciais, sobretudo com aqueles emanados das cortes superiores. Exemplo disso são os arts. 496, § 4º, e 932, IV e V, CPC brasileiro.

Os precedentes ainda têm sempre força persuasiva.

c) Cláusula geral é uma espécie de texto normativo, cujo antecedente (hipótese fática) é composto por termos vagos e o consequente (efeito jurídico) é indeterminado[19]. Há, portanto, uma indeterminação legislativa em ambos os extremos da estrutura lógica normativa[20].

A técnica das "cláusulas gerais" contrapõe-se à técnica casuística[21]. Não há sistema jurídico exclusivamente estruturado em cláusulas gerais (que causariam uma sensação perene de insegurança) ou em regras casuísticas (que tornariam o sistema sobremaneira rígido e fechado, nada adequado à complexidade da vida contemporânea). Uma das principais características dos sistemas jurídicos contemporâneos é exatamente a harmonização de enunciados normativos de ambas as espécies.

É indiscutível que a existência de cláusulas gerais reforça o poder criativo da atividade jurisdicional. O órgão julgador é chamado a interferir mais ativamente na construção do ordenamento jurídico, a partir da solução de problemas concretos que lhe são submetidos.

O método da *subsunção* do fato ao enunciado normativo, próprio e útil para os casos de textos normativos típicos e fechados, revela-se insuficiente para a aplicação de cláusulas gerais. As cláusulas gerais exigem *concretização* em vez de *subsunção*[22].

---

19. O tema foi examinado com mais vagar em outro texto: DIDIER Jr., Fredie. "Cláusulas gerais processuais". *Revista de Processo*. São Paulo: RT, 2010, n. 187.
20. MARTINS-COSTA, Judith. *A boa fé no direito privado*: sistema e tópica no processo obrigacional. São Paulo: RT, 1999, p. 303-306; CASTRONOVO, Carlo. "L'avventura delle clausole generali". *Rivista Critica del Diritto Privato*, 1986, ano IV, n. 1, p. 24, nota 14; ÁVILA, Humberto Bergmann. "Subsunção e concreção na aplicação do direito". Antônio Paulo Cachapuz de Medeiros (org.). *Faculdade de Direito da PUCRS: o ensino jurídico no limiar do novo século*. Porto Alegre: EDIPUCRS, 1997, p. 432; MAZZEI, Rodrigo. "O Código Civil de 2002 e o Judiciário: apontamentos na aplicação das cláusulas gerais". *Reflexos do Novo Código Civil no Direito Processual*. Salvador: Edições JUS PODIVM, 2006, p. 34; CAMBI, Eduardo e NALIN, Paulo. "O controle da boa-fé contratual por meio dos recursos de estrito direito". *Aspectos polêmicos e atuais dos recursos cíveis e de outros meios de impugnação às decisões judiciais*. Teresa Wambier e Nelson Nery Jr. (coord.). São Paulo: RT, 2003, p. 95.
21. ENGISCH, Karl. *Introdução ao pensamento jurídico*. 9ª ed. J. Baptista Machado (trad.). Lisboa: Fundação Calouste Gulbenkian, 2004, p. 228-229; MENGONI, Luigi. "Spunti per uma teoria delle clausole generali". *Rivista Critica del Diritto Privato*, 1986, ano IV, n. 1, p. 9; MARTINS--COSTA, Judith. O Direito Privado como um 'sistema em construção'. As cláusulas gerais no projeto do Código Civil brasileiro". *Revista de Informação Legislativa*. Brasília: Senado, 1998, n. 139, p. 7.)
22. "Na apreciação do caso concreto, o juiz não tem apenas de 'generalizar' o caso; tem também de 'individualizar' até certo ponto o critério; e precisamente por isso, a sua actividade não se esgota na 'subsunção'. Quanto 'mais complexos' são os aspectos peculiares do caso a

A relação entre cláusula geral e o precedente judicial é bastante íntima. Já se advertiu, a propósito, que a utilização da técnica das cláusulas gerais aproximou o sistema do *civil law* do sistema do *common law*. Essa relação revela-se, sobretudo, em dois aspectos. Primeiramente, a cláusula geral reforça o papel da jurisprudência na criação de normas gerais: a reiteração da aplicação de uma mesma *ratio decidendi* dá especificidade ao conteúdo normativo de uma cláusula geral, sem, contudo, esvaziá-la; assim ocorre, por exemplo, quando se entende que tal conduta típica é ou não exigida pelo princípio da boa-fé[23]. Além disso, a cláusula geral funciona como *elemento de conexão*, permitindo ao juiz fundamentar a sua decisão em casos precedentemente julgados.

A vagueza da proposição normativa é esclarecida paulatinamente pelas decisões judiciais, que "mediante exemplos 'ilustrativos' e, em seguida, "por via da comparação com outros casos julgados em conformidade com eles, bem como mediante a elaboração de idéias jurídicas novas e mais especiais, com base na análise jurídica dos casos em que elas se manifestam, conseguem enriquecer cada vez mais o conteúdo da pauta relativamente 'indeterminada', concretizá-la em relação a certos casos e grupos de casos e, deste modo, criar finalmente um entrelaçado entre modelos de resolução em que possam ser arrumados, na sua maioria, os novos casos a julgar"[24].

É preciso distinguir, ainda, *cláusula geral* e *princípio*. Cláusula geral é um *texto jurídico*; princípio é norma. São institutos que operam em níveis diferentes do fenômeno normativo. A norma jurídica é produto da interpretação de um texto jurídico. Interpretam-se textos jurídicos para que se verifique qual norma deles pode ser extraída. Um princípio pode ser extraído de uma cláusula geral, e é o que costuma acontecer. Mas a

---

decidir, 'tanto mais difícil e mais livre se torna a actividade do juiz, tanto mais se afasta da aparência da mera subsunção". (LARENZ, Karl. *Metodologia da ciência do direito*. 3ª ed. José Lamego (trad.). Lisboa: Fundação Calouste Gulbenkian, 1997, p. 150, com base nas lições de Schönfeld.) Sobre o assunto, também, ÁVILA, Humberto. "Subsunção e concreção na aplicação do direito". Antônio Paulo Cachapuz de Medeiros (org.). *Faculdade de Direito da PUCRS: o ensino jurídico no limiar do novo século*. Porto Alegre: EDIPUCRS, 1997.

23. MARTINS-COSTA, Judith. "O Direito Privado como um 'sistema em construção'. As cláusulas gerais no projeto do Código Civil brasileiro", cit., p. 10.

24. LARENZ, Karl. *Metodologia da ciência do direito*. 3ª ed., cit., p. 411.

cláusula geral é texto que pode servir de suporte para o surgimento de uma *regra*. Da *cláusula geral* do devido processo legal é possível extrair a *regra* de que a decisão judicial deve ser motivada, por exemplo.

As cláusulas gerais desenvolveram-se inicialmente no âmbito do Direito Privado, cujos principais exemplos são as cláusulas gerais da *boa-fé*, da *função social da propriedade* e da *função social do contrato*.

Ultimamente, porém, as cláusulas gerais têm "invadido" o Direito processual, que também sofreu as consequências das transformações da metodologia jurídica no século passado[25]. Afinal, o Direito processual também necessita de "normas flexíveis que permitam atender às especiais circunstâncias do caso concreto"[26].

O princípio do *devido processo legal* é o principal exemplo de norma decorrente de uma cláusula geral processual. O CPC brasileiro contém outros vários exemplos de cláusulas gerais: *a)* cláusula geral de promoção pelo Estado da autocomposição (art. 3º, §2º); *b)* cláusula geral da boa-fé processual (art. 5º); *c)* cláusula geral de cooperação (art. 6º); *d)* cláusula geral de negociação sobre o processo (art. 190); *e)* poder geral de cautela (art. 301); *f)* cláusulas gerais executivas (arts. 297, *caput*, e 536, § 1º); *g)* cláusula geral do abuso do direito pelo exequente (art. 805); *h)* cláusula geral de adequação do processo e da decisão em jurisdição voluntária (art. 723, par. ún.) etc.

A existência de várias cláusulas gerais rompe com o tradicional modelo de tipicidade estrita que estruturava o processo até meados do século XX[27].

---

25. OLIVEIRA, Carlos Alberto Alvaro de. "Poderes do juiz e visão cooperativa do processo". *Revista de Direito Processual Civil*. Curitiba: Gênesis, 2003, n. 27, p. 26

26. LEHMANN, Heinrich. *Tratado de derecho civil*. Madrid: Editorial Revista de Derecho Privado, s/a, v. 1, parte general, p. 58.

27. Neste sentido, MARINONI. Luiz Guilherme. "Idéias para um 'renovado direito processual'". *Bases científicas para um renovado direito processual*. Athos Gusmão Carneiro e Petrônio Calmon Filho (org.). Salvador: Editora Jus Podivm, 2009, p. 143. Nesta mesma linha, embora com alguns exemplos não muito convincentes de cláusula geral processual (art. 285-A, CPC-1973, p. ex., que, embora tenha pressuposto fático composto por alguns termos vagos, consequente normativo é determinado), HENRIQUES FILHO, Ruy Alves. "As cláusulas gerais no processo civil". *Revista de Processo*. São Paulo: RT, 2008, n.155.

3.2. Repercussões na Teoria Geral do Processo.

Essas transformações impõem a reconstrução da Teoria Geral do Processo em dois níveis.

a) Primeiramente, é preciso aportar à Teoria Geral do Processo novos conceitos jurídicos fundamentais.

O conceito de *cláusula geral*, por exemplo, passa a fazer parte da Teoria Geral do Processo. Não se pode compreender o direito processual contemporâneo, recheado de enunciados normativos compostos por termos vagos, sem essa ferramenta conceitual e toda a produção doutrinária a ela vinculada.

Além dele, todos os conceitos jurídicos relacionados ao precedente judicial também devem ser absorvidos pela Teoria Geral do Processo.

Os conceitos de *ratio decidendi* e de *obiter dictum*, por exemplo, muito bem desenvolvidos em países de *common law*, que há mais tempo vivem a experiência de atribuir à jurisprudência fonte normativa, passam a fazer parte do repertório da Teoria Geral do Processo. Não devem mais ser encarados como conceitos jurídicos pertencentes exclusivamente a uma *Teoria Particular do Processo*, apta a explicar o processo da tradição jurídica do *common law*. São conceitos *lógico-jurídicos* processuais.

O reconhecimento da força normativa da jurisprudência é fenômeno que pode reproduzir-se em qualquer lugar; não se trata de excentricidade deste ou daquele país. Essa aptidão para a universalização faz com que os conceitos jurídicos relacionados à jurisprudência devam ser incorporados à Teoria Geral do Processo.

Assim, além dos conceitos de *ratio decidendi* e de *obiter dictum*, o próprio conceito de *precedente judicial* passa a ser visto como um conceito jurídico fundamental processual.

É preciso, porém, fazer um alerta: a incorporação desses conceitos à Teoria Geral do Processo não implica dizer que, onde houver Direito processual, haverá o reconhecimento da força normativa da jurisprudência. A construção desses conceitos, aliás, independe desse dado, que é contingente. *Ratio decidendi* e *obiter dictum* podem ser encontrados em qualquer decisão judicial, em qualquer país, em qualquer momento histórico. Há *precedente* onde houver decisão jurisdicional. O tratamento jurídico que se der a esse fato é que pode ser diferente: *a eficácia jurídica que se der ao precedente variará conforme o respectivo direito positivo*. Há sistema jurídico em que a *ratio decidendi* é encarada como simples fundamento de uma decisão e, em outros, à *ratio decidendi* atribui-se eficácia vinculativa para o julgamento de outros casos semelhantes àquele de onde ela surgiu.

O fato de poder haver tratamento jurídico diverso não leva à conclusão de que *só se pode falar em precedente, ratio decidendi* e *obiter dictum* em países em que se atribui força normativa à jurisprudência. Do mesmo modo, a circunstância histórica de esses conceitos se terem desenvolvido nos países do *common law* não leva à conclusão de que, por isso, são inservíveis à explicação do fenômeno jurídico em países de *civil law*[28].

A incorporação desses conceitos à Teoria Geral do Processo servirá, ainda, à distinção entre eficácia do precedente e coisa julgada. A coisa julgada torna imutável e indiscutível o comando da decisão, o dispositivo, em que se resolve a questão principal; por isso, a coisa julgada costuma vincular apenas as partes do processo, pois incide sobre a norma jurídica concreta definida pela sentença. A eficácia do precedente, porém, recai sobre a *ratio decidendi*, que se encontra na *fundamentação* da decisão; ela é a *norma jurídica geral* construída pelo órgão jurisdicional e da qual se extrai a norma individual objeto do dispositivo; exatamente por ser *geral*, pode ser aplicada em outras situações semelhantes; por isso, a eficácia do precedente é sempre *erga omnes*[29].

Com a incorporação desses conceitos, a Teoria Geral do Processo ganha em *intensidade*, pelo aumento de sua capacidade explicativa, mas perde em extensão, por não servir aos ordenamentos jurídicos que não atribuam aos precedentes judiciais uma maior relevância jurídica. Este fato não é

---

28. Como parece fazer Lênio Streck, ao examinar o sistema de precedentes brasileiro, especialmente a súmula vinculante (STRECK. Lênio. "Súmulas, vaguezas e ambigüidades: necessitamos de uma "teoria geral dos precedentes". *Direitos fundamentais e justiça*. Porto Alegre: 2008, n. 5, p. 165-166).

29. A propósito desta distinção, DIDIER Jr., Fredie, OLIVEIRA, Rafael, BRAGA, Paula Sarno. *Curso de direito processual civil*. 6ª ed. Salvador: Editora Jus Podivm, 2011, v. 2, p. 298-300.

um problema e, como visto acima, decorre de um imperativo lógico: tanto maior a intensidade, menor a extensão de uma teoria. As teorias se constroem progressivamente por meio de sucessivas intensificações de seus conceitos[30]. Primeiro, os conceitos mais elementares, que se concretizam em qualquer ordenamento jurídico, até em sociedades mais primitivas; no caso da Teoria Geral do Processo, servem como exemplos os conceitos de processo, sujeitos processuais, decisão, prova e demanda etc. Em seguida, incorporam-se conceitos mais elaborados, construídos a partir da observação de ordenamentos jurídicos mais complexos; no caso da Teoria Geral do Processo, são exemplos os conceitos de processo coletivo, direitos fundamentais processuais, jurisprudência, precedente, *ratio decidendi* etc.

b) Em um segundo momento, é preciso perceber a necessidade de *reconstrução* de conceitos jurídicos processuais fundamentais.

A constatação do papel normativo da jurisdição impõe que conceitos *lógico-jurídicos*, tais como os de jurisdição e decisão[31], sejam repensados. Embora não seja esse o momento adequado de reconstruí-los, é certo que não se pode ignorar o caráter criativo da atuação jurisdicional; assim, a elaboração dos conceitos de *jurisdição* e *decisão* não tem como prescindir dessa característica. Julgar não é simplesmente declarar a *vontade concreta da lei*, como afirmara Chiovenda[32]. Ao decidir, o julgador *atribui sentido aos textos normativos, a partir dos dados do caso concreto que lhe foi submetido, concorrendo ativamente na construção do ordenamento jurídico*.

Além disso, a teoria da norma processual, importante capítulo da Teoria Geral do Processo, terá de ser também reestruturada.

A Constituição e a lei não são as únicas fontes de norma processual. A jurisprudência passa a fazer parte deste rol.

A classificação das normas processuais não pode prescindir dos *princípios*, que deixam de ser mera técnica de correção de lacuna.

---

30. FERRAJOLI, Luigi. *Principia iuris – Teoria del diritto e della democrazia*. Bari: Editori Laterza, 2007, v. 1, p. 6 e 20.
31. A propósito de uma revisão do conceito de decisão, ABBOUD, Georges. *Jurisdição constitucional e direitos fundamentais*. São Paulo: RT, 2011, p. 73-77.
32. CHIOVENDA, Giuseppe. *Principios de Derecho procesal civil*. Jose Casais y Santaló (trad.). Madrid: Reus, 2000, t. 1, p. 373.

Também as cláusulas gerais processuais passam a ser importante verbete da teoria da norma processual. Não se pode teorizar a norma processual partindo-se da premissa de que ela é extraída apenas de textos normativos fechados.

Consequência disso tudo é a necessária atualização do repertório conceitual relacionado à hermenêutica das normas processuais. O *distinguishing*, técnica de interpretação dos precedentes bem desenvolvida no *common law*, é noção que se incorpora definitivamente à teoria da norma processual.

Capítulo 4
O ENSINO DA TEORIA GERAL DO PROCESSO

SUMÁRIO • 1. Considerações iniciais – 2. A Teoria Geral do Processo como componente curricular; 2.1. Bacharelado em Direito; 2.1.1. Conteúdo; 2.1.2. Nomenclatura. A Introdução ao Estudo do Direito Processual; 2.1.3. Posição na grade curricular; 2.2. Mestrado e doutorado em Direito – 3. Panorama do ensino da Teoria Geral do Processo no Brasil.

1. CONSIDERAÇÕES INICIAIS.

A Teoria Geral do Processo, nos termos em que foi apresentada nesta tese, *deve* compor o conteúdo programático dos cursos de graduação em Direito – ao menos dos cursos que se propõem a formar profissionais generalistas, como é a regra no Brasil. O desconhecimento ou a má-formação teórica do aluno comprometem sensivelmente a sua compreensão da ciência do processo e do Direito Processual.

Para os cursos de pós-graduação *stricto sensu* (mestrado e doutorado), em que haja linha de pesquisa em direito processual, a disciplina, para o curso de mestrado, é muito importante e, para o doutorado, imprescindível.

Sobressaem, aqui, as duas finalidades didáticas desta disciplina: ela é uma disciplina propedêutica e "altamente teórica"[1].

---

1. Sobre esses dois papéis da Teoria Geral do Processo, LIEBMAN, Enrico Tullio. "Recensione – Elio Fazzalari – Istituzioni di diritto processuale". *Rivista di Diritto Processuale*. Padova: CEDAM, 1975, p. 464.

Para a graduação em Direito, a Teoria Geral do Processo deve constar como núcleo de uma disciplina introdutória ao estudo do Direito Processual. Essa disciplina, porém, deve possuir caráter enciclopédico, exatamente em razão de seu caráter propedêutico. A Teoria Geral do Processo, embora pudesse ser considerada como eixo temático da disciplina, não a esgotaria. Trata-se de disciplina que deve ser considerada como pré-requisito para o estudo dogmático do direito processual.

A situação é diversa para os cursos de pós-graduação em sentido estrito. Neste caso, é recomendável que se crie uma disciplina cujo propósito seja a reflexão sobre a própria Teoria Geral do Processo e sobre o seu conteúdo – os conceitos jurídicos fundamentais processuais.

A tese reconhece a aplicação da Teoria Geral do Processo a processos não-jurisdicionais. Sucede que a proposta que se faz é a de uma disciplina que seja introdutória ao processo jurisdicional (civil, trabalhista e penal)[2], nada obstante também possa ser considerada, pela sua utilidade, como pré--requisito de uma disciplina sobre o processo administrativo, por exemplo.

Este capítulo dedica-se à apresentação de uma proposta de como a Teoria Geral do Processo deve ser ensinada nos cursos de graduação e de pós-graduação *stricto sensu*. Embora o referencial seja a realidade brasileira, a proposta pode servir a países em que o ensino do Direito é semelhante ao modelo brasileiro (América Latina, Portugal, Espanha, Itália etc.). Doravante, ela será esmiuçada.

2. A TEORIA GERAL DO PROCESSO COMO COMPONENTE CURRICULAR.

2.1. Bacharelado em Direito.

2.1.1. *Conteúdo.*

Conforme já foi antecipado, a Teoria Geral do Processo deve compor o conteúdo programático de uma disciplina introdutória ao direito processual, obrigatória nos cursos de graduação em Direito de perfil generalista.

---

2. Nesse sentido, a tese reforça a impressão de que a Teoria Geral do Processo é, ao menos nos cursos de graduação em Direito, uma Teoria do Processo Jurisdicional. Sobre essa percepção, DIMOULIS, Dimitri; LUNARDI, Soraya. *Processo constitucional*. São Paulo: Atlas, 2011, p. 2.

Para que o Direito Processual seja apresentado ao estudante, convém que essa disciplina lhe forneça um repertório de conhecimentos de variada natureza. A disciplina, por ser propedêutica, deve ser enciclopédica. Não custa advertir que, neste momento do curso, o aluno, ainda imaturo na sua formação jurídica, ao menos como regra, muito possivelmente não teve qualquer contato profissional com um processo (administrativo, jurisdicional ou legislativo). Para que possa bem compreendê-lo, não apenas os conceitos jurídicos processuais fundamentais se revelam como indispensáveis; há outros subsídios tão imprescindíveis quanto.

A Teoria Geral do Processo comporia, porém, o eixo central desta disciplina. Seriam apresentados os conceitos *lógico-jurídico*s processuais mais importantes. Não há necessidade de apresentação de todos eles. Por exemplo, os conceitos jurídicos fundamentais relacionados à competência, ao direito probatório, à decisão, à tutela cautelar e à execução podem perfeitamente ser apresentados no momento do curso em que esses assuntos sejam ministrados – normalmente, eles aparecem na segunda ou terceira disciplina sobre o direito processual.

Reputa-se indispensável a apresentação dos seguintes conceitos jurídicos fundamentais processuais: processo, procedimento, formalismo processual[3], jurisdição, ação, exceção, sujeitos processuais, capacidades processuais (capacidade processual, capacidade postulatória, as legitimidades), fatos jurídicos processuais (em sentido amplo, o que inclui *todos* também os *atos jurídicos processuais* e os *atos ilícitos processuais*), situações jurídicas processuais (direitos, deveres, ônus e relações processuais), preclusão e objeto do processo.

Na apresentação desses conceitos, convém que se façam considerações sobre o Direito positivo, para que o aluno possa perceber como os conceitos *jurídico-positivo*s foram construídos a partir das noções gerais.

---

3. O conceito de formalismo processual é um conceito jurídico fundamental. Ele foi desenvolvido no Brasil por CARLOS ALBERTO ALVARO DE OLIVEIRA, que o reputa a "totalidade formal do processo", "compreendendo não só a forma, ou as formalidades, mas especialmente a delimitação dos poderes, faculdades e deveres dos sujeitos processuais, coordenação da sua atividade, ordenação do procedimento e organização do processo, com vistas a que sejam atingidas as suas finalidades primordiais". (OLIVEIRA, Carlos Alberto Alvaro. *Do formalismo no processo civil*. 4ª ed. São Paulo: Saraiva, 2010, p. 28.)

Há necessidade, ainda, de que conste do conteúdo programático dessa disciplina uma parte sobre o *Direito Processual Constitucional*. É preciso expor qual é o modelo de direito processual imposto pela Constituição (devido processo legal e seus corolários), bem como apresentar as regras sobre competência legislativa em matéria de direito processual e a organização judiciária constitucionalmente imposta[4]. O Direito Processual Constitucional é geral; aplica-se a qualquer espécie de processo e, nessa condição, convém seja de logo apresentado em uma disciplina com finalidade propedêutica. A disciplina não será puramente epistemológica, portanto.

Acrescente-se, ainda, a exposição dos métodos da ciência do processo (como a instrumentalidade do processo) e das relações entre o direito processual e o direito material.

Esta enciclopédia deve permitir que se apresentem também *abordagens não jurídicas do processo*.

É bastante recomendável que se exponham noções fundamentais sobre a História do Direito Processual e da Ciência Dogmática do Processo. Embora seja natural e elogiável que haja uma concentração dos esforços na história brasileira, parece indispensável que haja uma contextualização histórica em nível mundial – ao menos, do mundo ocidental. A História do Direito é atualmente uma disciplina propedêutica que aparece nos currículos de cursos de graduação em Direito no Brasil. A História do Direito Processual e da Ciência Dogmática do Processo é uma extensão dessa disciplina geral; nessa qualidade, pode muito bem ser examinada como parte do conteúdo de uma disciplina introdutória ao direito processual.

O mesmo pode ser dito sobre a Sociologia e a Antropologia do Processo. Sociologia do Direito e Antropologia do Direito também costumam aparecer como disciplinas propedêuticas gerais. Destinar uma parte do conteúdo da disciplina introdutória ao processo à exposição dessas abordagens

---

4. Para Willis Santiago Guerra Filho, caberia acrescentar também a este conteúdo a disciplina normativa da jurisdição constitucional (GUERRA, FILHO, Willis Santiago. "Teoria Geral do Processo: em que sentido?", cit., p. 223). Não se adere a essa proposta. É que esse conteúdo pressupõe conhecimentos de dogmática processual mais avançados (petição inicial e sistema recursal, no mínimo); deve, portanto, ser ministrado após o aluno ter acesso ao conhecimento básico do direito processual positivo.

não jurídicas do fenômeno processual parece ser não apenas uma consequência natural dessa postura inicial, mas também muito interessante e enriquecedora. Assim, na Sociologia do Processo, seriam discutidos temas como o acesso à justiça e a efetividade do processo[5]. Na Antropologia do Processo, seriam apresentadas as principiais tradições jurídicas processuais (*common law* e *civil law*), fornecendo ao aluno as ferramentas teóricas básicas para que, no futuro, possa fazer a ciência do direito processual comparado – disciplina que costuma aparecer em cursos de mestrado ou doutorado em Direito[6].

Finalmente, convém deixar como último ponto do programa a *Análise Econômica do Processo*.

A análise econômica do Direito consiste na aplicação do método econômico para a avaliação das normas jurídicas. Trata-se de abordagem que parte de pressuposições que permitem prever o comportamento humano a partir de estímulos normativos. Na sua vertente tradicional, a pressuposição fundamental é a de que o ser humano é um "maximizador racional" da sua própria utilidade. Assim, adotará, diante de uma norma, o comportamento que mais bem servir aos seus próprios interesses. Partindo dessa premissa, a análise econômica do Direito infere uma série de desdobramentos referentes às consequências práticas de uma norma positiva ou hipotética.

---

5. Os estudos sobre o acesso à justiça são a principal contribuição da Sociologia do Processo à Sociologia Jurídica em geral. A Faculdade de Direito da USP destaca-se, no particular, principalmente pelo trabalho desenvolvido, na década de 80 do século passado, pelos professores Kazuo Watanabe, Ada Pellegrini Grinover e Cândido Dinamarco. O fato é reconhecido pelos sociólogos do direito brasileiros. A propósito, ADEODATO, João Maurício; OLIVEIRA, Luciano. "O estado da arte da pesquisa jurídica e sócio-jurídica no Brasil". Disponível em http://www.cjf.jus.br/revista/seriepesq04.htm, consultado em 11.06.2011, 8h45.

6. As relações entre o direito processual e a cultura, cerne da Antropologia do Processo, vêm sendo apresentadas em obras recentes de Teoria Geral do Processo: MITIDIERO, Daniel. *Elementos para uma Teoria Contemporânea do Processo Civil Brasileiro*. Porto Alegre: Livraria do Advogado, 2005, p. 11-38; LACERDA, Galeno. *Teoria Geral do Processo*. Rio de Janeiro: Forense, 2006, p. 11-19. Ainda sobre o assunto, para exemplificar, CHASE, Oscar. G. *Law, culture, and ritual: disputing systems in cross-cultural context*. New York: New York University Press, 2007; SCARPARO, Eduardo Kochenborger. "Contribuição ao estudo das relações entre processo civil e cultura". *Revista da Ajuris*. Rio Grande do Sul: AJURIS, 2007, v. 34, n. 107; BARREIROS, Lorena Miranda Santos. *Fundamentos constitucionais do modelo processual cooperativo no direito brasileiro*. Dissertação de mestrado. Salvador: Universidade Federal da Bahia, 2011, p. 14-18.

Levado esse raciocínio ao fenômeno processual, tem-se a premissa básica segundo a qual a parte promoverá determinado ato processual se e quando esperar que disso resulte benefício superior ao custo de promovê-los.[7] A abordagem econômica do direito processual, assim, servirá como instrumento para análise das condutas esperadas em diversos "momentos decisórios processuais", tais como a propositura da ação, a transação, a interposição de recurso, a produção de novas provas.

Nos Estados Unidos[8], um dos aspectos mais trabalhados pela doutrina é o da existência de um descompasso entre os interesses privados e os interesses da coletividade na promoção dos mais diversos atos processuais. Este descompasso leva a situações de "judicialização excessiva" ou "judicialização insuficiente", ambos corrigíveis através de políticas públicas voltadas a encorajar ou desencorajar a conduta das partes.[9]

---

7. Sobre a utilidade da análise econômica do direito processual no Brasil, JORDÃO, Eduardo Ferreira; ADAMI, Mateus Piva. "Steven Shavell e o preço do processo: notas para uma análise econômica do direito processual". *Teoria do Processo: panorama doutrinário mundial*. Fredie Didier Jr. e Eduardo Jordão (org.). Salvador, Bahia: Editora Jus Podivm, 2008, p. 189-218.

8. Ao contrário do que se passa no Brasil, nos Estados Unidos, a Análise Econômica do Direito Processual é bastante desenvolvida. Seu maior expoente é Steven Shavell, professor da Universidade Harvard. Conferir, por exemplo, o seu *Foundations of Economic Analysis of Law*, Harvard University Press, Cambridge, 2004. Um dos capítulos desse trabalho foi publicado no Brasil: SHAVELL, Steven. "Economic Analysis of Litigation and Legal Process". *Teoria do Processo: panorama doutrinário mundial*. Fredie Didier Jr. e Eduardo Jordão (org.). Salvador, Bahia: Editora Jus Podivm, 2008, p. 917-946.

9. Convém reproduzir o que pensam Eduardo Ferreira Jordão e Mateus Piva Adami: "Note-se, a princípio, que, da propositura de uma ação judicial podem resultar diversas consequências sociais positivas: a concretização do direito e penalização dos responsáveis por atos ilícitos; o conseqüente incentivo gerado aos demais cidadãos para não transgredirem os comandos normativos (no inglês, "deterrence"); o estabelecimento de precedentes judiciais que contribuem para o aumento da certeza do Direito e da segurança jurídica; a indenização das vítimas; etc. No entanto, a decisão de propor ou não a ação judicial cabe ao titular do direito lesionado e é guiada por interesses distintos – em geral, ligados ao seu bem-estar individual. No mais das vezes, ele ingressará com a ação judicial quando entender que o benefício pessoal que daí resultará (por exemplo, o valor que será para si revertido no caso de uma condenação) supera os seus malefícios (tempo e dinheiro despendidos na atuação judicial). Em razão deste descompasso entre os incentivos privados e sociais, em algumas situações ocorrerá que a propositura da ação, embora socialmente desejável, não será conveniente do ponto de vista pessoal do acionante (hipóteses que sugerem que há processos de menos). Em outros casos, dar-se-á a situação inversa. A ação será proposta porque interessa àquele que possui a prerrogativa jurídica de propô-la, mas, sob outra perspectiva, os custos incorridos não justificam os benefícios que resultarão para a comunidade

Também merecem menção os estudos relativos à conveniência econômica para acionar e para cumprir espontaneamente as decisões judiciais. Estes estudos fornecem instrumental importante na compreensão e na crítica de normas relativas às ações coletivas ou aos Juizados Especiais, por exemplo.

Eis, então, a proposta de ementa para essa disciplina:

i) Teoria Geral do Processo: os conceitos jurídicos processuais fundamentais;

ii) Métodos da ciência do processo. Relação entre o processo e o direito material. A instrumentalidade do processo;

iii) Direito Processual Constitucional: direitos fundamentais processuais e competência legislativa em matéria de direito processual;

iv) História do direito processual e da Ciência do Processo;

v) Antropologia do processo: noções do processo nas tradições jurídicas do *civil law* e do *common law*;

vi) Sociologia do processo: o acesso à justiça (problemas e propostas de solução) e a questão da efetividade do processo;

vii) Análise Econômica do Processo.

2.1.2. Nomenclatura. A Introdução ao Estudo do Direito Processual.

A proposta de conteúdo ora apresentada impõe a mudança do nome pelo qual a disciplina costuma ser conhecida: em vez de Teoria Geral do Processo, propõe-se *Introdução ao Estudo do Direito Processual* ou *Introdução ao Direito Processual*.

As razões que justificam essa mudança são as mesmas apresentadas no primeiro capítulo, para fundamentar a opção pela designação *Introdução ao Estudo do Direito* em substituição a *Teoria Geral do Direito*, nos currículos dos cursos de Direito.

(hipótese que sugere que há processos demais)". (JORDÃO, Eduardo Ferreira; ADAMI, Mateus Piva. "Steven Shavell e o preço do processo: notas para uma análise econômica do direito processual", cit., p. 205.)

a) A disciplina é uma enciclopédia jurídica. No seu conteúdo programático, há epistemologia do processo (apresentação dos conceitos jurídicos fundamentais processuais, relação entre o processo e o direito material e exposição de métodos de estudo e compreensão do direito processual), história, antropologia e sociologia do processo, direito processual positivo e análise econômica do processo.

A designação *Introdução ao Estudo do Direito* é mais adequada para a disciplina que sirva à apresentação das variadas noções propedêuticas para a compreensão do fenômeno jurídico. Como, no caso, a disciplina é introdutória do estudo do direito processual, natural que se acrescesse àquela designação o adjetivo *Processual*, como forma de bem delimitar o objeto de conhecimento para cuja compreensão se busca preparar o aluno.

Introdução é termo utilizado em razão de sua abrangência; não se refere a eventual característica "elementar", "básica", da disciplina, como sugerem alguns autores espanhóis[10].

b) A Teoria Geral do Processo é apenas um excerto dessa disciplina. É possível, certamente, por metonímia, designar *toda* a disciplina com o nome de uma de suas partes, por tradição, por opção didática ou pela importância desta parcela do programa.

Mas as incompreensões que derivam dessa opção são inúmeras, como se pôde perceber no capítulo anterior, além de, sob o aspecto científico, não ser uma opção adequada.

c) Em boa parte das visões sobre a Teoria Geral do Processo, examinadas no capítulo anterior, aparece uma proposta de definição do seu respectivo conteúdo programático. Em todas as propostas, o caráter enciclopédico da disciplina se revela. A apresentação dos conceitos jurídicos fundamentais, embora possa ser considerada como o núcleo da disciplina, não a exaure. A Teoria Geral do Processo não é uma enciclopédia; trata-se de apenas um dos seus verbetes. Mas é imprescindível que a Teoria Geral do Processo *conste no conteúdo desta disciplina.*

---

10. A propósito, ARENAL, María Amparo Renedo. "Conveniencia del estudio de le Teoría General del Derecho Procesal. Su aplicabilidad a las distintas ramas del mismo", cit., p. 633.

2.1.3. Posição na grade curricular.

A disciplina *Introdução ao Estudo do Direito Processual* deve ser oferecida, no mínimo, apenas a partir do quarto semestre do curso de graduação em Direito. É disciplina que pressupõe o conhecimento de outras disciplinas também propedêuticas. É inconcebível e inaceitável o oferecimento desta matéria já no primeiro semestre do curso.

A disciplina ora delineada exige alguns pré-requisitos. Fundamentalmente, a *Introdução ao Estudo do Direito Processual* deve ser precedida das seguintes disciplinas: *a)* Introdução ao Estudo do Direito; *b)* Direito Constitucional e Direitos Fundamentais; *c)* Ciência Política; *d)* Direito Civil – Parte Geral.

a) A *Introdução ao Estudo do Direito Processual* é uma disciplina equivalente à *Introdução ao Estudo do Direito*: ambas são propedêuticas e enciclopédicas. A segunda, porém, é pressuposto da primeira, exatamente em razão da sua ainda maior generalidade: enquanto uma procura introduzir o aluno a uma parcela do Direito, a outra é disciplina inicial para a compreensão do Direito como um todo. Natural, portanto, que a primeira pressuponha a segunda.

b) Como se propõe que, nessa disciplina, seja estudado o Direito Processual Constitucional (notadamente, as normas jurídicas processuais fundamentais e a competência legislativa em matéria processual), é indispensável que o aluno já conheça os fundamentos do Direito Constitucional e a teoria dos direitos fundamentais.

c) O processo é, como visto, método de exercício de poder. Para que o aluno possa compreender adequadamente o direito processual, é preciso, portanto, que a ele tenham sido apresentadas as noções básicas da Ciência Política.

d) Para entender o processo, o aluno precisa saber o que é um bem jurídico, objeto das investigações em Direito Civil – Parte Geral. A teoria dos fatos jurídicos processuais, conteúdo da disciplina ora delineada, é a aplicação da teoria dos fatos jurídicos e da disciplina geral dos fatos jurídicos, ambas também estudadas por ocasião da análise da Parte Geral do Direito Civil. Para que se compreendam adequadamente ação, competência, capacidades processuais, ônus, execução, conceitos fundamentais do direito processual, é preciso, ainda, que se conheça a teoria das situações jurídicas (direitos, deveres, estados de sujeição, capacidades etc.), também estudada na disciplina inicial do Direito Civil.

Além disso, a disciplina *Introdução ao Estudo do Direito Processual* deve ser considerada como pré-requisito para as disciplinas preponderantemente dogmáticas relacionadas ao Direito Processual. Assim, somente após ter sido aprovado nessa disciplina, poderia o aluno cursar as disciplinas sobre o Direito Processual Civil, o Direito Processual Penal e o Direito Processual do Trabalho. Para os cursos que oferecem a disciplina Processo Administrativo, colocar a *Introdução* como pré-requisito parece ser no mínimo recomendável. E entre o ensino da *Introdução* e o ensino das disciplinas dogmáticas sobre o processo não dever haver intervalo: essas devem suceder imediatamente àquela.

2.2. Mestrado e doutorado em Direito.

Para os cursos de mestrado e doutorado, a proposta é diversa.

A Teoria Geral do Processo deve ser conteúdo exclusivo de uma disciplina, que, por isso, deve ter esse mesmo nome.

Pode-se cogitar, também, uma disciplina denominada Epistemologia do Processo, em cujo conteúdo apareceria a Teoria Geral do Processo e a Metodologia da Ciência do Processo. Essa disciplina, por ser mais ampla, talvez fosse mais adequada ao curso de mestrado em Direito Processual.

Já para o curso de doutorado em Direito Processual, parece imprescindível que exista um espaço exclusivo de discussão sobre os conceitos jurídicos processuais fundamentais. O aprofundamento teórico exigido para uma tese de doutorado impõe a reflexão sobre os conceitos *lógico-jurídicos* processuais, que, exatamente por serem produtos da cultura, podem ser reavaliados e, se for o caso, alterados. Assim, a Teoria Geral do Processo deve ser ministrada como disciplina autônoma e não como conteúdo de uma disciplina mais genérica.

3. PANORAMA DO ENSINO DA TEORIA GERAL DO PROCESSO NO BRASIL.

A disciplina Teoria Geral do Processo pode ser encontrada na grade curricular dos cursos de bacharelado em Direito das principais instituições de ensino superior brasileiras[11]. Raros são os cursos que não a preveem como disciplina obrigatória[12].

Teoria Geral do Processo é a designação mais comum, embora apareçam "Teoria do Processo"[13], "Direito Processual Geral"[14], "Introdução ao Direito Processual"[15] e "Introdução ao Estudo do Direito Processual"[16]. Em algumas faculdades, há uma disciplina introdutória ao processo civil[17], que reúne conteúdo de Introdução ao Direito Processual.

---

11. Esta análise abrangeu cursos de Direito ministrados em diversos estados brasileiros, em faculdades públicas e privadas. Foram selecionadas as seguintes instituições de ensino: Alagoas (Universidade Federal de Alagoas – UFAL), Bahia (Universidade Federal da Bahia – UFBA, Faculdade Baiana de Direito, Universidade Salvador – UNIFACS, Universidade Católica do Salvador – UCSAL), Ceará (Universidade Federal do Ceará – UFC, Universidade de Fortaleza – UNIFOR), Distrito Federal (Universidade de Brasília – UNB, Centro Universitário de Brasília – UNICEUB), Espírito Santo (Universidade Federal do Espírito Santo – UFES, Faculdade de Direito de Vitória – FDV), Mato Grosso (Universidade do Mato Grosso – UFMT, campi Cuiabá e Pontal do Araguaia/Barra do Garças), Minas Gerais (Universidade Federal de Minas Gerais – UFMG, Pontifícia Universidade Católica – PUC Minas, Faculdades Milton Campos), Pará (Universidade Federal do Pará – UFPA, Centro Universitário do Estado do Pará – CESUPA), Paraíba (Universidade Federal da Paraíba – UFPB), Paraná (Universidade Federal do Paraná – UFPR), Pernambuco (Universidade Federal de Pernambuco – UFPE, Universidade Católica de Pernambuco – UNICAP), Rio de Janeiro (Universidade Federal do Rio de Janeiro – UFRJ, Universidade do Estado do Rio de Janeiro – UERJ, Pontifícia Universidade Católica – PUC Rio, Fundação Getúlio Vargas – FGV Rio, Universidade Estácio de Sá), Rio Grande do Norte (Universidade Federal do Rio Grande do Norte – UFRN), Rio Grande do Sul (Universidade Federal do Rio Grande do Sul – UFRGS, Pontifícia Universidade Católica do Rio Grande do Sul – PUC RS, Universidade do Vale do Rio dos Sinos – UNISINOS), Santa Catarina (Universidade Federal de Santa Catarina – UFSC), São Paulo (Universidade de São Paulo – USP – São Paulo e Ribeirão Preto, Pontifícia Universidade Católica – PUC SP, Fundação Getúlio Vargas – FGV LAW SP, Universidade Presbiteriana Mackenzie – Campi São Paulo e Campinas, Instituição Toledo de Ensino).
12. Dentre as Faculdades de Direito pesquisadas, não adotam a disciplina Teoria Geral do Processo em sua grade curricular a Faculdade de Direito de Vitória – FDV, a da Universidade Federal do Paraná – UFPR, a da Universidade Federal de Minas Gerais e a Faculdade de Direito da PUC-SP.
13. Caso das Universidades Federais do Ceará e de Santa Catarina e da Universidade Salvador – UNIFACS.
14. Universidade Federal de Pernambuco.
15. Universidade Federal do Rio de Janeiro.
16. Faculdade Baiana de Direito (Salvador, Bahia). Registre-se que o curso de graduação é coordenado pelo autor desta tese, que sugeriu a adoção desta designação, pelas razões já expostas.
17. Direito Processual Civil I – Teoria Geral, Universidade de São Paulo, campus Ribeirão Preto.

A carga-horária da disciplina varia de 36[18] (trinta e seis) a 80[19] (oitenta) horas-aula por semestre – o que, em média, significa três a cinco horas-aula semanais. A regra é a carga-horária de quatro horas-aula semanais (60 a 68 horas-aula semestrais, a depender do calendário acadêmico).

O conteúdo da disciplina é, em boa parte, aquele sugerido por esta tese, o que reforça o caráter enciclopédico da disciplina, tantas vezes mencionado.

Costumam ser exigidos como pré-requisitos para que se possa cursar essa disciplina: Introdução ao Estudo do Direito[20], Teoria Geral do Direito Civil[21] e Direito Constitucional I ou II[22] ou, ainda, Teoria Constitucional[23]. Além dessas, aparecem também enumeradas como pré-requisitos Introdução ao Direito Civil[24], Teoria Geral do Direito Civil[25], Direito Civil III[26], Direito Penal I[27], Teoria do Estado[28].

---

18. Faculdade de Direito da Universidade Estácio de Sá, Rio de Janeiro, unidade da Barra da Tijuca.
19. Esta é a situação das Faculdades de Direito da Universidade Federal do Estado de Alagoas e do Centro Universitário do Estado do Pará.
20. Universidade Federal do Espírito Santo com exatamente esta denominação, Introdução ao Estudo do Direito. Outras faculdades também impõem esse pré-requisito, embora com outra designação: Introdução ao Direito II (Universidade de Brasília), Introdução ao Estudo do Direito 1A (Universidade Federal de Pernambuco) e Teoria do Direito (Universidade Federal do Ceará).
21. Universidade Federal do Espírito Santo. Na Faculdade Baiana de Direito, exige-se "Introdução ao Estudo do Direito Privado II", que pode ser compreendida como Teoria Geral do Direito Civil II.
22. Na Faculdade Baiana de Direito, exige-se "Direitos Fundamentais" como pré-requisito.
23. A Universidade de Fortaleza e a PUC-Rio exigem como pré-requisito a disciplina Direito Constitucional I. Na Universidade Federal da Bahia e na Universidade do Estado do Rio de Janeiro, é preciso antes cursar Direito Constitucional II. Já na Universidade Federal de Santa Catarina, Teoria da Constituição.
24. Universidade Federal do Rio de Janeiro.
25. Universidade Federal do Espírito Santo.
26. PUC-Rio.
27. Universidade do Estado do Rio de Janeiro.
28. PUC-Rio. Importante ressaltar que a PUC-Rio divide o seu curso de Direito em quatro opções: com ênfase no contencioso, com ênfase em Empresarial, com ênfase em Estado e Sociedade, com ênfase em Penal. O pré-requisito variará de acordo com essas opções, tanto que, na grade curricular, ele vem indicado da seguinte forma: Direito Constitucional I ou Teoria do Estado ou Direito Civil III.

Em razão desses pré-requisitos, a disciplina costuma ser oferecida a partir do quarto semestre[29], embora haja casos em que ela já apareça desde antes (primeiro[30], segundo[31] ou terceiro[32] semestres).

---

29. Trazem como disciplina do 4º semestre os seguintes cursos de Direito: Universidade Federal da Bahia, Faculdade Baiana de Direito, Universidade Católica do Salvador, Universidade de Brasília, PUC Minas, Universidade Católica de Pernambuco, Universidade do Estado do Rio de Janeiro, FGV-Rio, Universidade Estácio de Sá e a Universidade Federal de Santa Catarina. Por sua vez, adota no 5º semestre a Universidade Federal da Paraíba.
30. Das Faculdades de Direito examinadas, apenas a da Instituição Toledo de Ensino, no estado de São Paulo, que tem regime anual, oferece a disciplina Teoria Geral do Processo no 1º ano.
31. Universidade Federal do Espírito Santo, , Universidade Federal de Pernambuco, Universidade do Vale do Rio dos Sinos, Universidade de São Paulo campus Ribeirão Preto e FGV-SP.
32. Universidade Federal de Alagoas, Universidade Salvador – UNIFACS, Universidade Federal do Ceará, Universidade de Fortaleza, Universidade de Brasília, Centro Universitário de Brasília, Faculdades Milton Campos, Universidade Federal do Pará, Centro Universitário do Estado do Pará, Universidade Federal do Rio de Janeiro, PUC Rio, Universidade Federal do Rio Grande do Norte, Universidade Federal do Rio Grande do Sul, PUC-RS, Universidade de São Paulo – campus São Paulo, Universidade Presbiteriana Mackenzie – campi São Paulo e Campinas.

CONCLUSÕES

São estas, então, as conclusões desta tese:

a) A Teoria Geral do Processo é um excerto da Teoria Geral do Direito. É, então, uma disciplina filosófica, especificamente epistemológica.

b) A Teoria Geral do Processo é o ramo da Epistemologia do Processo dedicado às elaboração, organização e articulação dos conceitos jurídicos processuais fundamentais (conceitos *lógico-jurídicos* processuais).

c) Processo é o conceito jurídico fundamental primário da Teoria Geral do Processo.

d) A Teoria Geral do Processo é repertório conceitual que serve à compreensão dos processos legislativo, administrativo, jurisdicional (civil, penal ou trabalhista) e negocial.

e) A Teoria Geral do Processo é metalinguagem doutrinária: é linguagem sobre a Ciência do Direito Processual e, portanto, não se confunde com ela.

f) A Teoria Geral do Processo, por ser linguagem doutrinária, não se confunde com o Direito Processual Unitário ou o Direito Processual Fundamental ou com a Parte Geral de determinado estatuto normativo, que são enunciados prescritivos produzidos por quem tenha competência legislativa.

g) A Teoria Geral do Processo não se confunde com as Teorias Individuais ou Particulares do Processo, que são construções doutrinárias elaboradas para a compreensão de determinado

Direito positivo ou de um grupo de ordenamentos jurídicos, respectivamente.

h) Tendo em vista as transformações havidas na metodologia jurídica, que caracterizam uma fase histórica já denominada de neopositivismo ou neoprocessualismo, a Teoria Geral do Processo deve ser reconstruída, com a revisão de conceitos inadequados ou obsoletos e a incorporação de novos conceitos jurídicos fundamentais processuais.

i) No curso de graduação em Direito, a Teoria Geral do Processo deve compor o conteúdo programático da disciplina Introdução ao Estudo do Direito Processual, que é uma enciclopédia jurídica propedêutica.

j) No curso de pós-graduação em sentido estrito (mestrado e doutorado) com ênfase em Direito Processual, à Teoria Geral do Processo deve ser dedicado ao menos um componente curricular exclusivo.

REFERÊNCIAS BIBLIOGRÁFICAS

ABBAGNANO, Nicola. *Dicionário de Filosofia*. Alfredo Bosi (coord. da trad.). São Paulo: Martins Fontes, 2003.

ABBOUD, Georges *Jurisdição constitucional e direitos fundamentais*. São Paulo: RT, 2011.

ADEODATO, João Maurício; OLIVEIRA, Luciano. "O estado da arte da pesquisa jurídica e sócio-jurídica no Brasil". Disponível em http://www.cjf.jus.br/revista/seriepesq04.htm, consultado em 11.06.2011, 8h45.

ALVES, Alaôr Caffé. *Lógica – pensamento formal e argumentação*. 2ª ed. São Paulo: Quartier Latin, 2002.

ALVIM, Eduardo Arruda. *Curso de direito processual civil*. São Paulo: RT, 1999, v. 1.

ALVIM NETTO, José Manoel de Arruda. *Manual de Direito Processual Civil*. 10ª ed. São Paulo: RT, 2006, v. 1.

_____. *Tratado de direito processual civil*. 2ª ed. São Paulo: RT, 1990, v. 1.

ANDRIOLI, Virgilio. *Studi sulle Prove Civili*. Milano: Giuffrè, 2008 (reprodução do verbete "Presunzioni", publicado no *Novissimo Digesto Italiano*, vol. XIII, 1966).

ARAGÃO, Egas Dirceu Moniz de. "Preclusão". *Estudos em homenagem ao Prof. Galeno Lacerda*. Porto Alegre: Sergio Antonio Fabris Editor, 1989.

ARENAL, María Amparo Renedo. "Conveniencia del estudio de le Teoría General del Derecho Procesal. Su aplicabilidad a las distintas ramas del mismo". *Teoria do Processo – panorama doutrinário mundial*. Fredie Didier Jr. e Eduardo Jordão (coord.). Salvador: Editora Jus Podivm, 2008.

AROCA, Juan Montero. "Del derecho procesal al derecho jurisdiccional". *Justicia – Revista de Derecho Procesal*. Barcelona: J. M. Bosch Editor 1984, n. 2.

ASSIS, Araken de. "Suprimento da incapacidade processual e da incapacidade postulatória". *Doutrina e prática do processo civil contemporâneo*. São Paulo: RT, 2001.

ÁVILA, Humberto. "Neoconstitucionalismo: entre a 'ciência do direito' e o 'direito da ciência'". *Revista Eletrônica de Direito do Estado (REDE)*. Salvador, Instituto Brasileiro de Direito Público, n. 17, 2009. Disponível na internet: http://www.direitodoestado.com.br/rede.asp, acesso em 21.02.2011, 14h02.

_____. "Subsunção e concreção na aplicação do direito". Antônio Paulo Cachapuz de Medeiros (org.). *Faculdade de Direito da PUCRS: o ensino jurídico no limiar do novo século*. Porto Alegre: EDIPUCRS, 1997.

_____. *Teoria dos principios*. 5ª ed. São Paulo: Malheiros Ed., 2006.

_____. "A doutrina e o Direito Tributário". *Fundamentos do Direito Tributário*. Humberto Ávila (org.). São Paulo: Marcial Pons, 2012.

AZUELA, Héctor Santos. *Teoría general del proceso*. Cidade do México: McGraw-Hill, 2000.

BARBI, Celso Agrícola. "Da preclusão no processo civil". *Revista Forense*. Rio de Janeiro: Forense, 1955, n. 158.

BARREIROS, Lorena Miranda Santos. *Fundamentos constitucionais do modelo processual cooperativo no direito brasileiro*. Dissertação de mestrado. Salvador: Universidade Federal da Bahia, 2011.

BEDAQUE, José Roberto dos Santos. *Efetividade do processo e técnica processual*. 3ª ed. São Paulo: Malheiros, 2010.

_____. *Código de Processo Civil Interpretado*. Antonio Carlos Marcato (coord.). São Paulo: Atlas, 2004.

_____. *Tutela cautelar e tutela antecipada: tutelas sumárias e de urgência (tentativa de sistematização)*. 5ª ed. São Paulo: Malheiros Ed., 2009.

BENABENTOS, Omar A. *Teoría General Unitaria del Derecho Procesal*. Rosario: Editorial Juris, 2001.

BERGEL, Jean-Louis. *Teoria geral do direito*. Maria Ermantina Galvão (trad.). São Paulo: Martins Fontes, 2001.

BOBBIO, Norberto. "Filosofia del diritto e Teoria Generale del Diritto". *Studi sulla teoria generale del diritto*. Torino: Giappichelli, 1955.

BORGES, José Souto Maior. *Lançamento tributário*. 2ª ed. São Paulo: Malheiros, 1999.

_____. *Obrigação tributária*. 2ª ed. São Paulo: Malheiros, 1999.

BOUVERESSE, Jacques. *Prodígios e vertigens da analogia – o abuso das belas-letras no pensamento*. Cláudia Berliner (trad.). São Paulo: Martins Fontes, 2005.

BRAGA, Paula Sarno. *Aplicação do devido processo legal às relações privadas*. Salvador: Jus Podivm, 2008.

BRASIL. Senado Federal. *Anteprojeto do Novo Código de Processo Civil*. Brasília: Senado Federal, 2010.

BÜLOW, Oskar. *La teoria de las excepciones procesales y los presupuestos procesales*. Miguel Angel Rosas Lichtschein (trad.). Buenos Aires: EJEA, 1964.

CABRAL, Antonio do Passo. "Despolarização do processo e 'zonas de interesse': sobre a migração entre polos da demanda". Disponível em http://www4.jfrj.jus.br/seer/index.php/revista_sjrj/article/viewFile/25/24, acesso em 04.07.2011, 15h00.

CADIET, Loïc. "Prolégomènes à une Théorie Générale Du Procès em Droit Français". *Teoria do Processo – panorama doutrinário mundial*. Fredie Didier Jr. e Eduardo Jordão (coord.). Salvador: Editora Jus Podivm, 2008.

CAHALI, Yussef Said. *Honorários advocatícios*. 3ª ed. São Paulo: RT, 1997.

CAMBI, Eduardo. *Neoconstitucionalismo e neoprocessualismo – direitos fundamentais, políticas públicas e protagonismo judiciário*. São Paulo: RT, 2010.

CAMBI, Eduardo e NALIN, Paulo. "O controle da boa-fé contratual por meio dos recursos de estrito direito". *Aspectos polêmicos e atuais dos recursos cíveis e de outros meios de impugnação às decisões judiciais*. Teresa Wambier e Nelson Nery Jr. (coord.). São Paulo: RT, 2003.

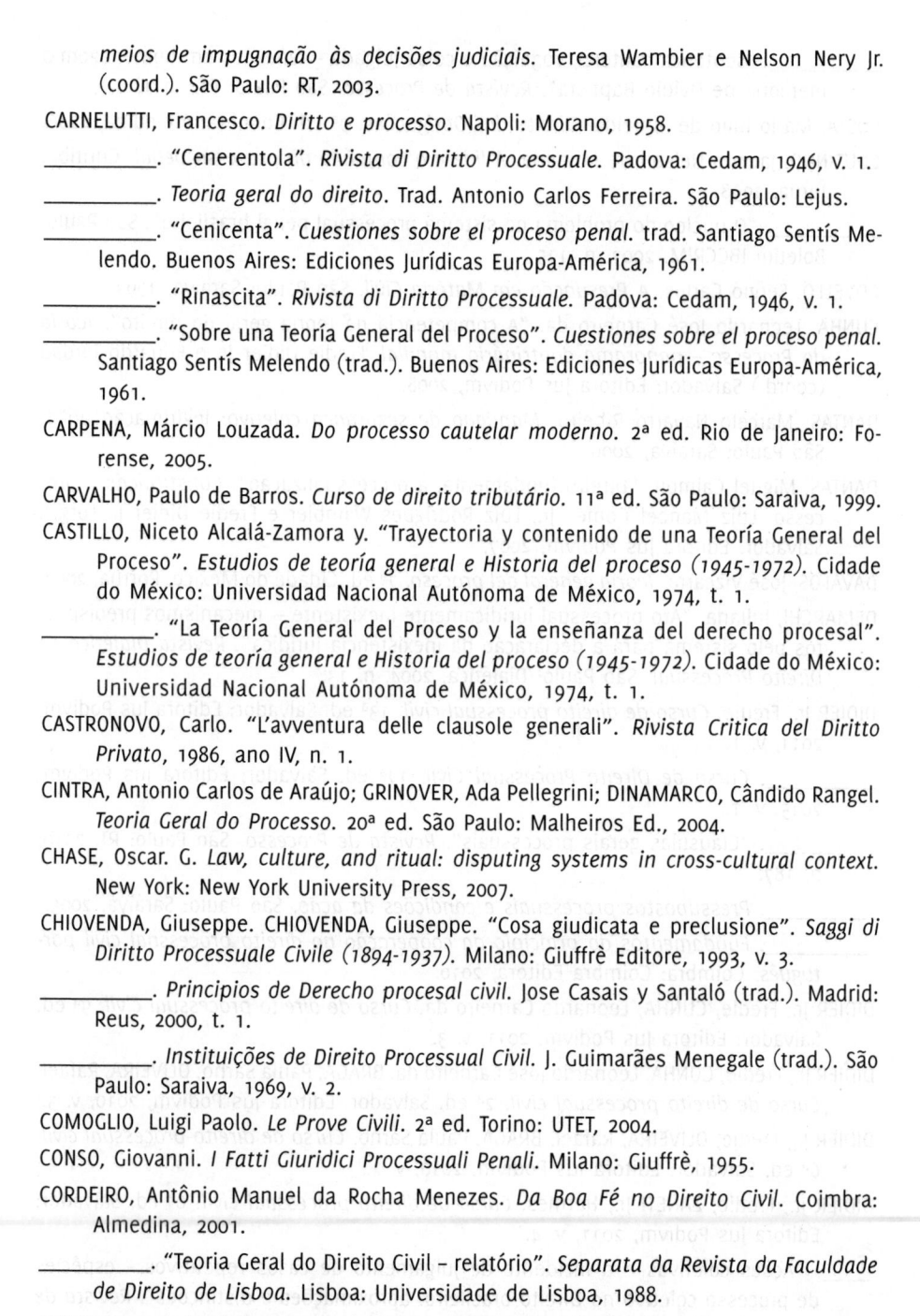

CARNELUTTI, Francesco. *Diritto e processo*. Napoli: Morano, 1958.

_____. "Cenerentola". *Rivista di Diritto Processuale*. Padova: Cedam, 1946, v. 1.

_____. *Teoria geral do direito*. Trad. Antonio Carlos Ferreira. São Paulo: Lejus.

_____. "Cenicenta". *Cuestiones sobre el proceso penal*. trad. Santiago Sentís Melendo. Buenos Aires: Ediciones Jurídicas Europa-América, 1961.

_____. "Rinascita". *Rivista di Diritto Processuale*. Padova: Cedam, 1946, v. 1.

_____. "Sobre una Teoría General del Proceso". *Cuestiones sobre el proceso penal*. Santiago Sentís Melendo (trad.). Buenos Aires: Ediciones Jurídicas Europa-América, 1961.

CARPENA, Márcio Louzada. *Do processo cautelar moderno*. 2ª ed. Rio de Janeiro: Forense, 2005.

CARVALHO, Paulo de Barros. *Curso de direito tributário*. 11ª ed. São Paulo: Saraiva, 1999.

CASTILLO, Niceto Alcalá-Zamora y. "Trayectoria y contenido de una Teoría General del Proceso". *Estudios de teoría general e Historia del proceso (1945-1972)*. Cidade do México: Universidad Nacional Autónoma de México, 1974, t. 1.

_____. "La Teoría General del Proceso y la enseñanza del derecho procesal". *Estudios de teoría general e Historia del proceso (1945-1972)*. Cidade do México: Universidad Nacional Autónoma de México, 1974, t. 1.

CASTRONOVO, Carlo. "L'avventura delle clausole generali". *Rivista Critica del Diritto Privato*, 1986, ano IV, n. 1.

CINTRA, Antonio Carlos de Araújo; GRINOVER, Ada Pellegrini; DINAMARCO, Cândido Rangel. *Teoria Geral do Processo*. 20ª ed. São Paulo: Malheiros Ed., 2004.

CHASE, Oscar. G. *Law, culture, and ritual: disputing systems in cross-cultural context*. New York: New York University Press, 2007.

CHIOVENDA, Giuseppe. CHIOVENDA, Giuseppe. "Cosa giudicata e preclusione". *Saggi di Diritto Processuale Civile (1894-1937)*. Milano: Giuffrè Editore, 1993, v. 3.

_____. *Principios de Derecho procesal civil*. Jose Casais y Santaló (trad.). Madrid: Reus, 2000, t. 1.

_____. *Instituições de Direito Processual Civil*. J. Guimarães Menegale (trad.). São Paulo: Saraiva, 1969, v. 2.

COMOGLIO, Luigi Paolo. *Le Prove Civili*. 2ª ed. Torino: UTET, 2004.

CONSO, Giovanni. *I Fatti Giuridici Processuali Penali*. Milano: Giuffrè, 1955.

CORDEIRO, Antônio Manuel da Rocha Menezes. *Da Boa Fé no Direito Civil*. Coimbra: Almedina, 2001.

_____. "Teoria Geral do Direito Civil – relatório". *Separata da Revista da Faculdade de Direito de Lisboa*. Lisboa: Universidade de Lisboa, 1988.

COSTA, Eduardo José da Fonseca. "Uma arqueologia das ciências dogmáticas do processo". *Teoria do Processo – panorama doutrinário mundial*. Fredie Didier Jr. (coord.). Salvador: Editora Jus Podivm, 2010, v. 2.

_____. "Sentença cautelar, cognição e coisa julgada – reflexões em homenagem à memória de Ovídio Baptista". *Revista de Processo*. São Paulo: RT, 2011.

COSTA, Mário Júlio de Almeida. *Direito das Obrigações*. 9ª ed. Coimbra: Almedina, 2006.

COUTINHO, Jacinto Nelson de Miranda. *A lide e o conteúdo do processo penal*. Curitiba: Juruá, 1998.

_____. "O núcleo do problema no sistema processual penal brasileiro". São Paulo: Boletim IBCCRIM, 2007, n. 175.

COVELLO, Sergio Carlos. *A Presunção em Matéria Civil*. São Paulo: Saraiva, 1993.

CUNHA, Leonardo José Carneiro da. "A competência na teoria geral do direito". *Teoria do Processo – panorama doutrinário mundial*. Fredie Didier Jr. e Eduardo Jordão (coord.) Salvador: Editora Jus Podivm, 2008.

DANTAS, Marcelo Navarro Ribeiro. *Mandado de segurança coletivo:* legitimação ativa. São Paulo: Saraiva, 2000.

DANTAS, Miguel Calmon. "Direito fundamental à processualização". *Constituição e processo*. Luiz Manoel Gomes Jr., Luiz Rodrigues Wambier e Fredie Didier Jr. (org.). Salvador: Editora Jus Podivm, 2007.

DÁVALOS, José Vizcarra. *Teoría general del proceso*. 7ª ed. Cidade do México: Porrúa, 2004.

DEMARCHI, Juliana. "Ato processual juridicamente inexistente – mecanismos predispostos pelo sistema para a declaração da inexistência jurídica". *Revista Dialética de Direito Processual*. São Paulo: Dialética, 2004, n. 13.

DIDIER Jr., Fredie. *Curso de direito processual civil*. 13ª ed. Salvador: Editora Jus Podivm, 2011, V. 1.

_____. *Curso de Direito Processual Civil*. 17ª ed. Salvador: Editora Jus Podivm, 2015, V. 1.

_____. "Cláusulas gerais processuais". *Revista de Processo*. São Paulo: RT, 2010, n. 187.

_____. *Pressupostos processuais e condições da ação*. São Paulo: Saraiva, 2005.

_____. *Fundamentos do princípio da cooperação no direito processual civil português*. Coimbra: Coimbra Editora, 2010.

DIDIER Jr., Fredie, CUNHA, Leonardo Carneiro da. *Curso de direito processual civil*. 9ª ed. Salvador: Editora Jus Podivm, 2011, v. 3.

DIDIER Jr., Fredie, CUNHA, Leonardo José Carneiro da, BRAGA, Paula Sarno, OLIVEIRA, Rafael. *Curso de direito processual civil*. 2ª ed. Salvador: Editora Jus Podivm, 2010, v. 5.

DIDIER Jr., Fredie, OLIVEIRA, Rafael, BRAGA, Paula Sarno. *Curso de direito processual civil*. 6ª ed. Salvador: Editora Jus Podivm, 2010, v. 2.

DIDIER Jr., Fredie, ZANETI Jr., Hermes. *Curso de direito processual civil*. 6ª ed. Salvador: Editora Jus Podivm, 2011, v. 4.

_____. "Ações coletivas e o incidente de julgamento de casos repetitivos – espécies de processo coletivo no Direito brasileiro: aproximações e distinções". *Revista de Processo*. São Paulo: RT, 2016, n. 256.

_____. "Conceito de processo jurisdicional coletivo". *Revista de Processo*. São Paulo: RT, 2014, v. 229.

REFERÊNCIAS BIBLIOGRÁFICAS

DIMOULIS, Dimitri. *Positivismo jurídico*. São Paulo: Método, 2006.

_____. "Uma visão crítica do neoconstitucionalismo". *Constituição e efetividade constitucional*. George Salomão Leite e Glauco Salomão Leite (coord.). Salvador: Editora Jus Podivm, 2008.

DIMOULIS, Dimitri; LUNARDI, Soraya. *Processo constitucional*. São Paulo: Atlas, 2011.

DINAMARCO, Cândido Rangel. *A instrumentalidade do processo*. 12ª ed. São Paulo: Malheiros Ed., 2005.

DOMÍNGUEZ, Manuel Serra. *Estudios de Derecho Probatorio*. Lima: Communitas, 2009.

DUCLERC, Elmir. *Direito processual penal*. 2ª ed. Rio de Janeiro: Lumen Juris, 2009.

ECHANDÍA, Hernando Devis. *Teoría General de la Prueba Judicial*. Tomo segundo. Bogotá: Temis, 2002.

ENGISCH, Karl. *Introdução ao pensamento jurídico*. 9ª ed. J. Baptista Machado (trad.). Lisboa: Fundação Calouste Gulbenkian, 2004.

FALZEA, Angelo. *Ricerche di Teoria Generale del Diritto e di Dogmatica Giuridica*. Milano: Giuffrè, 1999, v. 1.

FAVELA, José Ovalle. *Teoría general del proceso*. 6ª ed. Cidade do México: Oxford, 2005.

FAZZALARI, Elio. "Processo. Teoria generale". Novissimo Digesto Italiano. 3ª ed. Torino: Unione Tipografico Editrice Torinese, 1957, v. 13.

_____. *Istituzioni di Diritto Processuale*. 8ª ed. Milão: CEDAM, 1996.

FERNANDES, Antonio Scarance. *Teoria Geral do Procedimento e o procedimento no processo penal*. São Paulo: RT, 2005.

FERRAJOLI, Luigi. *Principia iuris – Teoria del diritto e della democrazia*. Bari: Editori Laterza, 2007, v. 1.

FERRAZ JR., Tércio Sampaio. *Introdução ao estudo do direito – Técnica, decisão e dominação*. São Paulo: Atlas, 1994.

_____. *A ciência do direito*. 2ª ed. São Paulo: Atlas, 1980.

FORNACIARI JR., Clito. *Da reconvenção no direito processual civil brasileiro*. 2ª ed. São Paulo: Saraiva, 1983.

FOSCHINI, Gaetano. "Natura Giuridica del Processo". *Rivista di Diritto Processuale*. Padova: CEDAM, 1948, v. 3.

FRADA, Manuel A. Carneiro da. *Contrato de deveres de proteção*. Coimbra: Almedina, 1994.

FRANCO, Fernão Borba. "Processo administrativo, Teoria Geral do Processo, imparcialidade e coisa julgada". *Teoria do Processo – panorama doutrinário mundial*. Fredie Didier Jr. e Eduardo Jordão (coord.). Salvador: Editora Jus Podivm, 2008.

FREIRE Jr., Américo Bedê. "Pontos nervosos da tutela coletiva: legitimação, competência e coisa julgada". *Processo civil coletivo*. Rodrigo Mazzei e Rita Nolasco (coord.). São Paulo: Quartier Latin, 2005.

GAGLIANO, Pablo Stolze; PAMPLONA FILHO, Rodolfo. *Novo curso de direito civil*: parte geral. São Paulo: Saraiva, 2002, v. 1.

_____; VIANA, Salomão. "É sempre vedado ao julgador conhecer, de ofício, da abusividade de cláusulas em contrato bancário?". Jus Navigandi, Teresina, ano 14,

n. 2154, 25 maio 2009. Disponível em: ‹http://jus.uol.com.br/revista/texto/12913›. Acesso em: 16 fev. 2011.

GAJARDONI, Fernando da Fonseca; DELLORE, Luiz; ROQUE, André Vasconcelos; OLIVEIRA Jr., Zulmar Duarte. *Teoria Geral do Processo – Comentários ao CPC de 2015*. São Paulo: Método, 2015.

GÁLVEZ, Juan F. Monroy. *Teoría general del proceso*. Lima: Palestra, 2007.

GIDI, Antonio. *Coisa julgada e litispendência em ações coletivas*. São Paulo: Saraiva, 1995.

GARNELO, Jesús Martínez. *La Prueba Indiciaria Presuncional o Circunstancial en el Nuevo Sistema Penal Acusatorio*. Ciudad de México: Porrúa, 2010.

GIORGIS, José Carlos Teixeira. *A lide como categoria comum do processo*. Porto Alegre: Sérgio Antonio Fabris, 1991.

GÓES, Gisele. "O art. 232 do CC e a súmula 301 do STJ – presunção legal ou judicial ou ficção legal?" *Reflexos do novo Código Civil no direito processual*. Fredie Didier Jr. e Rodrigo Mazzei (coord.). Salvador: Jus Podivm, 2006.

GOLDSCHMIDT, James. *Principios Generales del Proceso*. Buenos Aires: EJEA, 1961, t. 1.

GOMES, Orlando. *Introdução ao Direito Civil*. 11ª ed. Rio de Janeiro: Forense, 1995.

GONÇALVES, Aroldo Plínio. *Técnica processual e teoria do processo*. Rio de Janeiro: Aide, 2001.

GONÇALVES. Marcus Vinicius Rios. *Novo curso de direito processual civil*. 4ª ed. São Paulo: Saraiva, 2007, v. 1.

GOUVEIA FILHO, Roberto P. Campos. *As capacidades processuais sob a égide da capacidade jurídica e como "pressupostos processuais"*. Monografia apresentada ao curso de Direito da Universidade Católica de Pernambuco. Recife, 2006.

GOUVEIA FILHO, Roberto P. Campos; ARAÚJO, Raquel Silva. "Por uma noção de execução forçada: pequenas provocações aos defensores da executividade da 'execução' indireta". DIDIER JR., Fredie; GOUVEIA FILHO, Roberto P. Campos; PEDROSA NOGUEIRA, Pedro Henrique. (coords). *Pontes de Miranda e o direito processual*. Salvador: Editora Jus Podivm, 2013.

GRECO, Leonardo. *Instituições de Processo Civil*. 2ª ed. Rio de Janeiro: Forense, 2010, v. 1.

_____. *Instituições de processo civil*. Rio de Janeiro: Forense, 2010, v. 2.

GRINOVER, Ada Pellegrini. "Mandado de segurança coletivo: legitimação e objeto". *Revista de Processo*. São Paulo: RT, 1990, n. 57.

GUASP, Jaime, ARAGONESES, Pedro. *Derecho procesal civil – introducción y parte general*. 7ª ed. Navarra: Thomson/Civitas, 2004, t. 1.

GUASTINI, Riccardo. *Das fontes às normas*. Edson Bini (trad.). São Paulo: Quartier Latin, 2005.

GUERRA, Marcelo Lima. *Execução forçada*: controle de admissibilidade. 2ª ed. São Paulo: RT, 1998.

_____. *Execução indireta*. São Paulo: RT, 1998.

GUERRA Filho, Willis Santiago. "Teoria Geral do Processo: em que sentido?" *Lições alternativas de direito processual*. Horácio Wanderley Rodrigues (org.). São Paulo: Editora Acadêmica, 1995.

HENRIQUES FILHO, Ruy Alves. "As cláusulas gerais no processo civil". *Revista de Processo*. São Paulo: RT, 2008, n.155.

HESPANHA, Benedito. *Tratado de Teoria do Processo*. Rio de Janeiro: Forense, 1986, v. 2.

JARDIM, Afrânio Silva. *Direito Processual Penal*. 10ª ed. Rio de Janeiro: Forense, 2001.

JORDÃO, Eduardo Ferreira; ADAMI, Mateus Piva. "Steven Shavell e o preço do processo: notas para uma análise econômica do direito processual". *Teoria do Processo: panorama doutrinário mundial*. Fredie Didier Jr. e Eduardo Jordão (org.). Salvador, Bahia: Editora Jus Podivm, 2008.

JORGE, Flavio Cheim. *A nova reforma processual*. 2ª ed. São Paulo: Saraiva, 2003.

KAUFMANN, Arthur. *Filosofia do direito*. António Ulisses Cortês (trad.). 2ª ed. Lisboa: Fundação Calouste Gulbenkian, 2007.

KELSEN, Hans. *Teoria pura do direito*. 6ª ed. João Baptista Machado (trad.). São Paulo: Martins Fontes, 2000.

LACERDA, Galeno. *Teoria Geral do Processo*. Rio de Janeiro: Forense, 2006.

_____. "O código como sistema legal de adequação do processo". *Revista do Instituto dos Advogados do Rio Grande do Sul – Comemorativa do Cinqüentenário*. Porto Alegre, 1976.

LARENZ, Karl. *Derecho de Obligaciones*. Madrid: Editorial Revista de Derecho Privado, 1958, t. 1.

_____. *Metodologia da ciência do direito*. 3ª ed. José Lamego (trad.). Lisboa: Fundação Calouste Gulbenkian, 1997.

LEAL, Márcio Mafra. *Ações coletivas: história, teoria e prática*. Porto Alegre: Sergio Antonio Fabris Editor, 1998.

LEAL, Rosemiro Pereira. *Teoria Geral do Processo – primeiros estudos*. 9ª ed. Rio de Janeiro: Forense, 2010.

LEGUISAMÓN, Héctor Eduardo. *Las Presunciones Judiciales y los Indicios*. 2ª ed. Buenos Aires: Rubinzal – Culzoni, 2006.

LEHMANN, Heinrich. *Tratado de derecho civil*. Madrid: Editorial Revista de Derecho Privado, s/a, v. 1.

LEONE, Giovanni. *Tratado de derecho procesal penal*. Santiago Sentís Melendo (trad.). Buenos Aires: Ediciones Jurídicas Europa-América, 1963, v. 1.

LEONEL, Ricardo de Barros. *Manual do Processo Coletivo*. São Paulo: RT, 2002.

LESSONA, Carlos. *Teoría General de la Prueba en Derecho Civil*. D. Enrique Aguilera de Paz (trad.). Madrid: Hijos de Reus, 1911, v. 4.

LIEBMAN, Enrico Tullio. *Processo de Execução*. 4ª ed. São Paulo: Saraiva, 1980.

_____. *Manual de Direito Processual Civil*. Cândido Dinamarco (trad.). 2ª ed. Rio de Janeiro: Forense, 1986, v. 1.

_____. "Recensione – Elio Fazzalari – Istituzioni di diritto processuale". *Rivista di Diritto Processuale*. Padova: CEDAM, 1975.

LOPES Jr., Aury. *Direito processual penal e sua conformidade constitucional*. 5ª ed. Rio de Janeiro: Lumen Juris, 2010, v. 1.

_____. *Sistemas de investigação preliminar no processo penal*. 4ª ed. Rio de Janeiro: Lumen Juris, 2006.

_____. *Introdução crítica ao Processo Penal (fundamentos da instrumentalidade garantista)*. Rio de Janeiro: Lumen Juris, 2004.

LOPES, João Batista. *Curso de direito processual civil*. São Paulo: Atlas, 2005.

LUCON, Paulo Henrique dos Santos. "Novas tendências na estrutura fundamental do processo civil". *Revista do Advogado*. São Paulo: AASP, 2006, n. 26.

MacCORMICK, Neil. "Analítica (abordagem do direito)". *Dicionário Enciclopédico de Teoria e Sociologia do Direito*. André-Jean Arnaud (org.). Tradução para a língua portuguesa sob a direção de Vicente de Paulo Barreto. Rio de Janeiro: Renovar, 1999.

LÜKE, Gerhard. "Von der Notwendigkeit einer Allgemeinen Prozeβrechtslehre". *Zeitschrift für Zivilprozess*, 1994, n. 107, Heft 2.

MACHADO, Antônio Alberto. *Teoria geral do processo penal*. São Paulo: Atlas, 2002.

MACHADO NETO, Antônio Luiz. *Compêndio de Introdução à Ciência do Direito*. 6ª ed. São Paulo: Saraiva, 1988.

MANDRIOLI, Crisanto. *Diritto Processuale Civile*, Torino: Giappichelli, 2002, v. 1.

MARINONI, Luiz Guilherme. *Teoria Geral do Processo*. São Paulo: RT, 2006.

_____. *Teoria Geral do Processo*. 4ª ed. São Paulo: RT, 2010.

_____. *Precedentes obrigatórios*. São Paulo: RT, 2010.

_____. *Novas linhas do processo civil*. 3ª ed. São Paulo: Malheiros, 1999.

_____. "Idéias para um 'renovado direito processual'". *Bases científicas para um renovado direito processual*. Athos Gusmão Carneiro e Petrônio Calmon Filho (org.). Salvador: Editora Jus Podivm, 2009.

MARINONI, Luiz Guilherme; ARENHART, Sérgio Cruz; MITIDIERO, Daniel. *Curso de Processo Civil*. São Paulo: RT, 2015, v. 1.

MARQUES, José Frederico. *Elementos de Direito Processual Penal*. Campinas: Bookseller, 1997, v. 1.

MARQUES NETO, Floriano Azevedo. "Ensaio sobre o processo como disciplina do exercício da atividade estatal". *Teoria do Processo – panorama doutrinário mundial*. Fredie Didier Jr. e Eduardo Jordão (coord.). Salvador: Editora Jus Podivm, 2008.

MARTINS-COSTA, Judith. *Comentários ao Novo Código Civil*. Rio de Janeiro: Forense, 2003, v. 5, t. 1.

_____. *A boa-fé no direito privado*. São Paulo: RT, 1999.

_____. O Direito Privado como um 'sistema em construção'. As cláusulas gerais no projeto do Código Civil brasileiro". *Revista de Informação Legislativa*. Brasília: Senado, 1998, n. 139.

MASLOW, Abraham H. *Psycology of Science*. Maurice Basset Publishing, 2002.

MAYNEZ, Eduardo Garcia. *Introduccion al estúdio del derecho*. 16ª ed. Cidade do México: Porrúa, 1969.

_____. *Lógica del concepto jurídico*. México: Fondo de Cultura Económica, 1959.

MAZZEI, Rodrigo. "O Código Civil de 2002 e o Judiciário: apontamentos na aplicação das cláusulas gerais". *Reflexos do Novo Código Civil no Direito Processual*. Salvador: Edições JUS PODIVM, 2006.

MCLEOD, Ian. *Legal theory*. 5ª ed. Houndmills: Palgrave, 2010.

MEDAUAR, Odete. *A processualidade no direito administrativo*. 2ª ed. São Paulo: RT, 2008.

MELLO, Marcos Bernardes de. *Teoria do fato jurídico – plano da existência*. 10ª ed. São Paulo: Saraiva, 2000.

MENDES, Aluísio Gonçalves. *Competência cível da justiça federal*. São Paulo: Saraiva, 1998.

MENGONI, Luigi. "Spunti per uma teoria delle clausole generali". *Rivista Critica del Diritto Privato*, 1986, ano IV, n. 1.

MERKL. Adolf. *Teoría general del derecho administrativo*. México: Editora Nacional, 1980.

MILLARD, Eric. *Teoria generale del diritto*. Agostino Carrino (trad.). Torino: G. Giappichelli Editore, 2009.

MIRANDA, Francisco Cavalcanti Pontes de. *Comentários ao Código de Processo Civil*. 3ª ed. Rio de Janeiro: Forense, 2001, t. 4.

_____. *Comentários ao Código de Processo Civil*. 2ª ed.. Rio de Janeiro: Forense, 2002, t. 10.

_____. *Tratado de direito privado*. 4a ed. São Paulo: RT, 1983, t. 1.

_____. *Tratado de direito privado*. 3ª ed. São Paulo: RT, 1983, t. 4.

MITIDIERO, Daniel Francisco. *Elementos para uma Teoria Contemporânea do Processo Civil Brasileiro*. Porto Alegre: Livraria do Advogado, 2005.

_____. *Processo civil e estado constitucional*. Porto Alegre: Livraria do advogado, 2007.

_____. *Colaboração no processo civil*. São Paulo: RT, 2009.

_____. *Comentários ao Código de Processo Civil*. São Paulo: Memória Jurídica, 2004, t. 1.

MONACCIANI, Luigi. *Azione e Legittimazione*. Milano: Giufffrè, 1951.

MONTENEGRO FILHO, Misael. *Curso de direito processual civil: teoria geral do processo e processo de conhecimento*. 6ª ed. São Paulo: Atlas, 2010, v. 1.

MOREIRA, Alberto Camiña. *Defesa sem embargos de executado: exceção de pré-executividade*. 2ª ed. São Paulo: Saraiva, 2000.

MOREIRA, José Carlos Barbosa. "As presunções e a prova". *Temas de Direito Processual (Primeira Série)*. São Paulo: Saraiva, 1977.

_____. "As bases do direito processual civil". *Temas de direito processual*. São Paulo: Saraiva, 1977.

_____. "Apontamentos para um estudo sistemático da legitimação extraordinária". *Revista dos Tribunais*. São Paulo: RT, 1969, n. 404.

_____. "La negativa de la parte a someterse a una pericia médica (según el nuevo Código Civil Brasileño)". *Reflexos do novo Código Civil no direito processual*. Fredie Didier Jr. e Rodrigo Mazzei (coord.). Salvador: Jus Podivm, 2006.

_____. *O novo processo civil brasileiro*. 27ª ed. Rio de Janeiro: Forense, 2008.

_____. "Item do pedido sobre o qual não houve decisão. Possibilidade de reiteração noutro processo". *Temas de direito processual – segunda série*. 2ª ed. São Paulo: Saraiva, 1988.

_____. "Interesses difusos e coletivos". *Revista trimestral de direito público*. São Paulo: Malheiros, 1993, n. 3.

_____. "A expressão "competência funcional" no art. 2º da Lei da Ação Civil Pública". *A ação civil pública após 20 anos: efetividade e desafios*. Édis Milaré (coord.). São Paulo: RT, 2005.

MOREIRA, Rômulo de Andrade. *Uma crítica à Teoria Geral do Processo*. Porto Alegre: Lex Magister, 2013.

MORELLO, Augusto M. *La eficácia del proceso*. 2ª ed. Buenos Aires: Hamurabi, 2001.

MOVELLÁN, Pedro Álvarez Sánchez de. *La Prueba por Presunciones: particular referencia a su aplicación en supuestos de responsabilidad extracontractual*. Granada: Comares, 2007.

NERY JR., Nelson e NERY, Rosa Maria de Andrade. *Código de Processo Civil comentado e legislação extravagante*. 11ª Ed. São Paulo: RT, 2010.

_____. *Código de Processo Civil comentado e legislação extravagante*. 7ª ed. São Paulo: RT, 2003.

NEVES, Daniel Amorim Assumpção. *Preclusões para o juiz*. São Paulo: Método, 2004.

NOGUEIRA, Pedro Henrique Pedrosa. "Situações Jurídicas Processuais". In: DIDIER JR., Fredie (org.). Teoria do Processo – Panorama Doutrinário Mundial – 2ª série. Salvador: Jus Podivm, 2010.

NONATO. Orosimbo. "Presunções e ficções de direito". *Repertório Enciclopédico do Direito Brasileiro*. Vol. XXXIX. Carvalho Santos (org.). Rio de Janeiro: Borsoi, s/d.

NUNES, Dierle José Coelho. *Processo jurisdicional democrático*. Curitiba: Juruá, 2008.

_____; BAHIA, Alexandre; CÂMARA, Bernardo Ribeiro; SOARES, Carlos Henrique. *Curso de direito processual civil – fundamentação e aplicação*. Belo Horizonte: Editora Fórum, 2011.

OLIVEIRA, Carlos Alberto Alvaro de. *Formalismo no processo civil*. 4ª ed. São Paulo: Saraiva, 2010.

_____. "Poderes do juiz e visão cooperativa do processo". *Revista de Direito Processual Civil*. Curitiba: Gênesis, 2003, n. 27.

_____. "Presunções e ficções no direito probatório". *Revista de Processo*. São Paulo: RT, 2011, n. 196.

_____. *Teoria e prática da tutela jurisdicional*. Rio de Janeiro: Forense, 2008.

_____; MITIDIERO, Daniel. *Curso de Processo Civil*. São Paulo: Atlas, 2010, v. 1.

PASSOS, José Joaquim Calmon de. *Comentários ao Código de Processo Civil*. 8ª ed. Rio de Janeiro: Forense, 1998, v. 3.

_____. *Esboço de uma teoria das nulidades aplicada às nulidades processuais*. Rio de Janeiro: Forense, 2002.

_____. *A nulidade no processo civil*. Salvador: Imprensa Oficial da Bahia, 1959.

PEREIRA, Mateus Costa. "Da Teoria Geral do Direito à Teoria Geral do Processo: um ensaio sobre possíveis formas de pensar o fenômeno processual brasileiro e seus vínculos ideológicos". *Revista Brasileira de Direito Processual*. Belo Horizonte: Forum, 2016, n. 93.

PEREIRA, Rosalina P. C. Rodrigues. *Ações prejudiciais à execução*. São Paulo: Saraiva, 2001.

PECZENIK, Aleksander. *Scientia juris – legal doctrine as knowledge of law and as a source of law*. Dordrecht: Springer, 2005.

_____. *On law and reason*. Lexington: Springer, 2009.

PINTO, Carlos Alberto Mota. *Cessão da Posição Contratual*. Coimbra: Almedina, 2003.

PIZZOL, Patrícia Miranda. *A competência no processo civil*. São Paulo: RT, 2003.

POLASTRI, Marcellus. *Curso de Processo Penal*. 5ª ed. Rio de Janeiro: Lumen Juris, 2010, v. 1.

POPPER, Karl. *Lógica das ciências sociais*. Brasília: Editora UNB, 1978.

_____. *A lógica da pesquisa científica*. Leonidas Hegenberg e Octanny Silveira da Mota (trad.). São Paulo: Cultrix, s/a.

POZZOLO, Susanna. "Neoconstitucionalismo y la especificidad de la interpretación constitucional. *Doxa*, v. 210II, 1998 disponível em http://www.cervantesvirtual.com/servlet/SirveObras/2358284432 2570740087891/cuaderno21/volII/DOXA21Vo.II_25.pdf., acesso em 21.02.2011, 15h30.

RADBRUCH, Gustav. *Filosofia do direito*. Marlene Holzhausen (trad.). 2ª ed. São Paulo: Martins Fontes, 2010.

REALE, Miguel. *Filosofia do Direito*. 20ª ed., 9ª tiragem. São Paulo: Saraiva, 2011.

RIVAS, Adolfo. *Teoría General del Derecho Procesal*. Buenos Aires: Lexis Nexis, 2005.

ROCHA, José de Albuquerque. *Teoria Geral do Processo*. 5ª ed. São Paulo: Malheiros, 2001.

RODRIGUES, Marcelo Abelha. *Ação civil pública e meio ambiente*. São Paulo: Forense Universitária, 2003.

RÚA, Fernando de La. *Teoría general del proceso*. Buenos Aires: Depalma, 1991.

SAAD, Marta. *O direito de defesa no inquérito policial*. São Paulo: RT, 2004.

SANTOS, Moacyr Amaral. *Prova Judiciária no Cível e Comercial*. 2ª ed. São Paulo: Max Limonad, 1955, v. 5.

SARMENTO, Daniel. "O neoconstitucionalismo no Brasil: riscos e possibilidades". *Leituras complementares de Direito Constitucional – Teoria da Constituição*. Marcelo Novelino (org.) Salvador: Editora Jus Podivm, 2009.

SCARPARO, Eduardo Kochenborger. "Contribuição ao estudo das relações entre processo civil e cultura". *Revista da Ajuris*. Rio Grande do Sul: AJURIS, 2007, v. 34, n. 107.

SCHMITZ, Leonard Ziesemer. "A Teoria Geral do Processo e a Parte Geral do Novo Código de Processo Civil". *Novo CPC - Doutrina selecionada*. Alexandre Freire, Lucas Buril de Macêdo e Ravi Peixoto (coord.). Salvador: Editora Jus Podivm, 2015, v. 1.

SHIMURA, Sérgio. *Tutela Coletiva e sua efetividade*. São Paulo: Método, 2006.

SICA, Heitor Vitor Mendonça. *Preclusão processual civil*. São Paulo: Atlas, 2006.

_____. "Perspectivas atuais da 'Teoria Geral do Processo'", p. 6. Disponível em https://www.academia.edu/17570953/2008_-_Perspectivas_da_teoria_geral_do_processo.

SICHES, Luis Recasens. *Filosofia del derecho*. 19ª ed. Cidade do México: Porrúa, 2008.

SIFUENTES, Mônica. *Súmula vinculante: um estudo sobre o poder normativo dos tribunais*. São Paulo: Saraiva, 2005.

SILVA, Clóvis V. do Couto. *A obrigação como processo*. São Paulo: Bushatsky, 1976.

SILVA, Paula Costa e. *Acto e Processo – o dogma da irrelevância da vontade na interpretação e nos vícios do acto postulativo*. Coimbra: Coimbra Editora, 2003.

SILVA, Ovídio Baptista da. Processo *cautelar*. 3ª ed. Rio de Janeiro: Forense, 2006.

SILVA, Ovídio A. Baptista da; GOMES, Fábio. *Teoria geral do processo civil*. 3ª ed. São Paulo: RT, 2002.

SOARES, Ricardo Maurício Freire. *Curso de Introdução ao estudo do Direito*. Salvador: Editora Jus Podivm, 2009.

_____. "Fundamentos Epistemológicos para uma Teoria Geral do Processo". *Teoria do Processo – panorama doutrinário mundial*. Fredie Didier Jr. e Eduardo Jordão (coord.). Salvador: Editora Jus Podivm, 2008.

SOMLÓ, Felix. *Juristische Grundlehre*. Leipzig: Felix Meiner, 1917.

SOUZA, José Guilherme de. *A criação judicial do Direito*. Porto Alegre: Sergio Antonio Fabris Editor, 1991.

STAMMLER, Rudolf. *Tratado de filosofia del derecho*. W. Roces (trad.). Ediciones Coyoacán, 2008.

STRECK, Lenio Luiz. *Súmulas no direito brasileiro: eficácia, poder e função*. Porto Alegre: Livraria do Advogado, 1998.

_____. "Súmulas, vaguezas e ambigüidades: necessitamos de uma "teoria geral dos precedentes". *Direitos fundamentais e justiça*. Porto Alegre: 2008, n. 5.

TAMAYO, Luiz Dorantes. *Teoría del proceso*. 9ª ed. Cidade do México: Porrúa, 2004.

TARUFFO, Michele. *La Prueba*. Laura Manríquez e Jordi Ferrer Beltrán (trad.). Madrid: Marcial Pons, 2008.

TERÁN, Juan Manuel. *Filosofía del derecho*. 18ª ed. Cidade do México: Porrúa, 2005.

TESHEINER, José Maria. *Pressupostos processuais e nulidades no processo civil*. São Paulo: Saraiva, 2000.

TUCCI, José Rogério Cruz e. *Precedente judicial como fonte do direito*. São Paulo: RT, 2004.

TUCCI, Rogério Lauria. "Considerações acerca da inadmissibilidade de uma Teoria Geral do Processo". *Revista Jurídica*. Porto Alegre, 2001, n. 281.

UUSITALO, Jyrki. "Reflexiones sobre las metametodologías de la ciencia jurídica". Eduardo Rivera López (trad.). *La normatividad del derecho*. Aulis Aarnio, Ernesto Garzón Valdés e Jyrki Uusitalo (org.). Barcelona: Gedisa, 1997.

VAN HOECKE, Mark; OST, François. "Teoria geral do direito". *Dicionário Enciclopédico de Teoria e Sociologia do Direito*. André-Jean Arnaud (org.). Tradução para a língua portuguesa sob a direção de Vicente de Paulo Barreto. Rio de Janeiro: Renovar, 1999.

VARELA, João de Matos Antunes. *Das Obrigações em geral*. 9ª ed. Coimbra: Almedina, 1998, v. 1.

VECCHIO, Giorgio del. *Filosofía del derecho*. 5ª ed. Revisada por Luis Legaz y Lacambra. Barcelona: Bosch Casa Editorial, 1947.

VIDIGAL, Luis Eulálio de Bueno. "Por que unificar o direito processual? *Revista de Processo*. São Paulo: RT, 1982, n. 27.

VILANOVA, Lourival. "Sobre o conceito do Direito". *Escritos jurídicos e filosóficos*. Brasília: Axis Mvndi/IBET, 2003, v. 1.

_____. "O problema do objeto da Teoria Geral do Estado". *Escritos jurídicos e filosóficos*. Brasília: Axis Mvndi/IBET, 2003. v. 1.

_____. *As estruturas lógicas e o sistema do direito positivo*. São Paulo: Max Limonad, 1997.

VINCENZI, Brunela Vieira de. Competência funcional – distorções. *Revista de Processo*. São Paulo: RT, 2002, n. 105.

VIGLIAR, José Marcelo. *Interesses difusos, coletivos e individuais homogêneos*. Salvador: Editora Jus Podivm, 2005.

VIGORITI, Vincenzo. *Interessi collettivi e processo — la legittimazione ad agire*. Milão: Giuffrè, 1979.

WAMBIER, Luiz Rodrigues; ALMEIDA, Flávio Renato Correia de; TALAMINI, Eduardo. *Curso avançado de processo civil*. 8ª ed. São Paulo: RT, 2006, v. 1.

WAMBIER, Teresa Arruda Alvim. *Nulidades do processo e da sentença*. 4ª ed. São Paulo: RT, 1998.

WATANABE, Kazuo. "Tutela jurisdicional dos interesses difusos: a legitimação para agir". In: GRINOVER, Ada Pellegrini (coord.). *A tutela dos interesses difusos*. São Paulo: Max Limonad, 1984.

_____. "Processo civil de interesse público: introdução". *Processo civil e interesse público — o processo como instrumento de defesa social*. Carlos Alberto de Salles (org.) São Paulo: RT, 2003.

WITTGENSTEIN, Ludwig. *Tratado lógico-filosófico*. 2ª ed. M. S. Lourenço (trad.) Lisboa: Calouste Gulbenkian, 1995.

YARSHELL, Flávio Luiz. *Tutela jurisdicional*. São Paulo: Atlas, 1999.

ZAGREBELSKY, Gustavo. *Il diritto mite*. Torino: Einaudi, 1992.

ZANETI JR., Hermes. *Processo Constitucional*. Rio de Janeiro: Lumen Juris, 2007.